新财经改革研究系列丛书



Value Analysis of the Internet of Things and Operational Decision in the Supply Chain

# 供应链中物联网的价值分析及运营决策研究

常珊 著

东北财经大学出版社
Dongbei University of Finance & Economics Press
大连

**图书在版编目（CIP）数据**

供应链中物联网的价值分析及运营决策研究 / 常珊著. —大连：东北财经大学出版社，2024.9.—（新财经改革研究系列丛书）. —ISBN 978-7-5654-5455-4

Ⅰ.F252.1-39

中国国家版本馆CIP数据核字第2024CU9326号

东北财经大学出版社出版发行

大连市黑石礁尖山街217号　邮政编码　116025

网　　址：http://www.dufep.cn

读者信箱：dufep@dufe.edu.cn

大连图腾彩色印刷有限公司印刷

幅面尺寸：170mm×240mm　字数：170千字　印张：14.5　插页：1

2024年9月第1版　2024年9月第1次印刷

责任编辑：时　博　王　莹　孟　鑫　吴　奂　石建华　徐　群　吉　扬　王芃南　吴　茜　韩敌非

责任校对：那　欣

封面设计：张智波　版式设计：原　皓

定价：75.00元

教学支持　售后服务　联系电话：（0411）84710309



如有印装质量问题，请联系营销部：（0411）84710711

本书获得国家自然科学基金项目“物联网环境下的组织体系架构建模、行为分析与优化设计：以电商物流为例”(71531009)、湖北省教育厅哲学社科研究项目“电商平台赋能OEM企业转型升级的模式与优化策略”(23Q093)、湖北经济学院大数据与数字经济研究院开放课题项目“考虑数据生产要素的平台运营决策研究”(2024KFYB03)资助

# 前言

在当今经济全球化进程加快和科技飞速发展的时代，商业环境日益复杂和多变。消费者需求的个性化、产品的多样性及生命周期的缩短，加上政策环境的多变，使得企业的经营和运作体系时刻面临冲击。例如，零售末端不确定需求可能引发“牛鞭效应”，导致库存成本增加或产能投资低效；不确定性需求下的价格决策可能让企业遭受期望损失；时尚品牌虽能快速捕捉市场潮流，但也面临库存管理和供应链压力。同时，中美贸易摩擦等政策环境的不确定性也让众多依赖跨国供应链的企业遭受重创。

然而，物联网、大数据、云计算以及人工智能等新兴信息技术的发展与应用，为企业有效应对多变市场带来了更多可能。特别是以物联网为代表的信息技术在供应链中的广泛使用，不仅给企业带来了丰富的信息资源，而且赋予了企业在运作与管理上的柔性能力。基于此，本书系统刻画了物联网技术应用所带来的信息价值、产能柔性价值，并从供应链视角分析了这些价值对链中上下游企业的营销与运营决策的影响作用，探讨了需求预测与柔性产能两种技术投资的联动机制，并比较了这些信息技术应用后带来的绩效改进。

本书深入探讨了供应链中物联网的价值形式，系统研究了物联网技术在供应链中的应用给企业决策和供应链绩效带来的影响，并进一步设计了使整个供应链绩效帕累托改进的协调机制，不仅为企业应对市场不确定性提供有效的技术投资指导，而且为供应链企业协同运作、实施转型升级提供决策参考。

本书主要研究了三方面内容：第一部分，研究物联网技术在供应链中用于预测需求信息的形式，以及在供应链中横向和纵向共享需求预测信息的价值。第二部分，研究物联网技术在供应链用于柔性产能（数量柔性和产能扩展）的实现方式，以及柔性产能的投资决策及其协调研究。第三部分，研究供应链中需求预测技术投资与柔性产能投资的联合决策及协调机制。

本书在撰写过程中，参考了供应链管理领域众多学者的研究成果以及业界的相关案例。感谢那些在供应链管理和物联网技术领域进行深入研究的学者们，他们的研究成果为本书提供了重要的理论基础和参考。还要感谢相关企业的管理者和从业者，他们在实践中的经验和案例为本书提供了丰富的素材。同时，也要感谢我的家人和朋友，他们在我写作的过程中给予了鼓励和支持。最后，要感谢出版社的编辑们，他们的专业意见和辛勤工作使得本书能够顺利出版。

希望本书能够为广大企业管理者、供应链从业者以及相关领域的学者们提供有益的参考，共同推动供应链管理和物联网技术的发展，为应对市场不确定性做出贡献。本书的出版得到国家自然科学基金项目“物联网环境下的组织体系架构建模、行为分析与优化设计：以电商物流为例”（71531009）、湖北省教育厅哲学社科研究项目“电商平台赋能 OEM 企业转型升级的模式与优化策略”

（23Q093）、湖北经济学院大数据与数字经济研究院开放课题项目“考虑数据生产要素的平台运营决策研究”（2024KFYB03）”的资助，在此深表谢意。

**常 珊**

2024年9月

## 目录

1

# 绪论

## 1.1　市场不确定性的普遍性及其带来的挑战

世界上唯一不变的只有变化本身，而变化即意味着不确定性。随着数字经济的快速发展，经济环境变得更加开放和不确定[①]。消费者需求个性化、产品多样化及产品生命周期缩短等都是导致产品需求市场充满不确定性的因素，冲击着企业的经营和运作体系，给经济社会的运行带来了诸多挑战。例如，在智能手机市场，消费者对新款手机的功能和设计方面的需求不断变化，手机厂商需要不断推出新产品以满足市场需求，这给企业的研发、生产和销售带来了很大的不确定性。在零售末端，不确定需求经由供应链中“牛鞭效应”的作用，会使需求信息被无效放大[②]，从而让整个供应链遭受严重的库存成本高昂或产能投资低效的问题。不确定性需求下的价格决策也会让企业遭受期望损失，在需求实现程度较高时，会让企业因价格太低而遭受损失，在需求实现状态程度较低时，会让企业因定价太高而销量不足。例如，服装零售商如果对某一流行款式的需求预测不准确（过于乐观），向上游供应商大量订货，供应商又根据零售商的订单增加生产，最终会导致整个供应链出现库存积压。时尚品牌Zara因市场潮流快速变化，而不得不面对巨大的库存管理压力。截至2024年上半年，森马服饰库存价值达28.51亿元，海澜之家的库存价值也已近200亿元[③]。政策环境的不确定性同样对企业运营构成了巨大的挑战。例如，中美贸易摩擦导致的关税政策变化，使得众多依赖跨国供应链

---

① 任保平，迟克涵. 数字经济背景下中国式现代化的推进和拓展［J］. 改革，2023（1）：18-30.

② LEE H L，PADMANABHAN V，WHANG S.Information distortion in a supply chain：The bullwhip effect［J］. Management Science，1997，43（4）：546-558.

③ 黄聪.森马服饰存货两年净减逾11亿 推8折股权激励挑战3年净利增115%.［EB/OL］［2024-08-31］http：//www.changjiangtimes.com/2024/09/641749.可乐.盈利下滑、存货新高 海澜之家战略成效之问：钱要花在刀刃上［EB/OL］［2024-08-31］html.https：//new.qq.com/rain/a/20240830A09WM500

的企业遭受冲击，尤其是在电子产品和汽车制造行业。面对此类种种不确定性，企业需要具备强大的风险管理能力和灵活的战略调整能力，才能在多变的环境中维持经营稳定[①]。

## 1.2　应对不确定性的传统努力

如何有效应对不确定性，已成为众多领域关注的焦点问题。过去几十年，业界和学术界通过各种努力试图降低不确定性需求给企业带来的挑战。在供应链中，众多企业采用了运作与管理模式变革的应对方式，如延迟生产、预售、供应商管理库存以及按订单生产（Make to Order，MTO）等。随着科技的发展，基于信息技术的需求不确定性应对方法日益发挥突出作用，例如，快速反应策略（Quick Response，QR）可以缩短时尚产品的提前期[②]，有效消费者反应（Efficient consumer response，ECR）和连续补货项目（Continuous Replenishment Program，CRP）能够让制造商和零售商之间共享库存和需求数据从而消除供应链中的牛鞭效应。这些措施在各行业中有着广泛的应用，在改善库存控制、消除牛鞭效应、促使供需高效匹配等方面，起到了较好的效果。

综合来看，在不确定性环境下，获取需求信息对企业的运作至关重要。

一方面，更多的需求信息可以改善企业自身的运作；另一方面，信息可以在企业之间共享，从而有利于供应链的管理和优化。

具体而言，共享信息后的制造商能够更好地协调生产和需求，从

① 陈剑，黄朔，刘运辉．从赋能到使能——数字化环境下的企业运营管理［J］．管理世界，2020，36（2）：117-128.

② MISHRA B K，RAGHUNATHAN S，YUE X.Demand forecast sharing in supply chains［J］．Production and Operations Management，2009，18（2）：152-166.

而降低库存持有或缺货成本；共享信息后的零售商可以提高需求预测精度，更好地进行价格决策和需求管理。

## 1.3 物联网带来的新机遇

### 1.3.1 物联网的概念

1999 年，Kevin Ashton 为改善供应链绩效提出了物联网的概念。“物联网”中的“物”指的是被嵌入电子设备、软件、传感器和连接器的，具有一定智能的、互联的嵌入式设备，如具备数据处理和互联功能的智能手机、智能汽车、智能穿戴设备、智能家居设备等①。这些构成物联网环境的智能设备②，借助射频识别标签（RFID）、无线传感网络、定位系统以及互联网等技术，不仅可以收集、交换和传播数据，还可以实现“人与人”、“人与物”以及“物与物”之间的互联互通③，更可以应用于智能家居、车联网、智能电网以及智慧城市等诸多领域。

IDC 数据显示，2023 年全球物联网总支出规模已超过 8 000 亿美元，2027 年预计接近 1.2 万亿美元（如图 1-1 所示）④。根据相关机构预测，到 2030 年物联网设备数将超过 294.2 亿台⑤。随着物联网设备的普及，消费者将会是其中最大的用户群体，占总用户数的 63%⑥。

---

① DE MATOS E，TIBURSKI R T，MORATELLI C R，et al.Context information sharing for the Internet of Things：A survey［J］. Computer Networks，2020，166：106988.

② XIA F，YANG L T，WANG L，et al.Internet of things［J］. International Journal of Communication Systems，2012，25（9）：1101-1102.

③ 胡斌，刘作仪. 物联网环境下企业组织管理特征、问题与方法［J］. 中国管理科学，2018，26（8）：127-137.

④ https：//www.idc.com/getdoc.jsp？containerId=prCHC51041723.

⑤ https：//www.iot101.com/mobile/news/8906.html.

⑥ https：//www. gartner. com/en/newsroom/press-releases/2017-02-07-gartner-says-8-billion-connected-things-will-be-in-use-in-2017-up-31-percent-from-2016.

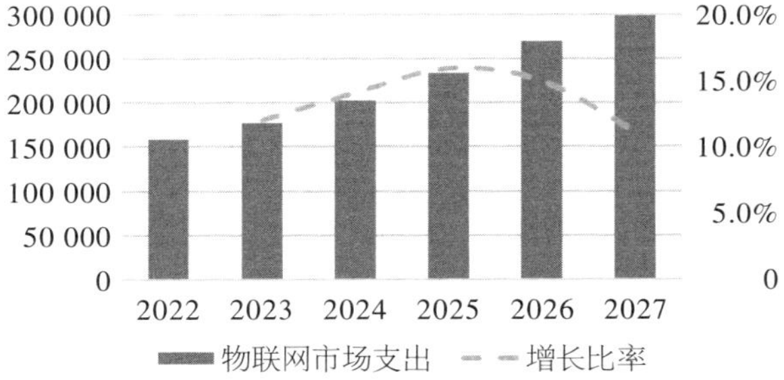


**图 1-1　中国物联网市场支出预测（百万美元）**

（数据来源：IDC①）

### 1.3.2　物联网环境下的需求预测优势

新兴信息技术的快速发展和不断成熟，为企业和供应链应对需求不确定性带来更多可能。

物联网环境下可以进行更精确的需求预测。从供应链的需求端来看，基于物联网的需求预测技术可以带来更高预测精度的需求信息，以优化供应链的库存和价格决策。

传统的需求预测一般依据供应链中的历史销售或订单数据，对于新产品则需利用市场调研数据进行预测，通常很难保证需求的预测精度，且预测精度的可控性不高。

在消费者需求变化快、产品生命周期短的市场环境下，需求预测精度对企业高效运营越来越重要。企业在做决策时也期望能够获得更多的数据，理解消费者行为、外部环境以及产品需求之间的关系，从而提高需求预测的精度②。

① https：//www.idc.com/getdoc.jsp？ containerId=prCHC51041723.
② LAUGHLIN，SCHNEIDER.IBM Partners with SAP on a Cognitive Demand Forecasting Solution for the Retail Industry［EB/OL］.［2024-08-31］（2018-05-29）. https：//news.sap.com/2018/05/ibm-sap-cognitive-demand-forecasting-solution-retail-industry.

新技术的出现使这成为了可能[①]。例如，物联网等技术在零售场景的深入应用促使智慧零售等新的商业模式出现，2016年亚马逊的无人体验店Amazon Go开业；2017年，天猫和京东的无人超市相继出现（如图1-2所示）；2019年，沃尔玛推出“未来商店”计划。对于零售商而言，新技术的应用不仅可以改善零售环境、优化消费者的购物体验，还可以收集、沉淀与消费者直接相关的多维度的海量数据。

物联网的泛在连接会让这些数据更加准确、及时和完整[②]。利用大数据、人工智能和深度学习等技术，可以在与消费者互动的过程中理解其行为逻辑，了解其选择偏好。在新兴信息技术构建的数字化环境下，对消费者潜在需求的了解将更加精准[③]。

**图1-2　无人超市**

（图片来源：中国政府网[④]）

---

① ZHU X, MUKHOPADHYAY S K, YUE X. Role of forecast effort on supply chain profitability under various information sharing scenarios [J]. International Journal of Production Economics, 2011, 129 (2): 284-291.

② OLSEN T L, TOMLIN B. Industry 4.0: Opportunities and challenges for operations management [J]. Manufacturing & Service Operations Management, 2020, 22 (1): 113-122.

③ 陈剑，黄朔，刘运辉. 从赋能到使能——数字化环境下的企业运营管理 [J]. 管理世界，2020，36（2）：117-128.

④ https://www.gov.cn/xinwen/2018-06/29/content_5302328.htm#1.

### 1.3.3 物联网为制造系统带来产能柔性

制造系统的生产过程复杂、环节众多，在缺乏信息技术支撑时，往往会处于“黑箱”状态[①]。没有实时和充分数据的支撑可能导致决策滞后和运作低效，从而难以及时应对市场环境的变化。

随着产业数字化转型升级的持续推进，智能制造系统的构建日益得到业界和学术界的关注和重视。物联网在信息的获取、传递和分析处理等方面有着较强的技术优势，将在制造业智能化转型升级的过程中发挥重要作用。同时，RFID、无线传感网络、云计算和大数据等信息技术也将成为智能制造系统的重要组成部分[②]。RFID技术可以识别和跟踪嵌入了标签的物体或设备[③④]；无线传感网络则可以感知节点附近的环境，如温度、湿度和压力等。二者相互配合可以提供实时的状态数据。

大数据和云计算对海量的数据进行收集、储存和处理，并从中得到管理洞察。利用这些物联网技术，可以将制造系统各环节互联互通，打造数字化、透明化业务流程，从而构建制造系统的数字孪生系统。信息化和智能化的柔性制造系统能够有效控制和动态优化生产过程，从而灵活应对外部环境变化。因此，物联网技术可以为制造系统带来更高的产能柔性，对物品和流程进行实时感知、快速反应以及有效管理，让企业产能能够根据需求的变化及时做出调整，有效提高供

---

① 王天然. 中国至2050年先进制造科技发展路线图［M］. 北京：科学出版社，2009.

② YANG C, SHEN W, WANG X. Applications of Internet of Things in manufacturing［C］//2016 IEEE 20th International Conference on Computer Supported Cooperative Work in Design (CSCWD). IEEE, 2016: 670-675.

③ WANG T, HU B, CHANG S, et al. Inventory inaccuracies and Radio Frequency Identification technology: Risk analysis and coordination［J］. Computers & Industrial Engineering, 2018, 125: 9-22.

④ DING L, HU B, KE C, CHANG S. Effects of IoT technology on gray market: An analysis based on traceability system design［J］. Computers & Industrial Engineering, 2019, 136: 80-94.

应链绩效[①]。

## 1.4 研究内容及结构

物联网技术对供应链管理的优化作用日益得到理论和实践领域的关注和重视。本书关注物联网技术在需求预测和柔性产能构建方面的作用，系统分析了其在供应链中的应用对上下游企业决策的影响及对供应链绩效的优化作用。综合来看，本书主要研究三方面内容：第一部分，研究物联网在供应链中用于预测需求信息的形式，以及需求预测信息共享的价值（对应第2章、第3章和第4章的研究内容）。第二部分，研究制造商柔性产能（数量柔性和产能扩展）的投资决策（对应第5章和第6章的研究内容）。第三部分，研究供应链中需求预测技术投资与柔性产能投资的联合决策（对应第7章的研究内容）。

本书从需求不确定性出发，分别从供应链中不同主体的角度研究应对需求不确定性的策略和措施，得到了零售商关于需求预测技术的投资策略和信息共享策略，以及制造商的柔性产能投资策略，探讨了需求预测与柔性产能在应对需求不确定性方面的联动机制，并通过契约协调了供应链企业的决策，提高了供应链效率，具有如下的价值和意义：

在理论意义方面，首先，本书分别研究了零售商的需求预测技术投资决策和需求预测信息共享决策两个方面，将预测所产生信息的价值（投资需求预测技术产生的信息带来的价值）以及信息获取后进行共享所产生的价值区分开，为合理评估需求预测技术对供应链的价值提供了一个新视角。其次，本书通过求解供应链企业在需求预测技术

---

① 张映锋，赵曦滨，孙树栋，等．一种基于物联技术的制造执行系统实现方法与关键技术［J］．计算机集成制造系统，2012，18（12）：2634-2642.

投资和柔性产能投资决策时的均衡，探讨了物联网环境下需求预测技术和柔性产能技术的价值及呈现方式，以及两种技术在应对需求不确定性方面的联动机制。最后，本书通过研究零售商的价格决策和（或）促销决策以及制造商的产能和批发价决策，探讨了营销决策与运作决策之间的交互机制，并针对分散决策下供应链的低效率，构建了供应链企业决策的协调机制。

在现实意义方面，首先，本书既考虑了竞争性企业间的横向信息共享，也考虑了供应链中上下游企业间的信息共享，从而可以在投资需求预测技术以降低需求不确定性方面为零售商提供应对策略；本书考虑了制造商在构建柔性产能时的一次性投资和扩展投资，并与非柔性产能投资的情况进行了比较，从而可以在投资产能方面为制造商提供参考；本书在供应链中考虑需求预测技术和柔性产能在降低需求不确定性方面的联合机制，从而可以为供应链管理提供参考模型。其次，在产业转型升级的大背景下，借助先进的新兴信息技术进行转型升级是企业和供应链顺应时代发展潮流、在未来市场获得竞争力的关键举措和战略选择。最后，本书以需求不确定性为出发点，以在产业转型升级中必不可少的物联网技术为对象，考虑其在供应链中的应用情景和作用机制，分析了其应用价值，可以作为供应链企业投资应用物联网技术进行转型升级的决策参考。

# 2

# 供应链中物联网的价值形式
# ——需求预测和柔性产能

## 2.1 基于物联网技术的需求预测

### 2.1.1 基于物联网技术的海量用户数据获取

在当今数字化时代，物联网技术在零售领域的应用日益广泛。例如，无人超市的出现就是物联网技术在零售领域的典型代表。在无人超市中，通过各种智能设备和传感器，如摄像头、射频识别标签等，可以实时监测顾客的购物行为和商品的库存情况。具体而言，摄像头可以记录顾客在店内的行走路线、停留时间以及对不同商品的关注度。通过对这些数据的分析，零售商可以了解顾客的购物习惯和偏好，从而优化商品陈列和促销策略。射频识别标签则可以实时跟踪商品的库存情况，当库存不足时自动发出补货提醒，提高库存管理的效率。此外，基于物联网技术的智能购物车配备了传感器和显示屏，可以自动识别商品并显示商品价格、促销信息等，记录顾客的购物清单和消费金额，为零售商提供更详细的顾客购物数据。通过这些物联网技术的应用，零售企业可以获取海量的用户数据，包括顾客的个人信息、购物历史、行为偏好等。这些数据为精准的需求预测提供了基础。

### 2.1.2 基于物联网技术的数据传输

持续收集并实时传输用户数据，是实现高效需求预测的重要保障。物联网技术是实现数据实时采集和传输的关键。首先，无线传感器网络可以将采集到的实时数据传输到数据中心。例如，在智能仓储系统中，分布在仓库各个位置的传感器可以实时监测货物的温度、湿度、位置等信息，并通过无线传感器网络将这些数据传输到仓库管理系统。其次，移动通信网络可以实现移动设备与数据中心的连接。随着智能手机的普及，越来越多的消费者通过手机进行购物和支付。零售商可以通过移动通信网络获取消费者的购物记录等数据，为需求预测提供更全面的信息。此外，互联网的高速发展也为物联网的数据传输提供了便利。通过互联网，不同地区的零售门店可以将本地的销售数据上传到总部的数据中心，进行集中分析和处理。同时，总部也可以将分析结果和决策指令通过互联网下达到各个门店，实现快速响应和精准决策。

### 2.1.3 基于大数据和云计算的数据分析

大数据和云计算技术为需求预测提供了强大的分析工具。

大数据技术可以处理海量的用户数据。通过对用户数据的清洗、整合和分析，可以挖掘出用户的潜在需求和行为模式。例如，通过分析用户的购物历史和浏览记录，可以发现用户的购买偏好和消费趋势，为商品推荐和促销活动提供依据。

云计算技术则可以提供强大的计算能力和存储资源。在需求预测时，需要对大量的历史销售数据和实时用户数据进行分析和处理，这需要强大的计算能力和存储资源支持。

云计算技术可以根据需求动态分配计算资源和存储资源，提高数据分析的效率和准确性。

此外，大数据和云计算技术还可以实现数据的实时分析和处理。在物联网环境下，数据的产生速度非常快，需要及时进行分析和处理，才能为需求预测提供及时有效的信息。大数据和云计算技术可以实现数据的实时分析和处理，为企业提供快速响应市场变化的能力。

### 2.1.4 利用所获得的数据进行需求预测

在供应链中，利用物联网技术获取的数据进行需求预测至关重要，是实现供应链优化的关键环节。通过物联网技术在销售环节的广泛应用，能够收集大量准确的历史销售数据。利用这些数据，可以采用时间序列分析、回归分析等方法建立需求预测模型。例如，在智能零售场景中，物联网设备如射频识别标签、智能货架等可以实时记录商品的销售情况，这些数据被传输到数据中心后，通过数据分析算法进行处理，可以建立销售趋势预测模型，分析商品销售的长期趋势，判断市场需求的增长或下降趋势；也可以建立季节性需求预测模型，针对具有季节性特点的商品，如服装、食品等，根据历史销售数据中的季节性波动规律，预测不同季节的市场需求。

利用物联网技术可以实时获取用户数据，可为需求预测模型的动态调整提供有力支持。当用户的购物行为发生变化时，如购买频率增加、购买金额减少等，通过物联网设备如智能手机、智能手环等收集到的实时用户数据，可以及时调整需求预测模型，提高预测的准确性。例如，在无人超市中，通过摄像头、传感器等设备可以实时监测顾客的购物行为，当发现顾客对某类商品的购买频率突然加快时，系统可以立即将这一信息反馈到需求预测模型中，调整对该商品的未来需求预测。

除了内部的销售数据和用户数据，利用物联网技术还可以整合外部数据进行需求预测。天气数据、经济数据等外部因素对某些商品的需求有较大影响。通过物联网的传感器和网络连接，可以实时获取天气信息，如温度、湿度、降雨量等。对于一些受天气影响较大的商品，如冷饮、雨伞等，结合天气数据进行需求预测可以更加准确。同时，经济数据如消费者物价指数、国内生产总值等也可以通过物联网技术与需求预测模型相结合以进行需求预测。例如，在经济增长时期，消费者的购买力可能增强，对高端商品的需求可能增加；而在经济衰退时期，消费者可能更倾向于购买价格较低的商品。通过整合外部数据和内部用户数据，可以建立更加准确的需求预测模型，为供应链的优化提供决策支持。

## 2.2 基于物联网技术的柔性产能

### 2.2.1 利用物联网技术对传统产能进行改造升级

物联网技术为传统制造企业的产能改造升级提供了新的途径。

首先，通过在生产设备上安装传感器和智能控制器，可以实现设备的智能化改造。传感器可以实时监测设备的运行状态、生产参数等信息，智能控制器可以根据这些信息对设备进行自动调整和优化，提高设备的生产效率和质量稳定性。例如，在汽车制造企业中，通过在生产线上安装传感器，可以实时监测汽车零部件的加工精度和装配质量。当发现质量问题时，智能控制器可以自动调整设备参数，确保产品质量符合标准。同时，传感器还可以监测设备的运行状态，提前预警设备故障，缩短设备停机时间，提高生产效率。

其次，物联网技术可以实现生产过程的可视化管理。通过在生产车间安装摄像头、显示屏等设备，可以实时展示生产进度、设备状态、质量指标等信息，让管理人员和操作人员随时了解生产情况，及时做出决策。

最后，物联网技术还可以实现生产过程的自动化控制。通过将生产设备与物联网平台连接，可以实现设备的远程控制和自动化操作。例如，在一些危险、恶劣的生产环境中，可以通过远程控制设备进行生产，减少人员伤亡和安全事故的发生。

### 2.2.2 制造企业间基于物联网技术的产能共享

物联网技术为制造企业之间的产能共享提供了技术支持。

首先，通过物联网平台，制造企业可以将自己的闲置产能信息发布出去，供其他企业查询和使用。例如，一家汽车零部件制造企业在生产淡季时，有部分设备闲置。通过物联网平台，该企业可以将闲置设备的信息发布出去，供其他有需求的企业租用，提高设备的利用率。

其次，制造企业可以通过物联网平台查询其他企业的产能信息，当自己的生产任务紧张时，可以将部分生产任务外包给其他有产能的企业，实现产能的共享和互补。例如，一家电子产品制造企业在接到大量订单时，由于自身产能不足，可以通过物联网平台找到一家有闲置产能的代工厂，将部分生产任务外包出去，确保按时交付产品。

最后，物联网技术还可以实现制造企业之间的协同生产。通过物联网平台，不同企业的生产设备可以实现互联互通，共同完成一项复杂的生产任务。例如，在汽车制造行业，不同的零部件供应商可以通过物联网平台协同生产，提高生产效率和产品质量。

### 2.2.3 云制造平台

在当今充满不确定性的市场环境中，云制造平台作为基于物联网技术的新型制造模式[①]，为企业灵活应对市场不确定性提供了强有力的支持。云制造平台将制造资源和制造能力虚拟化，通过互联网为用户提供按需使用的制造服务。

---

① 李伯虎，张霖，王时龙，等. 云制造——面向服务的网络化制造新模式［J］. 计算机集成制造系统，2010，16（1）：1-7.

首先，它可以整合不同企业的制造资源和制造能力，形成一个庞大的制造资源池。在市场不确定性较高的情况下，企业的生产需求随时可能发生变化。例如，一家中小企业原本计划生产一款传统产品，但市场需求突然转向新型产品，而该企业缺乏相应的设计和生产能力。通过云制造平台，该企业可以迅速找到一家专业的设计公司进行产品设计调整，然后选择一家具备新型产品生产能力的制造企业进行生产，最后由一家物流企业进行配送和售后服务。在整个过程中，企业无须投资建设自己的设计和生产设施，大大降低了因市场变化而导致的生产成本和风险。这种灵活性使得企业能够快速响应市场需求的变化，避免因生产能力不足或不匹配而错失市场机会。

其次，云制造平台可以实现制造资源的优化配置和高效利用。在市场不确定性的影响下，生产任务的波动较大。通过对制造资源的实时监测和调度，云制造平台可以根据用户的需求和制造资源的状态，实现制造资源的最优分配和利用①。例如，当多个用户同时提交生产任务，且市场需求的不确定性导致任务的紧急程度和规格要求各不相同时，云制造平台可以根据不同用户的需求和制造资源的可用性，合理安排生产计划。这样既能提高制造资源的利用率，又能确保在不确定的市场环境下，各个企业的生产任务都能得到及时有效的处理。

最后，云制造平台还可以提供制造服务的全生命周期管理。在产品的设计、生产、配送、售后服务等环节，云制造平台都可以提供相应的管理和服务，确保产品的质量和用户的满意度。在市场不确定性的背景下，产品的质量和售后服务对于企业的生存和发展至关重要。例如，在产品生产过程中，云制造平台可以实时监测生产进度和质量情况，及时向用户反馈信息。如果市场需求发生变化，企业可以根据

① 赵道致，杜其光，徐春明. 物联网平台上两制造商间的制造能力共享策略［J］. 天津大学学报（社会科学版），2015，17（2）：97-102.

这些信息及时调整生产计划，确保产品符合市场需求。在产品售后服务阶段，云制造平台可以为用户提供维修、保养等服务，提高用户的忠诚度。即使市场环境不稳定，企业也能通过优质的售后服务维持良好的客户关系，为未来的业务发展奠定基础。

## 2.3 本章小结

物联网技术在供应链中的应用潜力巨大，例如，可提供实时可见、跟踪定位、“物物互联”等功能，实现整个供应链的高效率、低成本的运作。本章重点描述了物联网在供应链中优化需求预测和提升产能柔性的具体形式。

在需求预测方面，物联网通过智能设备和传感器收集大量用户数据，实时传输至数据中心，借助大数据和云计算技术进行分析，从而精准预测市场需求。这些数据帮助零售商优化商品陈列和促销策略，实时调整需求预测模型，以应对市场变化。

在柔性产能方面，物联网技术改造升级传统产能，通过智能化设备和生产过程的可视化管理，提升生产效率和产品质量。此外，物联网促进了制造企业间的产能共享，实现了资源互补和协同生产。云制造平台作为新型制造模式，为企业提供了灵活的制造服务，优化资源配置，帮助企业快速响应市场需求，降低生产成本和风险，有效应对市场不确定性。

总的来说，物联网技术在供应链管理中的应用，极大地提升了企业的市场响应能力和资源配置效率。这也是本书后续章节开展研究的基础。

# 3

# 供应链中横向信息共享时需求预测的价值分析

## 3.1 供应链中横向信息共享的问题情景与研究现状

### 3.1.1 供应链中横向信息共享的研究背景

随着新兴信息技术，特别是物联网、大数据和云计算等的快速发展，零售商通过投资这些技术可以获得更准确的市场需求信息。例如亚马逊的无人体验店、天猫和京东的无人超市以及沃尔玛的未来商店计划等，都用到了大量的物联网技术。面对激烈的市场竞争，企业间彼此共享需求预测信息，相互合作形成信息共享联盟，不仅可以避免过度竞争，还可以通过聚合后的预测信息降低市场不确定性。一般情况下，各企业在人力、物力和财力等方面存在差异，或者基于物联网的需求预测技术的投资规模不尽相同，因此在预测需求信息方面，也会存在精度差异。预测精度的差异体现了不同企业在应对需求不确定性方面的能力不同。竞争性企业形成信息共享联盟可以提高期望收益，这种增益效果来自多个方面，例如竞争强度的降低以及预测精度的提高。因此，深入理解需求预测信息共享是企业期望利润增加的来源，将有利于合理评估需求预测技术的投资价值。

### 3.1.2 供应链中横向信息共享的研究现状

早期的需求信息共享研究大多都假设下游零售商所拥有的信息是外生给定的，原因在于零售商接近消费者，从而可以掌握上游制造商所不了解的信息。信息共享可以减轻牛鞭效应[①]，让供应链运作得更加平滑，对供应链的效率提高起着重要作用。因此相关研究围绕着企

---

① LEE H L，SO K C，TANG C S.The value of information sharing in a two-level supply chain [J]. Management Science，2000，46 (5)：626-643.

业间共享信息的动机、条件和相关机制（例如契约）展开。供应链中可共享的信息类型有很多种，例如需求信息（订单信息）、需求预测信息、库存状态信息、产品开发信息等①。本研究主要考虑供应链企业投资基于物联网的需求预测技术以及预测信息共享的问题，因此，将主要关注供应链中需求预测信息的共享。由于供应链结构具有多样性，现有研究大多在特定供应链结构下研究企业间的信息共享。接下来本研究将从寡头竞争下的横向共享、供应链中的纵向共享以及供应链间的需求预测信息共享对现有文献进行梳理，然后将考虑需求预测精度和需求预测投资的文献进行归纳。现有大量的需求预测信息共享的文献，是在假定价格和需求是外生的设定下研究信息共享带来的库存和补货相关的收益。

1）寡头竞争下的横向需求信息共享

横向需求信息共享主要是指市场中同质性的竞争性企业间的信息共享。Crawford 和 Sobel（1982）在一般性假设下研究了信息发送者和信息接收者之间的信息共享问题。之后，经济学领域学者便对寡头竞争结构下的信息共享问题进行了丰富的研究。该类研究都考虑竞争性零售商通过某个第三方机构或行业组织（例如行业协会）实现彼此信息的交换。例如 Novshek 和 Sonnenschein（1982）、Clarke（1983）、Vives（1984）、Vives（1990）和 Li（1985）等都用了类似的框架。竞争性企业间的信息共享经常受到质疑，例如是否有串谋的问题。Clarke（1983）表明企业串谋不仅需要所有企业对市场具有相同的估计，还要企业间能够通过合作的方式控制产出，因此在没有合适的合作机制的情况下企业间也很难达到串谋的结果。

由两个企业构成的双寡头竞争模型是在研究竞争性企业间共享需

① REN Z J. Empirical studies in information sharing［M］//Handbook of Information Exchange in Supply Chain Management. Cham：Springer，2017：27-38.

求预测信息的动机时较为常用的模型。Novshek 和 Sonnenschein (1982) 研究了两个竞争企业获取并发布私有信息的动机，其中每个企业都可以从第三方机构处获得多个关于不确定性需求的信号，企业可以决策私有的和发布出去汇聚的信号数量。Vives（1984）的研究表明，如果两个企业的产品是相互替代的，在伯川德（古诺）竞争下，对每个企业而言，(不）共享信息是占优策略；如果产品是互补的，则结果正好相反。也就是说，企业间信息共享的动机会受到竞争类型（古诺或伯川德)、产品性质（替代或互补）以及产品间差异化程度的影响。该研究还进一步地从福利的角度分析了竞争类型的优劣。

多寡头竞争模型是对双寡头竞争模型的拓展和一般化。Li (1985) 研究了N个古诺竞争性企业间信息共享的动机问题，其结果表明，在需求不确定下，所有企业都不会共享信息。Gal-Or（1985）则进一步考虑了各企业需求信号间的相关性，其结果表明，不论私有信号之间的相关程度如何，纳什均衡都是不共享信息。古诺竞争下，企业间没有动机共享需求信息，但Clarke（1983）考虑寡头企业之间可以通过相互合作的方式确定最后的产出，其结果表明，这种合作行为可以为企业提供共享信息的动机，但是会导致企业间串谋。如果行业企业不会试图通过行业协会进行串谋，那么信息汇聚可以看作有利的[①②]。行业协会作为信息的收集和披露方，可有不同的信息披露规则，这将会影响到行业企业的信息共享动机。Vives (1990) 比较了行业协会的两种信息披露规则（排他性和非排他性）对企业共享信息动机及福利的影响。其结果表明，非排他性的披露

① VIVES X. Trade association disclosure rules, incentives to share information, and welfare [J]. The Rand Journal of Economics, 1990, 21 (3): 409-430.

② KIRBY A J. Trade associations as information exchange mechanisms [J]. The Rand Journal of Economics, 1988, 19 (1): 138-146.

策略（由于搭便车现象的存在）会破坏企业共享信息的动机。对于需求不确定的Quadratic-Normal模型，古诺竞争下信息共享会增加期望总剩余，但伯川德竞争下会降低期望总剩余①。Raith（1996）对寡头竞争下的信息共享文献进行了归纳和评论，并试图通过构建一个统一的框架模型，将寡头竞争下的（需求或成本）信息共享的文献纳入其中。其结果表明，需求信息共享会引起企业策略的变化，从而导致两种效应：直接调整效应和策略性调整效应。直接调整效应是指信息共享让企业对不确定性有进一步的认识，从而会提高企业间决策的相关性；策略性调整效应是指信息共享让企业对竞争对手的信息和行动有进一步的认识，从而能够让企业将决策之间的相关性朝着对企业有利的方向调整。因此，在互补产品间，两种效应都是有利的，然而在替代产品间，策略高度相关的负效应会占主导。Shamir（2012）研究了N个参与价格竞争的零售商之间的需求预测信息共享问题，其结果表明，如果信息是可验证的，那么零售商之间的信息共享对零售商是有利的，且参与企业越多越有利。

此外，有学者从不完全信息的角度研究了竞争性企业间获取不确定性信息的动机问题。Ponssard（1979）在古诺竞争结构下，研究了企业获取关于不确定性需求的信息的动机，其结果表明，企业获取需求信息能提升自身的期望利润和消费者剩余，但获取信息的动机会随着有信息的企业的数量的增加而逐渐减弱。在结果讨论部分提到，有信息的企业没有动机与没有信息的企业共享信息，当信息获取存在成本时，企业间可能会合作分担信息获取成本。Sakai（1986）则采用类似的信息结构，在不对称的双寡头竞争结构下，研究竞争类型（古诺和伯川德）对企业共享私有的需求信息动机问题的影响。Darrough

① VIVES X. Trade association disclosure rules, incentives to share information, and welfare [J]. The Rand Journal of Economics, 1990, 21 (3): 409-430.

（1993）和Sankar（1995）研究了寡头结构下私有信息的横向披露问题，均衡结果会受到竞争类型（古诺/伯川德）和信息性质（共有需求/私有成本）的影响。Jansen（2008）比较了不同范式下寡头企业获取和披露需求信息的均衡决策。将信息获取内生化时，如果信息获取具有平缓的成本函数，那么企业在策略式披露下可以获得比承诺式披露更高的利润。

此外，还有学者研究了寡头竞争性下成本信息共享的动机问题。例如，Sakai（1985）在双寡头古诺竞争结构下，分析企业共享私有信息的动机。结果表明信息共享对企业可能有利、无差异或有害。Fried（1984）则将企业获取信息的决策内生化，研究企业获取并披露成本信息的动机，结果表明，信息披露通常对两个企业都是有利的(因为披露后，竞争者可以做出有利的修正)。Gal-Or（1986）在双寡头模型下进一步研究了竞争类型（古诺或伯川德）和信息结构的性质对企业真实共享信息动机的影响。Sakai（1986）则从不完全信息的角度，研究竞争类型（古诺和伯川德竞争）对企业共享私有成本信息的动机的影响。Shapiro（1986）研究了古诺竞争性企业间同质产品的成本信息共享问题，其结果表明，成本信息的交换，可以提高期望总利润和福利，但是会降低消费者剩余，如果信息披露成本足够低，那么所有企业都会参与共享信息。Sakai和Takehiko（1989）在寡头垄断结构下研究了差异产品的成本信息共享对福利的影响，其结果表明，该影响与产品差异程度、随机依赖的方向以及产业中企业的数量有关。

寡头竞争下需求信息共享的模型结构可以归纳为四个方面：（1）由N个寡头企业生产具有差异性（或相同）的产品，线性需求函数的截距是（或含有）一个随机变量；（2）每个企业都会收到关于上述随机变量的一个私有信号（需求预测信息）；（3）需求预测信息可以在企业间交换或共享，且企业在收到需求预测信息之前决策是否交换或共享；（4）每个企业根据所掌握的信息进行价格（伯川德竞争）或产出量（古诺竞争）的决策，从而最大化自身期望利润。

寡头竞争下需求信息共享的相关研究结果表明：（1）需求信息共享会从不同方面影响企业的利润。一方面，更准确的预测信息让企业的决策能够更好地响应实际需求，从而改善企业利润；另一方面，信息共享之后，企业间的决策会产生相关性，从而加剧企业间的竞争。企业利润的最终变化，取决于这两种效应的相互作用大小。（2）在伯川德（古诺）寡头竞争下，信息共享（不）会成为均衡。（3）寡头竞争下，互补（替代）产品间的需求信息共享会成为均衡。（4）相关研究分别从预测和不完全信息的角度研究竞争性企业间的信息共享，但是这两种情景下的信息共享问题有着本质的不同：前者是竞争性企业通过努力试图掌握未知事物（随机变量）的状态，后者则是本身并不存在未知，不确定性是人为选择的结果（隐藏信息）。（5）上述研究都是在给定企业的需求预测信号（以及信号精度）下，分析竞争性企业共享信息的动机、驱动因素和条件，但是未从企业间需求预测差异的角度研究信号精度对企业共享信息动机的影响，也未进一步探讨在信息共享带来的利润增量中信息本身的价值以及不同信息混合之后带来的价值。

2）寡头竞争结构下考虑预测精度差异或预测投资

早期的研究大多是在寡头结构下研究竞争性企业在信息获取时的投资均衡问题。Ponssard（1979）在古诺竞争结构下，研究了企业获取关于不确定性信息的动机，其结果表明，企业获取信息能提升自身的期望利润和消费者剩余，但获取信息的动机会随着有信息的企业的数量的增加而逐渐减弱。当信息获取存在成本时，企业间可能会合作分担信息获取成本。Li（1987）和 Vives（1988）分别采用固定的和边际递增的生产成本，在同质的古诺寡头竞争结构下研究企业为获取不确定性需求信号的投资决策问题（大多寡头垄断模型都是给定投资水平，如Vives（1984）和Li（1985）等）。信息获取成本和需求函数斜率对信息获取的均衡数量具有负向影响作用。投资内生时，寡头垄断市场的对称均衡是低效的，低效来源于缺乏信息共享和低效的总投资量。边际成本函数的斜率在寡头企业共享私有信息中具有重要作用，因此，Hwang（1993）在双寡头结构下进行了扩展，考虑两个企业具有不同的边际递增成本函数，结果表明具有成本优势的企业可以获取更多的信息。Jansen（2008）比较了不同的信息披露范式（承诺式/策略式）下寡头企业获取和披露需求信息的均衡决策。将信息获取内生化时，如果信息获取具有平缓的成本函数，那么企业在策略式披露下可以获得比承诺式披露更高的利润。

相关学者虽然没有研究如何获取信息，但是探讨了信息对企业的价值，以及影响信息价值的因素。Basar和Ho（1974）构建了一个具有二次型成本函数的双寡头模型，结果表明，在均衡状态下，企业的期望利润随自己信息精度的提高而增加，随竞争对手的精度提高而降低。Clarke（1983）在由N个企业组成的古诺寡头垄断结构下，研究了企业共享（需求或成本）信息的动机问题，结果表明，在没有产出串谋的情况下，所有企业都没有动机去共享信息。精度差异对企业共享信息动机的影响：在两个企业的寡头竞争下，改善一个企业的精度通常会提高产业利润，除非两个企业的预测精度差异太大。如果两个企业具有相同的精度，信息共享并不能提高彼此的利润；如果一个企业的精度要远低于竞争者的精度，则信息共享可以提高该企业的利润，但是竞争者并不愿意通过信息共享放弃信息优势。Raju和Roy（2000）在价格竞争的双寡头结构下研究企业的预测精度、产业规模和企业规模对企业利润的影响。结果表明，产品替代性（或产业竞争）会提高信息带来的价值；虽然产业规模不会影响信息的价值，但是信息对大公司更有价值；斯塔克伯格竞争下信息对企业利润的影响要高于纳什竞争下的影响。

价格决策是企业间交互的重要形式，同时也是信息在供应链中传递和转移的重要媒介。因此，本研究将对价格敏感型需求下企业间的横向信息共享决策进行研究。

### 3.1.3 供应链中横向信息共享的研究假设

不失一般性，假设有三个面向消费者的零售企业i、j、k，由于靠近终端市场，可以借助物联网等技术构建新的零售场景，获得关于不确定市场需求的某种信号。为更准确地评估需求预测信息共享的价值，本章先假设三个零售企业预测需求信息的精度是外生的，以此分析需求预测信息的价值以及信息共享的价值。

本章所使用的符号：

$D_n$——企业n的需求，n = i，j，k；

$p_n$——企业n对其产品的定价，n = i，j，k；

$\alpha$——产品之间的替代性；

a——市场潜在需求；

$\bar{a}$——市场潜在需求中的确定性部分；

$\varepsilon$——市场潜在需求中的不确定性部分；

$\sigma_0$——市场潜在需求中不确定性部分的标准差；

$f_n$——企业n利用需求预测技术获得的需求信号，n = i，j，k；

$\varepsilon_n$——企业n需求信号中的误差，n = i，j，k；

$\sigma_n$——企业n需求信号中误差的标准差，n = i，j，k；

$t_n$——企业n需求信号的精度，n = i，j，k；

$\{i, j, k\}$——没有预测技术条件，三个企业独立时的结构，类似的，$\{ij, k\}$表示没有预测技术条件时，企业i和j联盟时的结构；

$\{\overline{i, j, k}\}$——使用预测技术条件，三个企业独立时的结构，类似的，$\{\overline{ij, k}\}$表示使用预测技术条件时，企业i和j联盟时的结构；

$\prod$——企业或联盟的收益，例如$\prod_i^{\{i, j, k\}}$表示三个企业独立时企业i的收益；

E（$\prod$）——企业或联盟的期望收益，例如E（$\prod_i^{\{i, j, k\}}$）表示三个企业独立时企业i的期望收益；

Δ——在两种不同的联盟结构或情景下的期望收益差值，例如$\Delta_i^{\{i, j, k\}-\{ij, k\}}$表示没有预测技术条件时，$\{i, j, k\}$和$\{ij, k\}$两种联盟结构下企业i的期望收益差值；

Ratio——收益差值的比例，例如$Ratio_i^{\{\overline{ij, k}\}-\{\overline{i, j, k}\}}$表示$\{\overline{i, j, k}\}$和$\{\overline{ij, k}\}$两种结构下，企业i的期望收益增量比例。

三个寡头企业以价格竞争的方式向消费市场销售具有替代性的产品，企业i的需求函数可以表示为：

$$D_i = a - (1 + \alpha)p_i + \frac{\alpha}{3}(p_i + p_j + p_k) \tag{3-1}$$

其中，$\alpha \in (0, \infty)$表示三个企业中任何两个企业之间产品或服务的替代性（或竞争强度，$\alpha = 0$表示任何两个产品之间没有替代性）；其中a表示市场潜在需求，$p_i$表示企业i所提供产品或服务的价格。为考虑市场需求的不确定性，假设a有如下结构：

$$a = \bar{a} + \varepsilon,\quad \varepsilon \sim N(0, \sigma_0^2) \tag{3-2}$$

其中，$\bar{a}$和ε分别表示市场潜在需求中确定性和不确定性部分。也就是说，每个企业所面对的需求是价格敏感的和不确定的。同理，可以得到企业j和k的需求函数。

随着物联网和云计算等新兴信息技术在不同行业、不同场景下的深入应用，企业对消费者不确定性需求的预测能力也越来越强。更准确的需求预测有利于企业优化决策，从而提高期望收益。然而，不同企业在相关资源投入强度和时间不同，因此它们预测需求的能力也存在差异。假设企业 $n(n = i, j, k)$ 获得的关于市场需求的预测信息为 $f_n$，则有：

$$f_n = a + \varepsilon_n, \quad \varepsilon_n \sim N(0, \sigma_n^2), \quad \sigma_n^2 > 0, \quad n = i, j, k \tag{3-3}$$

其中，$\varepsilon_n$ 表示企业 n 对市场基本需求的预测误差，服从均值为 0、方差为 $\sigma_n^2$ 的正态分布，且独立于 a。定义 $t_n = \sigma_0^2/(\sigma_0^2 + \sigma_n^2)$，表示企业 n 对市场需求的预测精度，$\sigma_n^2$ 越小（大），则 $t_n$ 越大（小），表明预测的精度越大（小），由 $\sigma_n^2 > 0$，可有 $0 \leqslant t_n < 1$。假设不同企业间的预测误差是不相关的，即在真实需求出现之前，各企业利用自己所拥有的资源或技术独立完成自己对需求的预测，不存在任何形式的沟通或交流。由于企业的需求预测技术投入是一个长期且投入巨大的战略决策，本章主要是在各企业既有的预测投资技术条件下进行的运作决策分析，因此，假设通过 IoT 等技术对不确定性的市场需求进行预测的成本为 0（主要聚焦于探讨新技术应用可能带来的影响）[①]。同时，也假设三个企业产能无约束且都具有固定的边际生产成本，并将其标准化为 0。

假设企业间可以自由联盟，把三个企业形成的联盟称作大联盟，两个企业形成的联盟称作小联盟，没有企业形成联盟时称作独立运作状态。一旦企业间形成联盟，则联盟中的企业共享聚合后的信息，并以此对市场需求的不确定性进行预测。根据 Winkler（1981）的条件期望和条件方差，用到的信息结构见附录。

---

① GU Q, VISICH JK, LI K, WANG Z. Exploiting timely demand information in determining production lot-sizing: an exploratory study [J]. International Journal of Production Research, 2017, 55 (16): 4531-4543.

## 3.2 供应链中横向信息共享的模型构建

### 3.2.1 有需求预测技术时各企业决策及期望利润

根据前面的分析可知，三个企业间可以形成三种结构状态：独立运作、小联盟和大联盟。依次计算不同结构状态下各企业的价格和期望收益。

1）在独立运作状态下各企业的期望收益

在独立运作状态下，各企业仅可利用自有的需求预测信息，例如企业i利用信号$f_i$进行价格决策，确定自己的最大化收益。其收益可以表示为：

$$\prod_i^{\{\overline{i,\ j,\ k}\}}=E\left(p_iD_i^{\{\overline{i,\ j,\ k}\}}|f_i\right)=E\left(p_i\left(a-(1+\alpha)p_i+\frac{\alpha}{3}(p_i+p_j+p_k)\right)|f_i\right) \quad (3-4)$$

根据一阶偏导等于0的条件（FOC），可得到企业i的最优定价：

$$p_i^{\{\overline{i,\ j,\ k}\}}=\frac{3}{2}\cdot\frac{\bar{a}}{3+\alpha}+\frac{3}{2}\cdot\frac{\left(6+4\alpha+\alpha t_j\right)\left(6+4\alpha+\alpha t_k\right)}{4(3+2\alpha)^3-\alpha^2(3+2\alpha)\left(t_it_k+t_jt_k+t_it_j\right)-\alpha^3t_it_jt_k}\left(f_i-\bar{a}\right)t_i \quad (3-5)$$

因此，企业i在其最优定价下的期望收益为：

$$E\left(\prod_i^{\{\overline{i,\ j,\ k}\}}\right)=\frac{3}{4}\cdot\frac{(3+2\alpha)}{(3+\alpha)^2}\bar{a}^2+\frac{3}{4}\cdot(3+2\alpha)\times\left(\frac{2\alpha(3+2\alpha)(t_j+t_k)+\alpha^2t_jt_k+4(3+2\alpha)^2}{4(3+2\alpha)^3-\alpha^2(3+2\alpha)(t_it_j+t_it_k+t_jt_k)-\alpha^3t_it_jt_k}\right)^2t_i\sigma_0^2 \quad (3-6)$$

企业j和k的价格决策与期望收益可以类似求得，具体形式见表3-1。具体推导过程参见附录（下同）。

2）在小联盟结构下各企业的期望收益

在具有需求预测能力的情况下，各企业利用需求预测技术对不确定性的需求进行预测并获得需求信号。拥有需求信号的企业之间可以形成联盟，共享彼此的需求信息，并以此制定相应的价格决策。不失一般性，假设企业i和j形成了联盟，则它们会根据整合后的信息进行决策。联盟企业（i或j）和非联盟企业k的收益分别表示为：

$$\begin{aligned}\prod\nolimits_i^{\{\overline{ij,\ k}\}} &= E\left(p_i D_i^{\{\overline{ij,\ k}\}} | f_i,\ f_j\right)\\ &= E\left(p_i\left(a-\left(1+\frac{2}{3}\alpha\right)p_i+\frac{\alpha}{3}\left(p_j+p_k\right)\right)|f_i,\ f_j\right)\end{aligned} \tag{3-7}$$

$$\begin{aligned}\prod\nolimits_k^{\{\overline{ij,\ k}\}} &= E\left(p_k D_k^{\{\overline{ij,\ k}\}} | f_k\right)\\ &= E\left(p_k\left(a-\left(1+\frac{2}{3}\alpha\right)p_k+\frac{\alpha}{3}\left(p_j+p_k\right)\right)|f_k\right)\end{aligned} \tag{3-8}$$

根据FOC，可以得到各企业的最优价格决策：

$$\begin{aligned}p_i^{\{\overline{ij,\ k}\}} = p_j^{\{\overline{ij,\ k}\}} &= \frac{\bar{a}}{2}\cdot\frac{6+5\alpha}{6+6\alpha+\alpha^2}+\frac{3}{2}\cdot\\ &\frac{\left(6+4\alpha+\alpha t_k\right)\left(t_i\left(1-t_j\right)\left(f_i-\bar{a}\right)+\left(1-t_i\right)t_j\left(f_j-\bar{a}\right)\right)}{2\left(9+9\alpha+2\alpha^2\right)\left(1-t_i t_j\right)-\alpha^2\left(t_i t_k+t_j t_k+2t_i t_j t_k\right)}\end{aligned} \tag{3-9}$$

$$p_k^{\{\overline{ij,\ k}\}} = \frac{\bar{a}\left(3+2\alpha\right)}{6+6\alpha+\alpha^2}+\frac{3\left(3+\alpha+\alpha\left(t_i+t_j\right)-3\left(1+\alpha\right)t_i t_j\right)}{\left(\begin{array}{l}2\left(9+9\alpha+2\alpha^2\right)\left(1-t_i t_j\right)\\ -\alpha^2\left(t_i t_k+t_j t_k-2t_i t_j t_k\right)\end{array}\right)}\left(f_k-\bar{a}\right)t_k \tag{3-10}$$

因此，各企业的期望收益为：

$$\begin{aligned}E\left(\prod\nolimits_i^{\{\overline{ij,\ k}\}}\right) = E\left(\prod\nolimits_j^{\{\overline{ij,\ k}\}}\right) &= \frac{\bar{a}^2}{12}\cdot\frac{\left(3+\alpha\right)\left(6+5\alpha\right)^2}{\left(6+6\alpha+\alpha^2\right)^2}+\\ &\frac{\frac{3(3+\alpha)}{4}\left(6+4\alpha+\alpha t_k\right)^2}{\left(\begin{array}{l}2(3+2\alpha)(3+\alpha)(1-t_i t_j)\\ -\alpha^2 t_k(t_i+t_j-2t_i t_j)\end{array}\right)^2}(1-t_i t_j)(t_i+t_j-2t_i t_j)\sigma_0^2\end{aligned} \tag{3-11}$$

$$\begin{aligned}E\left(\prod\nolimits_k^{\{\overline{ij,\ k}\}}\right) &= \frac{\bar{a}^2}{3}\cdot\frac{\left(3+2\alpha\right)^3}{\left(6+6\alpha+\alpha^2\right)^2}+\\ &\frac{3\left(3+2\alpha\right)\left(\alpha\left(t_i+t_j\right)-3\left(1+\alpha\right)t_i t_j+\left(3+\alpha\right)\right)^2}{\left(2(3+2\alpha)(3+\alpha)(1-t_i t_j)-\alpha^2 t_k(t_i+t_j-2t_i t_j)\right)^2}t_k\sigma_0^2\end{aligned} \tag{3-12}$$

上述结果表明，如果企业i和j形成信息共享联盟，则它们在相同的市场需求预测信息下，会设置相同的市场价格，并获得相同的期望利润。

3）在大联盟结构下各企业的期望收益

在不考虑反垄断或市场管制的情况下，三个企业可以形成一个大联盟。通过大联盟，三个企业将各自的预测信息整合在一起，并基于此进行决策。此时大联盟中成员企业（i或j或k）的收益可以表示为：

$$\begin{aligned}\prod_i^{\{\overline{ijk}\}} &= E\left(p_i D_i^{\{\overline{ijk}\}} | f_i,\ f_j,\ f_k\right) \\ &= E\left(p_i\left(a - \left(1 + \frac{2}{3}\alpha\right)p_i + \frac{\alpha}{3}\left(p_j + p_k\right)\right) | f_i,\ f_j,\ f_k\right)\end{aligned} \tag{3-13}$$

根据FOC，可以得到各企业的最优价格决策：

$$p_i^{\{\overline{ijk}\}} = p_j^{\{\overline{ijk}\}} = p_k^{\{\overline{ijk}\}} = \frac{1}{2}\cdot\left(\begin{aligned}&\bar{a} + \frac{t_i\left(1 - t_j\right)\left(1 - t_k\right)}{1 - \left(t_i t_j + t_i t_k + t_j t_k\right) + 2t_i t_j t_k}\left(f_i - \bar{a}\right) \\ &+ \frac{t_j\left(1 - t_i\right)\left(1 - t_k\right)}{1 - \left(t_i t_j + t_i t_k + t_j t_k\right) + 2t_i t_j t_k}\left(f_j - \bar{a}\right) \\ &+ \frac{t_k\left(1 - t_i\right)\left(1 - t_j\right)}{1 - \left(t_i t_j + t_i t_k + t_j t_k\right) + 2t_i t_j t_k}\left(f_k - \bar{a}\right)\end{aligned}\right) \tag{3-14}$$

各企业的期望收益：

$$\begin{aligned}&E(\prod_i^{\{\overline{ijk}\}}) = E(\prod_j^{\{\overline{ijk}\}}) = E(\prod_k^{\{\overline{ijk}\}}) = \frac{1}{4}\bar{a}^2 + \frac{1}{4}\cdot \\ &\frac{\left\{\begin{aligned}&(1 - t_j)(1 - t_k)^2 t_i (1 + t_j - 2t_i t_j) + {}^{(1 - t_i)2}(1 - t_k)t_j(1 + t_k - 2t_j t_k) \\ &+(1 - t_i)(1 - t_j)^2 t_k (1 + t_i - 2t_i t_k)\end{aligned}\right\}}{(1 - (t_i t_j + t_i t_k + t_j t_k) + 2t_i t_j t_k)^2}\sigma_0^2\end{aligned} \tag{3-15}$$

上述结果表明，如果三个企业形成了信息共享的大联盟，则它们会制定统一的价格，即形成了一个价格卡特尔，同时它们获得相同的期望利润。将三种联盟结构的五种联盟形式下各企业期望收益结果汇总，见表3-1。

表 3-1　　**使用需求预测技术时不同联盟结构下各企业的期望收益情况**

| 联盟结构 | 对应企业 | 收益表达式 |
| --- | --- | --- |
| $\{\overline{x，y，z}\}$ | 独立运作时企业 x 的收益 | $\frac{3\bar{a}^2}{4}\cdot\frac{(3+2\alpha)}{(3+\alpha)^2}+\frac{3(3+2\alpha)}{4}\cdot\frac{\{(6+4\alpha+\alpha t_y)^2\times(6+4\alpha+\alpha t_z)^2\}}{\left(4(3+2\alpha)^3-\alpha^2(3+2\alpha)\times(t_x t_y+t_x t_z+t_y t_z)-\alpha^3 t_x t_y t_z\right)^2}t_x\sigma_0^2$ |
| $\{\overline{xy，z}\}$ | 小联盟中企业 x 的收益 | $\frac{\bar{a}^2}{12}\cdot\frac{(3+\alpha)(6+5\alpha)^2}{\left(6+6\alpha+\alpha^2\right)^2}+\frac{3(3+\alpha)}{4}\cdot\frac{\left\{\left(6+4\alpha+\alpha t_z\right)^2\times(1-t_x t_y)(t_x+t_y-2t_x t_y)\sigma_0^2\right\}}{\left(2(3+2\alpha)(3+\alpha)(1-t_x t_y)-\alpha^2 t_z(t_x+t_y-2t_x t_y)\right)^2}$ |
| | 小联盟外企业 z 的收益 | $\frac{\bar{a}^2}{3}\cdot\frac{(3+2\alpha)^3}{\left(6+6\alpha+\alpha^2\right)^2}+3(3+2\alpha)\left(\frac{\{\alpha(t_x+t_y)-3(1+\alpha)t_x t_y+(3+\alpha)\}}{\{2(3+2\alpha)(3+\alpha)(1-t_x t_y)-\alpha^2 t_z(t_x+t_y-2t_x t_y)\}}\right)^2 t_z\sigma_0^2$ |
| $\{\overline{xyz}\}$ | 大联盟中企业 x 的收益 | $\frac{\bar{a}^2}{4}+\frac{1}{4}\cdot\frac{\{(1-t_y)(1-t_z)^2 t_x(1+t_y-2t_x t_y)+^{(1-t_x)2}(1-t_z)t_y(1+t_z-2t_y t_z)+(1-t_x)(1-t_y)^2 t_z(1+t_x-2t_x t_z)\}}{(1-(t_x t_y+t_x t_z+t_y t_z)+2t_x t_y t_z)^2}\sigma_0^2$ |

注：其中 x，y，z ∈ $\{i，j，k\}$ 且 $x \neq y \neq z$，$x \neq z$（下同）

如前文所述，竞争性企业间合作共享需求预测信息，各企业期望收益的提高可能来自两个方面的影响：竞争强度的降低和预测精度的提高。为分析需求预测技术对期望收益及企业间联盟结构的影响，还需要计算在没有需求预测技术时不同联盟结构下各企业的期望收益。对这两种情况进行比较，有助于理解需求预测技术的应用为企业及供应链带来的价值，以及可能对联盟结构产生的影响。

### 3.2.2 无需求预测技术时各企业决策及期望利润

为分析需求预测对企业和供应链的价值，必须以需求预测信号精度为0的情况作为比较基础。由前文可知$t_n = \sigma_0^2/(\sigma_0^2 + \sigma_n^2)$表示企业n对不确定性需求的预测精度，当$t_n = 0$时（等同于$\sigma_n = \infty$），即意味着企业n对不确定性需求没有任何的预测能力，将它等同于没有利用需求预测技术，称此情景为无需求预测技术。此时，企业间形成联盟的目的是降低市场竞争的强度，且联盟成员间会达成价格一致①。根据前文计算结果，可以得到无需求预测技术时不同联盟结构下各企业的价格（见表3-2）和期望利润（见表3-3）。

表3-2 无需求预测技术时不同联盟结构下各企业的均衡价格

| 联盟结构 | 企业的均衡价格 |
|---|---|
| $\{x, y, z\}$ | $p_x^{\{x,y,z\}} = p_y^{\{x,y,z\}} = p_z^{\{x,y,z\}} = \frac{3}{2} \cdot \frac{\bar{a}}{\alpha + 3}$ |
| $\{xy, z\}$ | $p_x^{\{xy,z\}} = p_y^{\{xy,z\}} = \frac{\bar{a}}{2} \cdot \frac{5\alpha + 6}{\alpha^2 + 6\alpha + 6}$，$p_z^{\{xy,z\}} = \bar{a}\frac{2\alpha + 3}{\alpha^2 + 6\alpha + 6}$ |
| $\{xyz\}$ | $p_x^{\{xyz\}} = p_y^{\{xyz\}} = p_z^{\{xyz\}} = \frac{\bar{a}}{2}$ |

① NAGARAJAN M，SOŠIĆ G. Stable farsighted coalitions in competitive markets [J]. Management Science，2007，53（1）：29-45.

表 3-3 无需求预测技术时各企业在不同联盟结构下的期望利润

| 联盟结构 | 对应企业 | 单个企业期望利润表达式 | 总期望利润表达式 |
|---|---|---|---|
| $\{x, y, z\}$ | 所有企业独立运作时的企业 x | $\frac{3}{4}\cdot\frac{(2\alpha+3)\bar{a}^2}{(\alpha+3)^2}$ | $\frac{9}{4}\cdot\frac{(2\alpha+3)\bar{a}^2}{(\alpha+3)^2}$ |
| $\{xy, z\}$ | 联盟(xy)形成时的企业 x | $\frac{\bar{a}^2}{12}\cdot\frac{(\alpha+3)(5\alpha+6)^2}{(\alpha^2+6\alpha+6)^2}$ | $\frac{\bar{a}^2}{6}\cdot\frac{\left[(\alpha+3)(5\alpha+6)^2+2^{(2\alpha+3)3}\right]}{(\alpha^2+6\alpha+6)^2}$ |
| | 联盟(xy)形成时的企业 z | $\frac{\bar{a}^2}{3}\cdot\frac{(2\alpha+3)^3}{(\alpha^2+6\alpha+6)^2}$ | |
| $\{xyz\}$ | 联盟(xyz)形成时的企业 x | $\frac{\bar{a}^2}{4}$ | $\frac{3}{4}\bar{a}^2$ |

## 3.3 供应链中横向信息共享的模型分析

### 3.3.1 无需求预测技术时不同联盟结构下企业利润的比较

命题 3.1 （1） $\frac{\partial p_n^{\{i,j,k\}}}{\partial\alpha}\leqslant 0$， $\frac{\partial\prod_n^{\{i,j,k\}}}{\partial\alpha}\leqslant 0$， $n=i, j, k$；（2） $\frac{\partial p_n^{\{ijk\}}}{\partial\alpha}=0$， $\frac{\partial\prod_n^{\{ijk\}}}{\partial\alpha}=0$， $n=i, j, k$。在无需求预测技术的条件下，在非大联盟结构下，各企业的价格和期望收益随竞争强度的增强而递减；在大联盟结构下，各企业的价格和收益不受彼此间竞争强度（替代性）的影响。

上述命题 3.1 比较符合直观认识，提供同类型产品的三家企业之间存在着产品替代性（直接竞争）。在分散式决策环境下，存在着较强的双重边际效应，竞争强度的增强会导致各企业的价格进一步降低。价格的降低虽然会增加需求，但是增加的需求带来的收益无法抵消价格降低带来的收益下降，最终导致收益减少。在大联盟结构下，三个企业相互合作，进行集中化决策，从而消除了企业间的这种竞争带来的影响。

命题 3.2 在无需求预测技术的情况下，（1）企业 i 在所有企业保持独立状态下的收益最低，在大联盟结构中的收益最高，当有小联盟存在时，其收益介于前二者之间，且在小联盟外比在小联盟内获得的收益高，即 $\prod_i^{\{ijk\}} > \prod_i^{\{i,\ jk\}} > \prod_i^{\{ij,\ k\}} > \prod_i^{\{i,\ j,\ k\}}$。（2）企业 i 的合作行为会增加其他企业的收益，即 $\Delta_j^{\{ij,\ k\}-\{i,\ j,\ k\}} > 0$，$\Delta_j^{\{ik,\ j\}-\{i,\ j,\ k\}} > 0$，$\Delta_j^{\{ijk\}-\{i,\ jk\}} > 0$。（3）大联盟获得最大总收益；独立状态获得最低总收益；联盟越大，总收益越高，即 $\prod_{i,\ j,\ k}^{\{ijk\}} \geqslant \prod_{i,\ j,\ k}^{\{ij,\ k\}} \geqslant \prod_{i,\ j,\ k}^{\{i,\ jk\}} \geqslant \prod_{i,\ j,\ k}^{\{ik,\ j\}} \geqslant \prod_{i,\ j,\ k}^{\{i,\ j,\ k\}}$。

在无需求预测技术时，竞争性企业形成联盟可提高各企业收益，即企业联盟降低了企业之间竞争，从而提高了各企业的期望收益。当一个企业希望保持独立时，则它会选择在另外两个企业联盟时保持独立；当一个企业希望加入联盟时，则它更倾向于由三个企业形成的大联盟（命题 3.2（1））。事实上，基于命题 3.2（1），有结论：大联盟结构下三个企业的总收益实现了最大化。这个命题与 Nagarajan 和 Sošić（2007）的 Theorem 1 是一致的。命题 3.2（2）和（3）表明，竞争性企业的合作联盟行为，不仅可以为自己带来收益的增加，还可以增加其他企业或整个供应链的收益。企业在不同联盟结构下的收益不尽相同，这主要是因为竞争性企业相互合作并共同决策，减少了市场中竞争性主体数量，从而减轻了市场竞争。这种合作行为不仅可以使参与联盟的成员受益，非联盟成员也因市场竞争强度减低而受益，且非联盟成员的收益增量高于联盟成员的收益增量。

### 3.3.2 需求预测对不同联盟结构下企业的期望利润的影响

通过表3-1、表3-2和表3-3，对不同联盟结构下各企业的期望利润比较和分析，可以得到如下命题（证明见附录）：

命题3.3 （1）相对于无需求预测技术，使用需求预测技术的企业通过获取需求预测信息，可以获得更高的期望收益。（2）使用需求预测技术的企业形成相互共享需求预测信息的企业联盟，可以获得更高的期望收益。（3）一旦企业间形成大联盟，则产品间的替代性不会影响企业或联盟的期望收益。

上述命题3.3（1）主要对是否使用需求预测技术两种情况下各企业的期望收益进行了对比。结果表明，应用需求预测技术时，企业的收益更高。在相同联盟结构下，命题3.3（2）比较了使用和不使用需求预测技术时各联盟收益的情况。结果表明，使用需求预测技术提高了联盟的收益。对于命题3.3（3），在应用需求预测技术时，大联盟的期望收益与企业间产品的替代程度无关，这主要是因为一旦三个企业相互合作，它们就会利用共有的需求信息进行决策，从而消除了企业间相互竞争带来的影响，因此产品替代程度不会影响到大联盟的收益。

在不确定需求下，如果价格设置太高，而最后实现的需求又较低，则企业会因销售不足而遭受损失；如果价格设置太低，而最后实现的需求又较高，则企业会失去获得丰厚收益的机会，因此企业会以期望利润最大化来决策价格。通过需求预测技术，企业可以获得不确定性需求的相关信息，从而可以根据需求的状态设置相应价格，即可以通过改善价格决策而获益。从表3-1至表3-3中各式可以看出，使用需求预测技术带来的收益增量，不仅与三个企业的预测精度有关，而且与市场的不确定性、各企业间产品的替代性（除了大联盟）有关。由于上述各式的结构较复杂，因此，本章将在后面进行数值计算，分析各因素带来的影响。另外，对于命题3.3（2），如果两个或三个企业形成联盟，在使用需求预测技术时，联盟成员的收益之和，要比在没有使用需求预测技术时各相应企业保持独立时的收益之和更高，收益增加的部分不仅包含竞争强度降低带来的收益增量，还包括信息共享带来的收益增量。

### 3.3.3　竞争强度对不同联盟结构下企业的期望利润的影响

前文主要讨论在无需求预测技术情景下企业间构建联盟对企业价格及期望利润的影响。接下来将讨论在使用需求预测技术后各企业的期望利润变化情况。对于使用需求预测技术的情景，各种结构下企业期望收益表达式中含有多个参数，且结构较复杂，无法直接通过简洁的形式给出其相关性质。本部分主要通过数值实验的方法，分析联盟结构、产品间替代程度、企业预测精度对不同主体期望收益的影响。

如前述定义，$\alpha \in (0, +\infty)$表示三个企业产品间的竞争强度（替代性）。当$\alpha \to 0$时，表示三个企业的产品间不存在替代关系；随着$\alpha$的增大，三个企业产品间的竞争强度也不断加强。$\sigma_0$表示市场需求的不确定性，当$\sigma_0$趋向于0时，表明市场需求的不确定性不断降低，即接近于确定性模型；随着$\sigma_0$的不断增大，表明市场需求的不确定性也逐渐增强。$t_i = \sigma_0^2/(\sigma_0^2 + \sigma_i^2) \in [0, 1)$表示企业i对市场基本需求a的预测精度，其值越大（对应的$\sigma_i$越小），表示预测越精确。当$t_i$的值越接近1时，表示企业i对不确定的需求预测越准确；当$t_i$的值越接近0时，表示企业i对不确定的需求预测精度越差。企业j和k

对市场需求的预测具有类似的特性。

使用如下的参数值：$\bar{a}=100$，使$\alpha$，$\sigma_0$，$t_i$，$t_j$，$t_k$的值在如下范围内变化：

$\alpha \in \{1, 2, 3, 4, 5, 6, 7, 8, 9, 10, 11, 12, 13, 14, 15\}$

$\sigma_0 \in \{90, 70, 50, 30, 10\}$

$t_i, t_j, t_k \in \{0, 0.1, 0.2, 0.3, 0.4, 0.5, 0.6, 0.7, 0.8, 0.9\}$

对于各式中的参数，保持$\bar{a}=100$不变，变化剩余5个参数。每次同时变动两个参数，例如，当$t_i \in [0, 0.9]$和$\alpha \in (0, 15]$时，剩余三个参数取某确定值：$\sigma_0=50$，$t_j=0.2$，$t_k=0.8$。

首先，在本小节分析竞争强度变化对各主体期望收益的影响以及相应的可能导致的联盟结构变化。然后，将竞争性企业形成联盟并共享需求预测信息带来的期望收益增量分为两部分：企业间合作导致竞争强度降低带来的期望收益增量，预测信息共享带来的期望收益增量。将二者分离开，有利于准确探讨需求预测技术的价值。

根据前文分析，三家企业可能存在的结构：$\{\overline{i, j, k}\}$、$\{\overline{ij, k}\}$、$\{\overline{ik, j}\}$、$\{\overline{i, jk}\}$、$\{\overline{ijk}\}$。由于中间的三种结构具有对称性，为避免重复，以企业i为焦点企业进行分析，例如企业i的合作行为可能产生在如下两种情景：$\left[\{\overline{i, j, k}\} \rightarrow \{\overline{ij, k}\}\right]$（企业i和j合作形成小联盟），$\left[\{\overline{i, jk}\} \rightarrow \{\overline{ijk}\}\right]$（企业i加入小联盟jk后形成大联盟）。

情景3.1：$\left[\{\overline{i, j, k}\} \rightarrow \{\overline{ij, k}\}\right]$

在独立状态下，如果企业i选择与j合作（当然，也可与k合作，这两种结构具有对称性，因此仅分析企业i与j合作），则企业i的收益、收益增量及增量比例如图3-1所示。

（1）企业i、j合作前后企业i的期望收益，$\sigma_0=50$，$t_i=0.5$，$t_j=0.8$，$t_k=0.2$

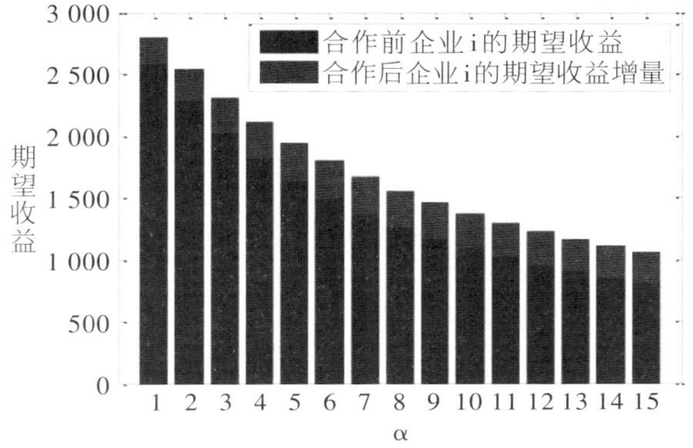


（2）企业i、j和k的收益增量，$\sigma_0=50$，$t_i=0.5$，$t_j=0.8$，$t_k=0.2$

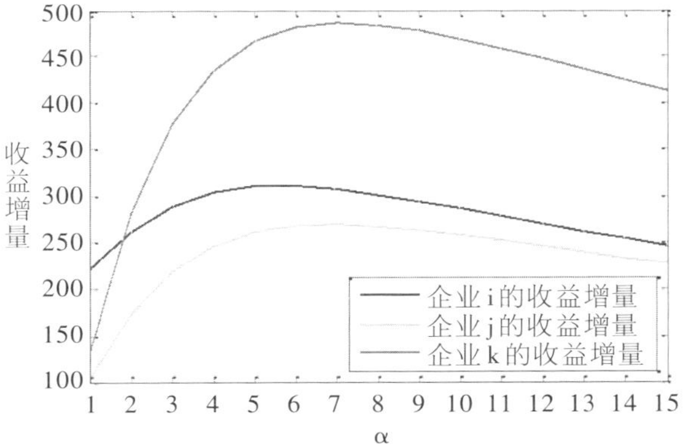


（3）企业i、j和k的收益增量比例，$\sigma_0=50$，$t_i=0.5$，$t_j=0.8$，$t_k=0.2$

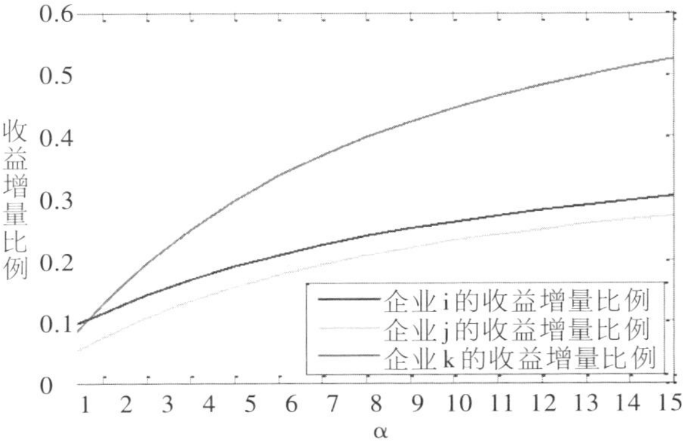

（4）ij-k结构下k与i（j）的期望收益差异，$\sigma_0$=50，$t_i$=0.6，$t_j$=0.6，$t_k$=0.3

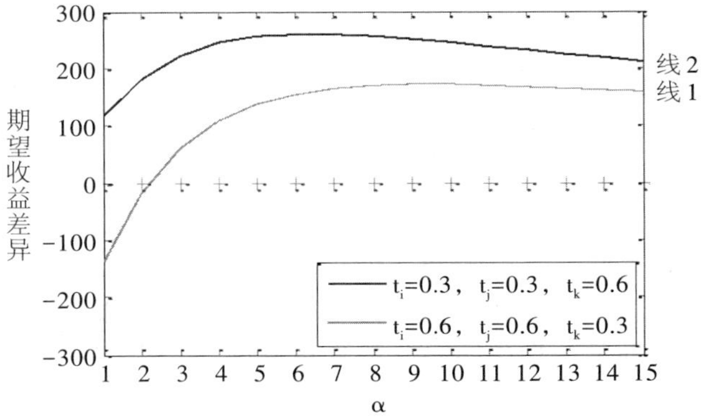


**图3-1　竞争强度对企业期望收益的影响**

图3-1中前三张图分别表示在企业ij合作前后企业i的期望收益、期望收益增量和期望收益增量比例随α变化的情况；第四张图表示在小联盟结构{ $\overline{ij，k}$ }下，独立企业k与联盟企业i或j的期望收益差异随α的变化情况，上面的线表示企业k的预测精度高，联盟企业i或j预测精度低；下面的线相反。从图3-1中可以得到如下一些观察。

观察3.1：（1）各企业的期望收益会随竞争强度的增强而递减(非大联盟)。(2）从独立状态到企业ij联盟的结构变化导致的收益增量随竞争强度的增强而先增后降，收益增量比例呈递增变化趋势。处于独立状态的企业k的收益增量比例对竞争强度变化最为敏感。(3）在联盟结构$\{ij，k\}$下，如果联盟的预测精度高于联盟外的企业，低竞争强度时，联盟企业期望收益要高于联盟外企业（图3-1（4）水平线α=0下面的线1)，但高强度竞争会使这种情势发生反转：独立企业期望收益会高于联盟企业收益（图3-1（4）水平线α=0上面的线1)，但这种独立的优势会随着竞争强度的递增而逐渐减弱。如果联盟的预测精度低于联盟外的企业，则无论竞争强度强弱，独立企业的期望收益会始终高于联盟中企业的期望收益，这种优势会随竞争强度的增强而先增后减（如图3-1（4）线2所示）。

上述观察结果表明收益增量随竞争强度的增大而先增后降，而收益增量比例始终处于递增状态，因此可知随着竞争强度的增大，企业ij联盟情况下各企业的收益下降速度，相比三个企业独立时各自收益下降的速度要慢，即企业间的合作可以削弱竞争强度增大给企业带来的期望收益损失（观察3.1（1）、（2））。独立企业（k）与联盟成员（i和j）的期望收益差异，在预测精度不同的情况下会呈现出不同的变化。而根据命题3.2（1），无需求预测技术时，独立企业的期望收益始终大于联盟中企业的期望收益。出现这种变化的主要原因是企业间合作导致竞争强度降低带来的收益增量和预测信息共享带来的收益增量，这二者中起主导作用的增量发生了变化。在竞争强度较弱时，如果联盟企业（i或j）的预测精度较高，而独立企业（k）的预测精度相对偏低，则企业i和j的合作在一定程度上降低了竞争强度，增加了所有企业（包括k）的期望收益，但联盟ij还可以通过共享高精度的预测信息增加期望收益，且该期望收益增量占主导地位，从而使联盟企业收益要高于独立企业收益；如果独立企业的预测精度高于联盟的预测精度，则独立企业可同时享受到高预测精度和由企业ij合作导致的相对低竞争强度带来的期望收益增量。当竞争强度较强时，企业i和j合作导致竞争强度降低给所有企业（特别是k）带来的期望收益增量，相对于预测信息共享提高预测精度带来的期望收益增量，前者起主导作用，所以此时独立企业的收益增量要高于联盟中企业的收益增量（观察3.1（3））。简言之，在竞争强度较高时，独立企业收益大于联盟企业收益；在竞争强度较低时，独立企业收益与联盟企业收益的大小与它们之间的相对预测精度有关。

情景3.2：$\left[\{\overline{i,\ jk}\}\rightarrow\{\overline{ijk}\}\right]$。直接给出与情景3.1中不同的观察结果。

观察 3.2：企业 i 加入联盟 $\{jk\}$ 前，其收益随竞争强度的增大而递减；加入联盟后，三个企业形成一个大联盟，期望收益对竞争强度不敏感，且三个企业的收益相同。

上述结果表明，在大联盟结构下三个企业会利用混合后的信息去预测不确定性需求，并进行集中决策，避免了分散决策导致的竞争，最终获得相同的收益。而在小联盟情况下，独立企业 i 和联盟 $\{jk\}$ 之间仍存在竞争，且各方期望收益都会随竞争强度的增强而下降。因此，竞争强度越大，形成大联盟带来的收益增量也就越大。同时，大联盟对所有企业都有益，且是所有联盟结构里面帕累托最优结构。

### 3.3.4 预测精度对不同联盟结构下企业的期望利润的影响

通过前面的数值实验分析发现，在有需求预测技术的条件下，企业间相互合作可以实现所有成员的收益提高，然而，当竞争强度处于不同水平时，企业间的信息共享为各企业带来的收益增量也不尽相同。一方面，企业间相互合作可以降低竞争强度，有利于各企业期望收益的提高；另一方面，需求预测信息共享，有利于提高联盟企业预测精度，实现期望收益的增加。因此，为客观反映期望收益增量中由需求预测技术发挥作用的部分，将从总的期望收益增量中剔除由竞争强度降低带来的影响。为简化分析，以联盟结构变化$\left[\{\overline{i, j, k}\}\rightarrow\{\overline{ij, k}\}\right]$为例进行呈现，并构建如下指标：

$$\mathrm{Ratio}_{ijk}^{(\{\overline{ij, k}\}-\{\overline{i, j, k}\})-(\{ij, k\}-\{i, j, k\})}=\frac{\Delta_{ijk}^{\{\overline{ij, k}\}-\{\overline{i, j, k}\}}-\Delta_{ijk}^{\{ij, k\}-\{i, j, k\}}}{\prod_{ijk}^{\{\overline{i, j, k}\}}} \tag{3-16}$$

其内涵可以解释为企业 i 与 j 形成联盟后，仅由预测信息共享带来的总期望收益增量比例，称为信息混合效应。其中，$\Delta_{ijk}^{\{\overline{ij, k}\}-\{\overline{i, j, k}\}}$表示在需求预测技术作用下由企业 i 与 j 的合作带来的三个企业总收益的增量；$\Delta_{ijk}^{\{ij, k\}-\{i, j, k\}}$表示在没有需求预测技术作用下，因企业 i 与

j合作导致竞争强度降低带来的总期望收益增量。二者的区别表明不同情景下的合作会产生不同的效果。因此，将前者减去后者，即可表示需求预测技术在企业合作中对期望收益增量所发挥的作用。变化竞争强度和预测精度以观察该指标的变化（如图3-2所示）。

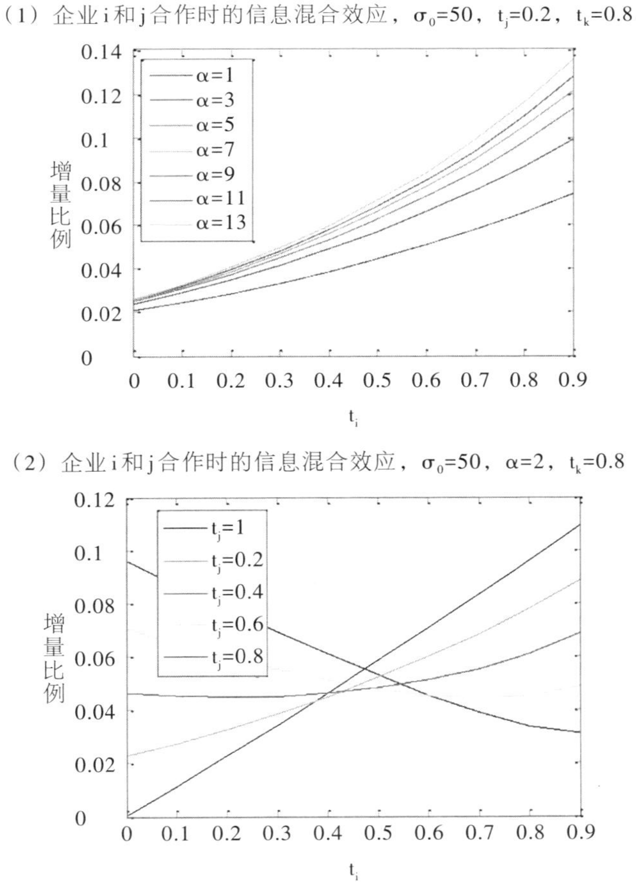


**图3-2 需求预测技术在企业i和j合作中的信息混合效应**

图3-2中（1）和（2）分别表示竞争强度和预测精度对信息混合效应的影响。由图3-2（1）可知，信息混合效应随着竞争强度的增强而递增，且在企业j的预测精度偏低时，企业i的预测精度越高，该效

应越明显。由图3-2（2）可知，企业j的预测精度对该比例的变化有显著的影响作用，即企业i与j的预测精度差异越大，该效应越明显。

为了直观表现上述过程，作如下堆积图（如图3-3所示，图3-3（1）为基准情况，其余三幅图分别提高了企业j的预测精度、竞争强度和市场不确定性）。图3-3的各图中的下端表示存在信息预测技术时三个企业独立时的总收益，中间部分表示在没有信息预测技术时企业i和j合作带来的总收益增量（可以理解为因合作导致竞争强度降低带来的收益增量），上端表示信息混合效应带来的总期望收益增量。

（1）基准情况，$\sigma_0=50$，$\alpha=2$，$t_j=0.2$，$t_k=0.8$

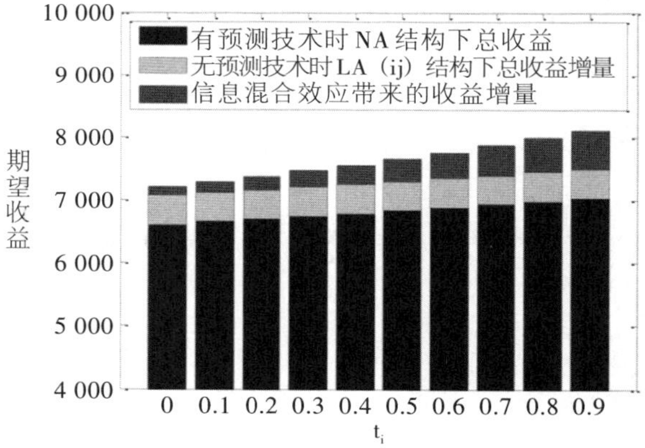


（2）高预测精度的企业j，$\sigma_0=50$，$\alpha=2$，$t_j=0.8$，$t_k=0.8$

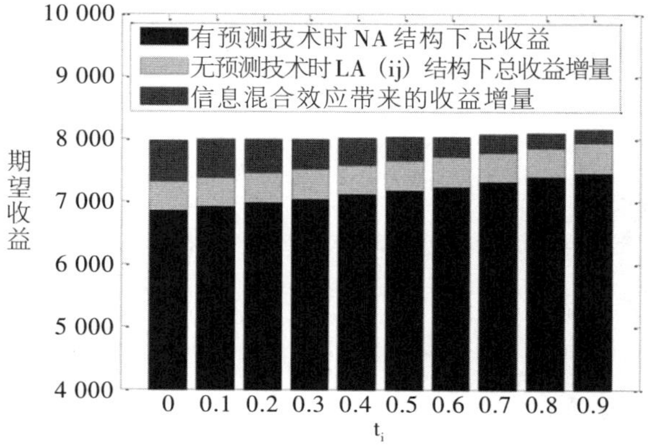

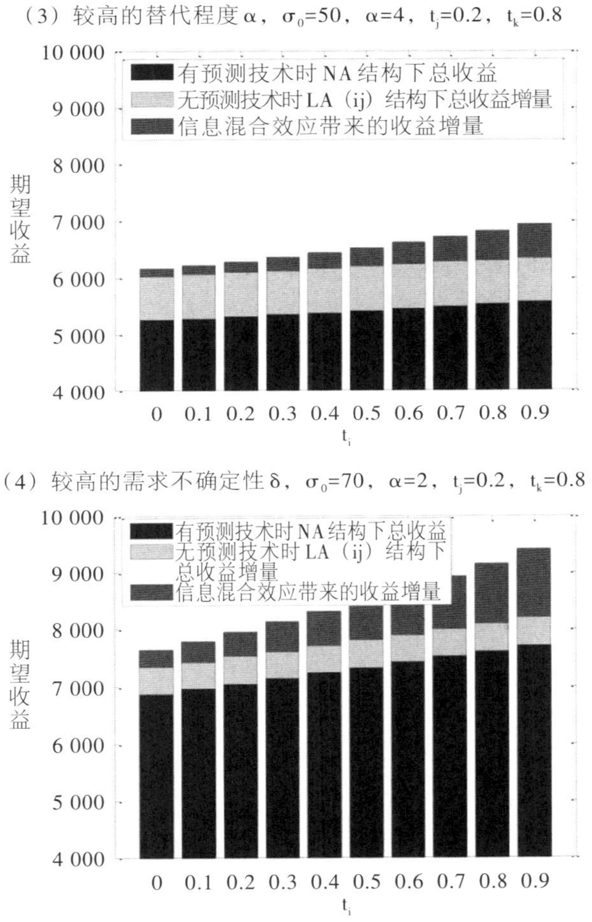


**图3-3 预测精度对企业合作增加期望收益的影响**

由图3-3可知，随着企业i预测精度的提高，三家企业的总期望收益均呈递增变化趋势。然而，图3-3（1）中总收益递增趋势明显，而图3-3（2）中总收益递增趋势缓慢。这是因为信息混合效应（上端）带来的总收益增量在企业j的预测精度偏低（高）时，会随着企业i的预测精度提高而递增（递减），如图3-3（1）和图3-3（2）所示。这种递增或递减的原因在于，信息混合效应会随着企业i与j的预测精度差异的增大而增强，反之，随预测精度差异的缩小而减弱。当竞争强度越大时，各企业的收益越低，但企业间通过合作降低竞争强度所带来的收益增量越多（如图3-3（1）和图3-3（3）中间部分所示）。市场需求不确定性越大时，使用预测技术获得的总收益越多，其中信息混合效应带来的收益增量越明显（如图3-3（4）上端所示），这主要是因为在较高的不确定性下，较高的预测精度能够让企业更好地根据需求状态设置价格，从而提高期望收益。

观察3.3：竞争强度的增大会使各企业的收益降低，但会提高企业间因合作而带来的收益增量，也就是解释了为什么在竞争压力越大的情况下，合作的动机越强烈；在有需求预测技术的条件下，企业间相互合作共享信息，一方面，企业间合作降低了竞争强度可以带来收益增量，另一方面，基于需求预测技术的信息混合效应也带来了收益增量，这种增量会随企业间预测精度差异的增大而提高，且竞争强度和需求的不确定性会增强或减弱这种效应。

## 3.4 本章小结

在不确定性需求下，企业可以通过投资需求预测技术获取需求的相关信息。在部署物联网以获取消费者相关数据时，不同企业投入的资源（资金、人力和技术等）不尽相同，投入较多的企业可以获得充足数据而拥有相对较高的预测精度，即企业在需求预测能力方面会存在差异性。低预测精度企业可以选择与其他企业形成信息共享联盟以弥补自己获取信息的不足。本章基于竞争强度和需求预测差异，针对企业间的需求信息共享与合作行为，分析了预测精度对企业联盟决策的影响机制。如果要形成小联盟，那么企业在选择合作伙伴时不仅要考虑产品间的竞争强度还要考虑准合作伙伴的预测精度。如果竞争强度偏高，则非联盟企业的收益要大于联盟企业的收益；如果竞争强度偏低，则非联盟企业仅在需求预测精度较高时的收益大于联盟企业的收益。换言之，竞争强度和预测精度均较低时对非联盟企业不利。当形成大联盟时，各企业都可以通过消除竞争而增加收益，且竞争越激烈，收益增量越高。联盟企业共享需求预测信息时，降低的竞争强度和提高的预测精度都能够增加企业期望收益。当合作企业间预测精度差异越大时，信息混合效应带来的收益增量也越大。因此，对于低预测精度的联盟而言，提高某个成员企业的预测精度，就可以实现所有联盟成员期望收益的显著增加。竞争强度和需求不确定性会进一步凸显需求预测技术在合作中发挥的这种信息混合效应。

本章以外生的预测精度计算需求预测技术应用带来的期望收益增量，可以将预测精度作为相应技术投资的参考量。将预测精度内生化，即考虑如何投资提高预测精度，将在下一章中分析。

4

# 供应链中纵向信息共享时需求预测的价值分析

## 4.1 供应链中纵向信息共享的问题情境与研究现状

### 4.1.1 供应链中纵向信息共享的研究背景

供应链企业可以通过多个途径获取需求预测信息，例如从拥有类似信息的竞争性企业，或者从靠近消费者的零售商处获取。上一章考虑了第一种情况，即在由三个零售商组成的横向供应链中研究了竞争性企业间的信息共享联盟决策问题。本章将考虑需求预测信息的第二种情况，即下游零售商向上游制造商共享需求预测信息①。

以消费者为中心的物联网技术的大规模应用，产生了大量的、多维的、与消费者相关的数据。零售商利用大数据，可以挖掘出消费者的偏好、购物习惯等信息，从而能够更好地预测需求。而精度更高的需求信息，可以帮助企业和供应链降低运作风险，提高运行和决策效率。对于追求合作（信息共享）的供应链而言，上游制造商可能期望能从下游零售商处获取需求预测信息。对于承担了投资成本的零售商而言，获取了预测信息，其可以选择与上游制造商共享预测信息，以增强供应链的合作水平。如果信息共享发生，制造商可能会利用获得的信息来优化决策，并从供应链中攫取更多利润②。因此，零售商需要在供应链合作与个体利益之间进行权衡。具体而言，零售商面临如下问题：是否投资需求预测技术？投资多少？获取需求预测信息后，是否与制造商共享信息？这些都是亟待解决和回答的问题。

---

① LI L. Information sharing in a supply chain with horizontal competition [J]. Management Science, 2002, 48 (9): 1196-1212.

② CHU L Y, SHAMIR N, SHIN H.Strategic communication for capacity alignment with pricing in a supply chain [J]. Management Science, 2017, 63 (12): 4366-4388.

### 4.1.2 供应链中纵向信息共享的研究现状

供应链中存在多个企业，例如上游的供应商和下游的客户。上游的供应商可以是渠道中的中间商，也可以是原材料供应商或产品制造商；下游的客户可以是渠道中的中间商、产品制造商，或者终端零售商。由于处于供应链中的不同位置，每个企业都可能获取关于不确定性需求的某个信号，例如仅下游企业有需求预测信息、仅上游企业有需求预测信息以及上下游企业都有需求预测信息。每个企业获取信息的能力不同，因而供应链企业会在需求预测精度上表现出一定的差异性。由于信息不对称以及机会主义等，供应链企业间通常很难进行信息共享[①]，旁支付契约常被直接用来分析企业共享信息的动机。

（1）下游或上游企业拥有需求预测信息

由于下游企业更靠近消费者，例如零售商直接与消费者接触，因此这类企业可以根据历史销售数据以及消费者特征数据，获得关于不确定性需求的预测信息。下游企业向上游供应商或制造商共享需求预测信息是实践应用和理论研究中比较常见的一种情况。接下来，根据是否存在下游竞争，分两种情况进行文献回顾。

首先，考虑存在下游竞争的供应链需求预测信息共享的情况。以供应链为背景研究寡头竞争性企业间的需求预测信息共享是对前述经济学领域中研究寡头竞争性企业间信息共享的延伸和拓展。在经济学领域，寡头竞争性企业间是通过行业协会或第三方组织进行信息获取和传递的，这类机构仅发挥一个信息中介的作用；在供应链领域，存在一个上游企业，该企业可以通过制定批发价，将其所掌握的信息以直接或间接的方式传递给下游相关企业。换言之，前者不会策略性利

---

① 张子刚，周永红．供应链中利益相关者信息共享的合作博弈分析［J］．科技管理研究，2004（3）：144-146.

用信息（仅有泄露效应），而后者可以策略性利用信息（同时含有直接效应和泄露效应[①]）。

Li（2002）在完全替代古诺竞争下研究下游企业与上游企业共享信息的动机问题，发现存在下游竞争的供应链信息共享具有两种效应：直接效应和间接效应（或泄露效应）。前者是由参与共享的各方决策的变化导致的，例如上游供应商在获取信息后调整决策所导致的零售商的决策变化；后者是由其他竞争性企业从供应商的决策中推断出信息后决策变化导致的。其结果表明，在企业间进行古诺竞争且产品相互替代时，这两种效应都会对共享需求信息的企业不利，从而阻碍下游企业共享需求信息。如果零售商的数量很多（或者预测精度很高），那么在旁支付契约下，完全信息共享可以成为一个均衡；如果数量/精度足够多（高），那么该均衡将是一个占优均衡（优于无信息共享均衡）。Zhang（2002）在双寡头结构下，进一步考虑了竞争类型（古诺/伯川德）和产品间关系（非完全替代/互补）对零售商共享私有需求信息动机的影响。其结果表明，即使是在产品互补的古诺竞争或产品替代的伯川德竞争下，泄露效应有正向效果，具有负向效果的直接效应也会占主导作用，从而让参与共享的零售商受损，即零售商不会无条件共享信息。但当零售商的信息精度不高或泄露效应对零售商更有利时，通过旁支付契约可以让零售商共享信息。

Li和Zhang（2008）在伯川德竞争下研究了保密程度对零售商的信息共享动机：披露给制造商和所有零售商；披露给制造商和参与共享的零售商；仅披露给制造商。在第一种情境下，所有主体都有信息，此时批发价仅作为价格工具，在直接效应和泄露效应作用下，共享信息对制造商有利，而对零售商不利，此时零售商不会无条件共享

① LI L. Information sharing in a supply chain with horizontal competition [J]. Management Science, 2002, 48 (9): 1196-1212.

信息（此种情境下的结果同Li（2002）和Zhang（2002））；在第三种情境下，由于保密导致信息不对称出现，让批发价具有信号工具的作用（即存在信号效应），零售商可以依据批发价推断所共享的信息。这种信号效应的存在让制造商的需求具有更高的价格弹性，从而得到更低的均衡批发价和更高的供应链利润。在激烈竞争下，所有零售商与制造商秘密共享需求信息将是一个均衡（且在需求信息精度很低或存在旁支付契约时是一个占优均衡），无信息共享也是一个均衡，但是部分零售商共享需求信息不是均衡。零售商与制造商秘密共享信息时，信号效应会弱化信息共享导致的直接效应（双重边际效应），这对零售商和供应链有利，但对制造商不利。但是在非完全替代的古诺竞争下，批发价所具有的信号效应会因引起零售商更高的订单数量，从而导致更高的批发价，最终对供应商有利。Jain等（2011）的研究确认了Li和Zhang（2008）关于差异化古诺竞争下零售商的信息共享动机的判断。同时Jain等（2011）放松了真实信息共享的假设，试图通过差异化批发价和差异化二部定价法契约让零售商真实共享信息，并协调供应链。Shamir（2012）考虑了零售商之间能够直接共享信息的情况，伯川德竞争下信息泄露效应会促使零售商参与共享，且参与的零售商越多越有利。相比信息泄露效应会抑制零售商之间共享信息的观点[①]，Shamir（2017）认为该效应可能会是促使零售商之间共享信息的因素，因为这有利于零售商构建卡特尔。供应链上游企业除了通过下游企业共享获得信息外，还可以从供应链外部购买信息，这是其信息获取策略。基于Zhang（2002）研究中促使下游企业共享信息的旁支付契约，Li等（2018）研究了上游企业的信息获取策略对旁支付（补贴）的影响，当信息获取成本很低时，信息获取策略可以降低

---

① ZHANG H.Vertical information exchange in a supply chain with duopoly retailers [J]. Production and Operations Management, 2002, 11 (4): 531-546.

补贴费用。吴江华和翟昕（2011）研究了制造商生产的学习效应对下游零售商之间横向信息共享决策的影响，其结果表明，当第一阶段的均衡订货量低于需求时，零售商之间不会共享私有信息。

竞争性零售商先后决策情形会导致信息泄露的问题。市场在位者通常具有先动优势，而且可以获得优于新进者的市场信息，但是在共有供应商的情况下，其信息可能会被上游企业有意或无意地泄露给新进企业。因此，即使获取信息有利于企业优化决策，但因为担心信息泄露，在位企业也可能不会真实共享信息，甚至会放弃获取信息，哪怕可以无成本地获取信息[①]。Kong等（2013）通过收益共享契约解决了上游企业信息泄露的问题。Jain和Sohoni（2015）通过二部定价法可以让制造商和先决策的零售商之间达成保密协议。

然后，考虑不存在下游竞争的供应链需求预测信息共享的情况。如果供应链下游没有竞争，则相关研究主要关注信息共享的直接效应。樊敏和艾兴政（2005）研究了上游占主导地位的制造商利用多任务委托-代理模型促使下游零售商提高信息共享努力程度。刘开军和张子刚（2007）使用价格杠杆来激励下游企业向上游共享信息。陈长彬和缪立新（2010）通过基于信息显示成本分担的弹性数量契约来保障供应链中上下游企业间的信息共享。Guo（2009）认为信息获取的不可见性可以削弱信息披露（共享）的策略效应对零售商的不利影响。直接效应会阻碍下游企业与上游企业共享信息，但是上游企业可以通过增加决策变量的方式来削弱直接效应，以促进信息共享。例如，Mittendorf等（2013）考虑上游企业可以投资刺激需求的项目（广告和促销等），信息共享会让制造商提高投资，从而可能让零售商、制造商和消费者都从信息共享中获益。Huang等（2020）进一步

① ANAND K S，Goyal M. Strategic information management under leakage in a supply chain [J]. Management Science，2009，55（3）：438-452.

考虑了制造商的渠道侵蚀策略，分析了投资刺激需求项目的溢出效应对零售商信息共享策略的影响。Chu等（2017）考虑了制造商进行产能决策的情况，零售商在充足产能和低批发价之间进行权衡，从而可以促使其真实共享信息。Zhu等（2011）比较分析了三种信息预测情景：制造商和零售商分别预测但不共享、分别预测后共享以及仅零售商预测，结果表明，与前两种情景相比，在某些条件下，制造商会偏好零售商预测模式。魏广明等（2019）进一步考虑了制造商的减排投资，并在双渠道供应链结构下作了三种预测情景的比较。结果表明，制造商与零售商需求预测精度的相对大小会影响两个企业共享信息的动机，且消费者的低碳意识对价格和排放量决策，以及供应链企业利润有正向影响。Wei等（2020）研究了上游制造商产能策略（柔性和非柔性）及信息共享时机对下游零售商信息共享决策的影响。

如果供应商拥有丰富的经验和大量的市场信息，或通过市场研究和产品测试对消费者偏好和需求有更好的认知，而下游零售商由于缺少必要的人力和资源，且所持有产品的种类规模日益扩大，则必须依赖上游企业的信息[①]。Guo和Iyer（2010）考虑了上游制造商的信息获取和信息共享动机问题。制造商可以通过获取部分信息，并通过信息共享的方式对零售商的行为施加影响。高洁（2015）在零售商占主导地位的供应链中，分析了具有信息优势的上游制造商共享需求信息的动机。结果表明，制造商信息共享的动机会受到零售商的需求估计方差的影响。

（2）上下游企业都有需求预测信息

零售商因靠近消费者可以获得消费者需求的相关信息，而供应商通过市场调研和产品测试也能获得一些市场信息。在具有多源信息的

① LEE H L，WHANG S.Information sharing in a supply chain［J］. International Journal of Technology Management，2000，20（3/4）：373-387.

供应链中，企业之间是否有动机相互共享/交换信息得到了学者的关注。为了充分利用信息，零售商可以与上游制造商进行联合预测，以发挥信息的聚合效应；可以由上游企业向下游共享，弱化信息不对称下的推断效应①；可以由下游企业向上游企业共享，增强一致性效应②。

如果供应链中上下游企业都对不确定性需求进行预测，则都将有机会获得关于不确定性需求的私有信息。如果上下游企业间不共享信息，那么下游企业能够通过上游供应商的批发价推断出其所掌握的私有信号，从而产生推断效应。推断效应会让价格朝着有利于零售商（即不利于制造商）的方向调整。如果制造商选择主动向下游零售商单向共享，则会减弱这种效应。如果零售商向上游共享信息（此时两个企业之间的信息是对称的，因为零售商可以从批发价中推断出制造商的信息），制造商获得更多信息后，两个企业的价格可以与需求波动实现更好的同步③，即一致性效应，Shang等（2016）称之为“订单不确定性效应”。这种效应让制造商可以获取更多消费者剩余。因此，往往需要通过（旁支付）契约或在足够多的成本节约情况下才能实现供应链中的信息共享。

Gal-Or等（2008）在一个存在下游伯川德竞争的双层供应链中，研究了推断效应的存在对上游企业信息共享策略的影响。如果考虑信息单边共享（向下传递），供应商偏好于同时向两个零售商共享（传递）信息；如果仅和一个零售商共享（传递）信息，则其偏好于信号精度差的零售商。这种向下的信息共享（传递）可以减弱推断效应对

① GAL-OR E，GEYLANI T，DUKES A J.Information sharing in a channel with partially informed retailers［J］. Marketing Science，2008，27（4）：642-658.

② DUKES A，GAL-OR E，Geylani T.Bilateral information sharing and pricing incentives in a retail channel［M］//Handbook of information exchange in supply chain management. Cham：Springer，2017（5）：343-367.

③ DUKES A，GAL-OR E，GEYLANI T. Who benefits from bilateral information exchange in a retail channel［J］. Economics Letters，2011，112（2）：210-212.

制造商的负向影响。如果考虑信息双边共享（交换），当竞争强度很低或者制造商的预测精度很高，那么制造商会选择与没有信息的零售商共享（交换）信息；否则其会选择拥有完全信息的零售商。Zhu等（2011）比较了两个企业独自预测不共享、独自预测并共享以及仅零售商预测三种模式，在不考虑预测成本且需求不确定性方差小于预测方差时，信息共享是制造商的最优选择；在相同的预测精度和预测成本下，相较于两个企业独自预测，制造商会偏好于让零售商进行预测并共享其信息。张志清（2010）研究了供应链上下游企业通过信息共享实现供应链协同问题。

Mishra等（2009）研究了按订单生产（Make to Order，MTO）和按库存生产（Make to Stock，MTS）情景下需求信息双向共享的动机问题。在MTO下，供应链信息共享对制造商有利，但对零售商和供应链系统不利，即零售商不会无条件共享信息，基于价格折扣的批发价契约的效率优于旁支付契约，可以实现帕累托最优信息共享均衡；在MTS下，信息共享可以让制造商节约库存持有或缺货成本，如果成本节约量足够大，则通过旁支付契约实现帕累托最优的信息共享是可行的。Dukes等（2011）（单条供应链结构）以及Yue和Liu（2006）（含有直销渠道的供应链结构）的研究得到了类似的结论。

在批发价契约下，往往很难让供应链企业实现信息共享，学者们试图利用不同的契约来促使供应链信息共享。He等（2008）使用二部定价契约、利润共享契约和回购契约来促使信息共享，以消除信息不对称对供应链策略交互的不利影响，但是没有考虑批发价的信号效应。在简单批发价契约下，一个企业的信息披露行为会受到两个企业信息的精度、相关性，以及其他企业的披露行为的影响，Zhang和Chen（2013）使用收益共享契约让两个企业间实现完全信息共享，且最大化供应链利润。Mishra等（2007）研究了供应链中上下游企业在共享信息时扭曲信息的动机，通过议价契约消除了两个企业扭曲信息的动机。

（3）供应链竞争下的需求信息共享

每个企业都处于某条供应链中，因此供应链竞争下的相关问题得到了学者的关注，信息共享即为其中的一个方面。一条供应链中的信息共享行为的发生必然会引起另一条供应链的反应，而这种反应也会反过来影响信息共享的发生。

相比单条供应链中上下游企业之间纵向的交互，竞争性供应链中企业的决策还会受到来自另一条供应链的横向交互的影响，这也就导致了决策问题的复杂化。Guo等（2014）分析了竞争性渠道中下游企业策略性信息披露时的均衡决策及利润。结果表明，渠道竞争的加剧会减少零售商的信息共享；而获取信息能力（获得真实信息的概率）的提高会增加零售商的信息披露。供应链企业能够从竞争对手提高信息能力的努力中获益；零售商提高信息能力的动机，随着竞争的激烈程度和另一零售商信息能力的增强而增强；由于担心失去信息不对称下的优势，零售商可能不想追求完美的信息获取，即使这样做是没有成本的。

相较于均衡决策分析，更多的学者关注如何通过契约让竞争性供应链中实现信息共享。Ha和Tong（2008）从信息不对称的角度研究了不同契约（菜单式契约和线性价格契约）下两条古诺竞争供应链中的信息共享决策。在菜单式契约下，不共享信息的供应链会由于数量扭曲而降低销售数量，从而导致古诺竞争下的策略性劣势。信息共享对供应链有利，当信息共享的投资成本很低时，信息共享会成为两个企业的占优策略。在线性价格契约下，信息共享对供应链不利，不共享信息成为两个企业的占优策略。Ha等（2011）进一步考虑了不同的竞争类型（古诺/伯川德），并发现生产不经济性会成为信息共享的驱动因素。在古诺（伯川德）竞争下，一条供应链中的信息共享，会导致另一条供应链的竞争性反应，这种反应会带来负（正）面影响。当生产不经济性较大且竞争不够激烈时，信息共享对供应链是有利的。在线性生产成本下，信息共享的直接效应（双重边际效应）会让制造商获益，零售商受损；但在生产不经济下，期望生产成本会因零售订单不确定性的降低而降低，即存在信息共享的订单不确定性效应。制造商获取了零售商的需求信息之后，可以根据更好的信息调整批发价，这会降低期望生产成本。这种正的效应主导了直接效应，从而可以通过旁支付让零售商参与共享。Shang等（2016）的研究表明非线性的生产成本（经济和不经济）、制造商之间的竞争强度以及契约都会影响零售商的信息共享动机。在没有信息契约下，当生产经济性很高时，零售商可以免费共享信息，但是当生产不经济时，不会共享；在信息契约（旁支付）下，当生产不经济/经济性很大，或者竞争很激烈时，零售商有动机共享信息。Shamir和Shin（2016）采用了与Ha等（2011）类似的双供应链结构，但研究的是供应链间的信息共享。其假定一条在位供应链（零售商具有私有需求信息），一条新进供应链（零售商无消息），且制造商仅做产能决策而批发价固定。通过在供应链间公开共享信息，会让零售商在充足产能和低批发价之间进行权衡，从而共享真实信息，即供应链间的横向竞争可以发挥促使供应链中的零售商向制造商共享真实信息的作用。

供应链竞争下的信息共享问题虽然得到了学者们的关注，但结构上的复杂性为竞争性供应链的（博弈）模型构建和求解带来了挑战。现有的研究主要从两个方面开展：一是通过均衡分析来讨论复杂结构下供应链企业决策之间的交互作用①；二是识别影响供应链竞争下的

① GUO L, LI T, ZHANG H.Strategic information sharing in competing channels［J］. Production and Operations Management, 2014, 23（10）: 1719-1731.

信息共享的因素，并通过契约[①]或相关机制[②]促使信息共享。

（4）信息获取/预测投资

上述文献在研究企业间共享需求预测信息时，都有一个前提假设，即每个企业的预测信息是给定的，即预测信号的精度是固定不变的，或企业在预测精度方面是对称的。事实上，每个企业可能因所用技术不同，或者所拥有的信息量不同，从而具有不同的预测精度，甚至可以通过投资改善其预测精度或提高获取信息的能力。

在寡头结构下研究企业信息获取/预测投资的问题，大多研究关注的是横向竞争带来的影响。在供应链结构下，上下游企业间并没有直接的竞争关系，而通常会由于分散决策而导致动机问题，例如双重边际效应导致的效率损失，难以验证所导致的信息扭曲等。如果供应链上游或下游存在多个企业，则供应链中的信息获取/预测投资还会进一步受到竞争因素的影响。相关学者主要从两个方面进行了研究：第一，对供应链中信息获取/预测投资的均衡决策进行分析；第二，使用契约等方式消除动机不一致问题。

获取更多的信息有利于企业改善决策，但如果将获取的信息与供应链企业进行共享，共享信息的企业可能因收到信息的企业的决策变化而遭受损失，最终会影响其信息获取和信息披露/共享决策。Guo（2009）在策略性渠道中研究了零售商的信息获取和信息披露对供应链成员利润的影响。其识别了信息获取的两种效应（效率效应和策略效应），前者是指获取的信息可以改善零售商在不确定性环境下的价格决策，其对零售商有利，但不影响制造商；后者是将获取的信息共享给制造商后，会影响其批发价，其对制造商有利，但对零售商不

① SHANG W，HA A Y，TONG S. Information sharing in a supply chain with a common retailer［J］. Management Science，2016，62（1）：245-263.

② SHAMIR N，SHIN H. Public forecast information sharing in a market with competing supply chains［J］. Management Science，2016，62（10）：2994-3022.

利。不可观测的信息获取可以弱化信息披露的策略效应对两个企业的影响，以机会成本的方式来随机确定是否得到完全信息，且没有考虑信息获取成本。Guo等（2014）进一步在竞争性供应链下研究了下游企业的策略性信息共享决策，竞争的增强会让零售商披露更少的信息，但其获取信息能力的提升会促使其披露更多的信息；为了维持信息优势，零售商并不会追求完全信息，即使是无成本的。Li等（2014）表明下游零售商可能会将信息获取的状态（是否成功获得信息）披露给上游企业，而不是具体的信息内容。考虑到新产品市场中制造商更有机会获取信息，Guo和Iyer（2010）研究了上游制造商的信息获取及向下游零售商共享信息的决策交互，结果表明，为了管理下游零售商的行为，制造商可能并不会获取完全信息，即使获取成本为零。

当供应链企业都有机会通过投资获取信息时，需要决策是否通过合并信息进行联合预测。张志清（2010）认为在不确定性需求环境下，可以通过供应链协同，例如加入供应链并与上下游企业共享信息、提高预测能力等，从而得到高质量的需求预测信息。Zhu等（2011）考虑供应商中上下游两个企业同时投资预测和仅零售商投资预测两种设定下不同的信息共享情境，通过比较各情境下的均衡决策和利润，分析了制造商和零售商各自对预测投资及信息共享的偏好。结果表明，在不考虑预测成本且需求不确定性方差小于预测方差时，信息共享是制造商的最优选择；考虑预测成本时，在相同的预测精度和预测成本下，相对于自己预测，制造商会偏好于让零售商进行预测并共享其信息。在预测投资内生化下，Kurtulus等（2012）研究了库存管理模式（零售商/供应商管理库存）和契约形式（批发价/回购契约）对供应商和零售商通过合并信息进行联合预测的价值的影响。

供应链企业可能会因追求个体利益最大化，而导致供应链的效率损失，因此需要通过契约或机制对各企业的决策动机进行协调。Lariviere（2002）在下游零售商进行预测的成本效率是私有信息的设定下，使用回购契约和数量弹性契约来促使零售商进行真实披露和最优投资预测，结果表明后者能协调供应链，并能筛选出高效预测的零售商。

相关学者在非价格敏感的随机需求函数下，研究了契约对供应链企业需求信息获取/预测投资决策的协调问题。Taylor和Xiao（2009）使用回扣契约和退货契约研究了供应链中下游零售商投资需求预测的问题。回扣契约会导致零售商过度投资，退货契约可以协调供应链。董绍辉等（2010）假设两个企业进行集中化的订货决策，但分散化的需求预测精度投资决策，并设计了收益和成本动态激励机制，使供应链需求预测有效协同。Fu和Zhu（2010）在由一个供应商和一个买家构成的双层供应链中分析了信息获取的投资决策及其对供应链管理的影响。结果表明，分散决策下获取信息的投资与集中决策下的投资规模大小关系受到批发价的影响，并使用数量折扣、回购和收益共享契约进行协调。Chen等（2016）在双层供应链中针对下游企业同时进行信息获取和销售努力决策的动机问题，使用了基于预测的契约和菜单式线性契约进行协调。当供需不匹配成本很大时，冲突的道德风险效应会主导逆向选择风险，从而基于预测的契约更有效；反之，菜单式线性契约更有效。

除了供应链中的双重边际效应会扭曲企业投资需求预测的动机外，企业间竞争也会导致投资低效。Shin和Tunca（2010）在由一个上游供应商和N个同质的古诺竞争零售商组成的双层供应链中研究了下游零售商会因为竞争而过度投资需求预测的问题。当预测投资可见时，过度投资的情况更严重，通用的价格方案，例如批发价契约和二部定价契约都无法协调，并提出在预测投资不可见时使用基于市场的契约，在预测投资可见时使用统一价格产品可分的拍卖契约方案进行协调。Li等（2019）进一步考虑了N个差异化古诺竞争零售商投资需求预测的问题。其结果表明，当信息获取有效率时才会出现过度投资，否则会出现投资不足，即使在竞争比较激烈的情况下，并表明零售商如果能事先协定实施相同的投资水平，那么零售商和消费者都能从中获益。

上述研究表明，从成本结构上看，信息获取/预测投资主要可以分为两类：第一类是在进行信息获取/预测投资时，不考虑为此而付出的成本，其关注的问题是企业之间的交互对企业获取信息的决策的影响；第二类是在一定的成本结构下，研究企业在信息获取/预测投资的成本与收益之间的权衡，同时还考虑企业之间的交互对该权衡的影响。从供应链结构上看，也主要有两类：第一类是寡头竞争结构下的信息获取/预测投资问题，其主要关注竞争和成本等因素对决策的影响；第二类是供应链结构下的决策问题，其主要关注竞争、双重边际效应、成本以及产品性质等方面的因素对决策的影响。相对于信息共享的研究，信息获取/预测投资的研究更多地关注于投资决策的影响因素以及投资决策的协调。在信息获取/需求预测外生时，企业之间的交互并不会影响和改变信息（预测精度）本身，因此可以直接分析信息的价值和信息共享的价值；但在信息获取/需求预测内生时，企业之间的交互会导致信息获取/需求预测决策变化，从而导致企业所获得的信息（预测精度）的改变，此时信息的价值和信息共享的价值都将改变。

（5）延迟策略

文献中很多研究用产能柔性来表示生产延迟策略，例如Anupindi和Jiang（2008）、Yang等（2011，2014）将在不确定性实现后才进行生产的企业称为柔性企业。生产延迟策略与产能（制造）柔性具有一定的相似性，因为它们都可以让企业应对需求不确定性[①]。但是二者之间还存在一定的区别。产能柔性主要是指制造系统本身所具有的应对需求不确定性的能力，其强调的是一种反应性和适应性；延迟策略则更强调通过时间上的等待，通过掌握更多信息或完全信息来消除不确定性的影响。

实施延迟策略，可以让企业在部分或完全信息下进行决策，以降低不确定性带来的影响，例如可以降低缺货成本、生产浪费、过量产能以及持有成本等。对于生产多产品的企业，适当延迟产品的差异化工序，可以更合理地管理各类产品的库存。Lee和Tang（1998）提出了运作逆转的概念，以作为生产延迟策略的再造范式。一般运作模型中都假定价格和需求是外生给定的，这类模型就可能会低估生产延迟的实施对企业的益处。在二元分布需求函数下，Padmanabhan和Png（1997）研究了价格延迟决策，Anand和Mendelson（1998）研究了生产延迟决策的问题。Mieghem和Dada（1999）则在一般需求函数下，考虑了价格延迟决策，与生产延迟进行了比较分析，并将结果推广到寡头垄断和完全竞争的情形中。相较于生产延迟，价格延迟下企业的产能投资和生产决策对不确定性相对不敏感。在生产延迟下，由于生产过程需要更快的反应时间，因此边际制造成本可能会递增。因此，这两种延迟策略因各自的优劣势不同而适用于不同的环境。

Anand和Girotra（2007）在需求不确定的竞争市场中将延迟差异内生化，即竞争性企业将延迟差异化的时间点作为策略选择，并分析了均衡市场结构。这种策略会让企业提前差异化，从而降低了延迟差异化在降低库存风险方面的价值。Anupindi和Jiang（2008）在双寡头结构下研究了生产延迟策略及其价值，他们将能够在需求实现后进

① GOYAL M，NETESSINE S.Strategic technology choice and capacity investment under demand uncertainty［J］. Management Science，2007，53（2）：192-207.

行生产决策的企业称为柔性企业。其结果表明，柔性企业间的价格竞争和数量竞争具有策略性和一致性；当柔性决策是内生时，企业的柔性决策依赖于技术的产能成本和需求冲击的性质。Yang等（2011）研究了在技术投资和柔性产能技术投资下的五种生产策略，但其中的柔性产能技术与Anupindi和Jiang（2008）的柔性企业的概念类似，都是指企业能够在不确定性需求实现之后进行生产。Yang等（2014）在生产延迟策略下研究了降低总生产成本的技术投资问题，并分析了技术投资成本结构对企业运作决策和期望利润的影响。

延迟策略也是一种重要的应对需求不确定性的策略，其强调推迟决策时间，从而在需求相对明确或完全确定的情况下进行决策。由于延迟，留给企业运作的时间变少，因此对企业的运作效率有很高的要求。供应链企业在延迟策略下的决策和利润，为研究需求预测技术投资下供应链企业的决策和利润提供了比较基础。

区分信息的价值和信息共享的价值，并考虑信息获取/需求预测内生化的问题，将有利于合理评估需求预测的价值。因此本章将在现有研究的基础上，从供应链纵向角度，综合评估需求预测信息以及预测信息共享的价值。

### 4.1.3 供应链中纵向信息共享的研究假设

本章构建了由一个制造商和一个零售商组成的双层供应链，下游零售商可以投资基于物联网的需求预测技术并获取到相应精度的预测信号，然后决策是否将所获得的需求预测信息与供应链上游的制造商共享。为合理评价需求预测技术对企业和供应链的价值，本章首先构建了零售商的需求预测技术投资决策及信息共享决策模型；然后在该模型基础上，拓展出了四种情景，通过比较分析，探讨了需求预测技术投资对供应链企业的价值。情景1对确定性需求下供应链的决策进行了刻画，作为后续模型的比较参考基础；情景2对不确定性需求（无预测）下供应链企业交互进行了刻画；情景3在假定零售商拥有完全信息时对供应链企业间的交互进行了刻画；情景4对延迟策略下的供应链决策进行了刻画。情景1和2下的供应链企业利润，是供应链企业的保留利润，其反映了供应链利润的下限；情景3和4反映了供应链可从不确定性中获取的最大收益（不考虑成本），其反映供应链利润的上限；需求预测技术投资决策模型则是介于中间的状态。

在由一个制造商M和一个零售商R组成的双层供应链中，考虑两个企业决策间的交互，以及在不同情境下需求预测技术投资与需求信息共享的决策。鉴于制造商在供应链中的主导地位，制造商为该博弈的领导者，零售商为跟随者。考虑按需生产MTO的生产机制，即零售商在销售季节来临前向制造商订购产品，制造商按零售商的订货量进行生产，并在销售季交付产品。关于MTO和MTS的定义，在现有文献中有不同的描述，例如Lu和Chen（2018）将MTO界定为：在销售季之前，制造商根据零售商提交的订单进行生产，零售商因此而承担库存风险；将MTS界定为：在销售季之前，供应商先（生产并）持有库存，在销售季中，零售商根据实现的需求进行订货，供应商因此而承担库存风险。简言之，其是通过供应链中承担库存风险的主体来区分MTO和MTS的（如图4-1所示）。

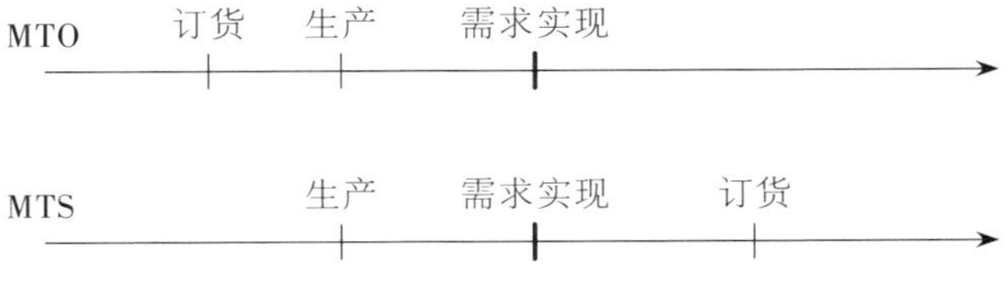


图4-1　MTO与MTS的比较（1）[①]

① LU Q，CHEN X. Capacity expansion investment of supplier under make-to-order and make-to-stock supply chains［J］. International Journal of Production Economics，2018，198：133-148.

Li和Zhang（2015）将MTO界定为：在销售季之前，制造商根据零售商提交的订单进行生产并交付订货，零售商因此而承担需求波动风险；将MTS界定为：在销售季之前，供应商先生产或备货，然后零售商进行订货，制造商根据可用库存交付订货。简言之，生产（或备货）和订货均发生在销售季之前，如果生产（或备货）晚于订货，则为MTO；如果生产（或备货）早于订货，则为MTS（如图4-2所示）。

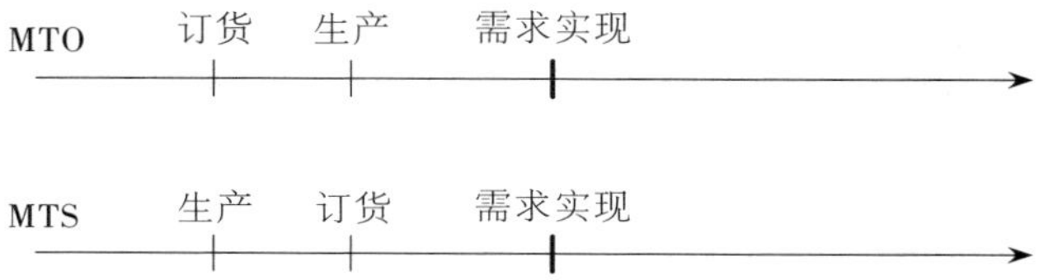


图4-2　MTO与MTS的比较（2）①

Mishra等（2009）将MTO界定为：在销售季之前，供应链企业进行价格决策，需求实现后，根据具体需求进行订货和生产；将MTS界定为：在销售季之前，供应链企业进行定价和生产，需求实现后，零售商根据实现的需求进行订货。简言之，如果生产和订货均发生在需求实现之后，则为MTO；如果生产发生在销售季前，订货发生在需求实现后，则为MTS（如图4-3所示）。

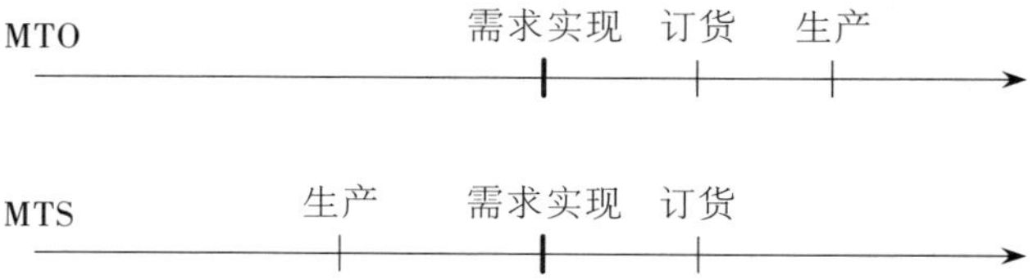


图4-3　MTO与MTS的比较（3）②

① LI T, ZHANG H. Information sharing in a supply chain with a make-to-stock manufacturer [J]. Omega, 2015, 50: 115-125.

② MISHRA B K, RAGHUNATHAN S, YUE X.Demand forecast sharing in supply chains [J]. Production and Operations Management, 2009, 18 (2): 152-166.

图4-1和图4-2中对MTO的刻画是一致的，但与图4-3中完全不一样。图4-1和图4-2中的MTO凸显了供应链中库存风险由供应商向零售商的转移，即体现的是供应商针对零售商的MTO。图4-3中的MTO凸显的是供应链作为一个整体，针对不确定性需求的MTO，从而规避了库存风险。鉴于产品生产需要一个很长的周期，且实践情况也表明生产通常发生在销售季前，因此本书采用与图4-1和图4-2中对MTO类似的界定：订货和生产均发生在不确定性需求实现前，且制造商是根据零售商的订单进行生产的。在MTO生产机制下，规避了库存风险的存在，从而可以专注于分析信息共享对企业价格决策的影响[①]。

在销售季节来临前，市场需求具有不确定性。用a和θ分别表示市场需求中的确定性和不确定性部分，且$\theta \sim N(0, \sigma_0^2)$。假设a相对于$\sigma_0^2$而言足够大，从而使需求为负的概率可以忽略不计。q表示零售商向制造商发出的订货量。p表示市场需求实现后，产品的出清价格（Clearance Price）。需求和价格之间呈反向变化关系，即价格越高（低），则产品需求会越低（高）。因此，给出如下的需求函数形式：

$$p = a + \theta - q \tag{4-1}$$

制造商与零售商之间签订批发价契约，契约参数批发价为w，制造商的生产成本为c。

为减弱需求不确定性对企业决策以及相应的企业绩效的影响，零售商可以考虑投资需求预测技术（例如投资建设以消费者为中心的物联网项目，获取消费者的多维数据），从而对不确定性需求部分θ进行预测。假设采用投资需求预测技术之后，可以获得一个

① MISHRA B K, RAGHUNATHAN S, YUE X.Demand forecast sharing in supply chains [J]. Production and Operations Management, 2009, 18 (2): 152-166.

关于 $\theta$ 的信号 Y，该信号 $Y = \theta + \varepsilon$，其中 $\varepsilon$ 为信号中的噪声，且 $\varepsilon \sim N(0, \sigma_1^2)$。令 $v = Var[\theta]/E[Var[Y|\theta]]$，其表示预测信号 Y 的精度。如果 $v \to 0$，表示信号 Y 无法表达需求不确定性部分的信息；如果 $v \to \infty$，表示信号 Y 能够准确表达需求不确定性部分的真实值。

与之前的研究①保持一致，假设需求预测信号 Y 和需求不确定性部分 $\theta$ 之间满足如下性质：

1）信号 Y 是不确定性部分 $\theta$ 的无偏估计，即 $E[Y|\theta] = \theta$；

2）给定信号 Y，可以对不确定性部分 $\theta$ 进行估计，即 $E[\theta|Y] = \frac{E[\theta]}{1+v} + \frac{v}{1+v}Y$。

上述性质 2）表明不确定性部分 $\theta$ 是已获得信号 Y 的线性函数，且信号的精度（v）越高，信号所反映出来的 $\theta$ 信息越多，或企业在决策时信号的作用就越大。由前文假设可知 $\theta \sim N(0, \sigma_0^2)$，因此可有 $E[\theta|Y] = \frac{v}{1+v}Y$。

要想获得更准确的信号，需要投入更多的资源，用预测信号的精度 v 代表企业投资需求预测技术的水平。用 $C(\cdot)$ 表示投资预测技术的成本函数，其具有边际成本非递减（非严格的凸函数）的特性，例如 $C^{(1)}(\cdot) > 0$，$C^{(2)}(\cdot) \geq 0$。这主要反映投资需求预测技术的边际效益递减特性，也说明了要想获得更准确的信息就需要付出更多的成本，例如部署更多的 RFID 标签、传感器等以收集更多的数据，雇用更高薪酬的技术人员，开发更高级的数据分析模型等。

① LI L，ZHANG H. Confidentiality and information sharing in supply chain coordination [J]. Management Science，2008，54（8）：1467-1481.

## 4.2 供应链中纵向信息共享的模型构建

### 4.2.1 情景0：预测精度内生（F）时供应链企业决策及期望利润

在供应链中投资需求预测技术，可以帮助供应链企业获得不确定性需求的相关信息，从而改善供应链的运作效率。但是投资需求预测技术，例如构建以消费者为中心的物联网项目，需要投入大量的物力、人力和财力，因此供应链企业在投资时应综合考虑需求预测技术带来的收益和应付出的成本。另外，在供应链结构下可能存在信息不对称，其也会对需求预测技术的效果产生影响。Zhang（2002）在由一个制造商和两个零售商组成的供应链中研究了“泄露效应”对零售商信息共享决策的影响。其研究结果表明，零售商因担忧竞争对手获得其共享的信息，导致其失去信息优势而不愿意共享。Li和Zhang（2015）在MTO和MTS两种生产机制下，研究了零售商信息共享的动机。Ha和Zhang（2017）进一步考虑了非线性生产成本对零售商信息共享动机的影响。但是在他们的研究中关于零售商不确定性需求的信号的精度是外生的，即没有考虑零售商通过投资提高预测精度。Chen等（2016）考虑下游企业可以通过投资获取需求预测信息，但是并没有考虑零售价格的策略性作用。因此，本节将在需求预测信息的精度内生的情境下，主要从需求预测技术的投资回报、信息不对称两个方面开展后续的分析，以分析零售商向制造商共享需求预测信息的动机。需求预测技术的投资主体是零售商，接下来将从零售商是否将预测信息共享给上游制造商的角度，依次分析不同分享程度下的企业决策和供应链绩效。

事件顺序如下：(a) 零售商确定需求预测技术投资水平 v；

(b) 零售商获得需求预测信息Y，并决策是否将投资水平v和预测信息Y共享给制造商；(c) 制造商依据所掌握的信息（Y，或v，或Y和v）进行批发价决策w；(d) 零售商依据制造商的批发价、投资信息及预测信息发送订货量q；(e) 制造商按零售商提交的订单进行生产并交付订货；(f) 需求实现，各企业获得自己的收益。

下文将根据不同的信息共享情景依次分析各供应链企业的决策和（期望）利润。

1）零售商投资需求预测技术但不向制造商共享任何信息（FN）

在MTO生产机制下，零售商负责向最终消费市场销售产品，并承担因不确定性而导致的机会成本。因零售商为需求预测技术投资的主体，承担所有的投资成本，为获取信息优势，其可能会将投资信息以及所获得的预测信息进行隐藏（不公布或对制造商隐藏信息）。

由于制造商在零售商之前确定批发价，但是其无法获取零售商的投资信息以及需求预测信息，因此，制造商会以需求随机性部分θ的先验分布为决策依据，设定对自己期望利润最大化的批发价。零售商在制造商确定批发价之后进行订货，并能准确地预测制造商的这种决策过程，因此其可以利用所获得的预测信息进行订货量决策。使用逆序归纳法求解该博弈过程。

给定制造商的批发价，零售商利用其所获得的需求预测信息，来确定订货量：

$$\pi_R^{FN} = E\left[\left(a + \theta - q - w\right)q|Y\right] - C(v) \tag{4-2}$$

容易求得零售商的订货量为：

$$q\left(w,\ Y\right) = \frac{a + E[\theta|Y] - w}{2} \tag{4-3}$$

由$E[\theta|Y] = \dfrac{v}{1 + v}Y$，可以得到：

$$q(w,\ Y) = \frac{1}{2}(a - w) + \frac{1}{2} \cdot \frac{v}{1 + v} Y \tag{4-4}$$

这就是说，零售商的订货量不仅会受到制造商批发价的影响，还会根据其对需求预测技术的投资水平以及获得的需求信号进行调整——投资水平越高、信号越好则订货量越大。由于无法从零售商处获得关于投资水平v和预测信号Y的任何信息，制造商只能根据式（4-3）的期望值来预测零售商的订货量（因为对制造商而言，θ和Y均为未知量）。制造商的期望利润为：

$$\pi_M^{FN} = (w - c)E[q(w)] \tag{4-5}$$

将式（4-3）代入式（4-5）并化简，可分别得到批发价和订货量为：

$$w^{FN} = (a + c)/2 \tag{4-6}$$

$$q^{FN}(Y) = \frac{1}{4}(a - c) + \frac{1}{2} \cdot \frac{v}{1 + v} Y \tag{4-7}$$

从式（4-6）和式（4-7）中可以看出，在不确定性需求且信息不对称下需求预测信息对两个企业决策影响的差异。式（4-6）表明，没有信息的制造商只能根据期望利润最大化的原则进行批发价决策，且是固定的。式（4-7）则表明，零售商获取了一定的预测信息，并能因此做出订货量的调整，以缓解不确定性带来的期望损失。订货量的调整不仅与其获得的信号正相关，也与其需求预测技术投资水平正相关，即获取的信号越多、预测精度越高，则零售商的订货量越大。

将式（4-6）和式（4-7）分别代入制造商和零售商的利润函数，可求得两个企业在投资水平为v情况下的期望利润。

$$\pi_M^{FN} = \frac{(a - c)^2}{8} \tag{4-8}$$

$$\pi_R^{FN} = E\left[(q^{FN})^2\right] - C(v) = \frac{(a - c)^2}{16} + \frac{1}{4} \cdot \frac{v}{1 + v} \sigma_0^2 - C(v) \tag{4-9}$$

接下来求解零售商对需求预测技术的最优投资水平。求式（4-9）关于v的一阶导数，可有：

$$\frac{d\pi_R^{FN}}{dv}=\frac{1}{4}\cdot\frac{1}{(1+v)^2}\sigma_0^2-C^{(1)}(v) \tag{4-10}$$

二阶导数为$\frac{d^2\pi_R^{FN}}{dv^2}=-2\frac{1}{4}\cdot\frac{1}{(1+v)^3}\sigma_0^2-C^{(2)}(v)<0$，因此$\pi_R^{FN}$是关于v的凹函数。因$\frac{1}{4}\cdot\frac{\sigma_0^2}{(1+v)^2}$是v的减函数，而$C^{(1)}(v)$是v的非递减函数，如果$\frac{\sigma_0^2}{4}<C^{(1)}(0)$，则当$v=0$时$\pi_R^{FN}$取极大值；如果$\frac{\sigma_0^2}{4}\geqslant C^{(1)}(0)$，则当v满足关系式$\frac{1}{4}\cdot\frac{\sigma_0^2}{(1+v)^2}=C^{(1)}(v)$时$\pi_R^{FN}$取极大值。

**命题4.1** 零售商投资需求预测技术，但不向制造商共享投资水平和需求预测信号时，（1）制造商和零售商的决策分别为：$w^{FN}=(a+c)/2$；当$\frac{\sigma_0^2}{4}<C^{(1)}(0)$时，$v^{FN}=0$；当$\frac{\sigma_0^2}{4}\geqslant C^{(1)}(0)$时，$v^{FN}$满足$\frac{1}{4}\cdot\frac{\sigma_0^2}{(1+v^{FN})^2}=C^{(1)}(v^{FN})$；$q^{FN}(Y)=\frac{1}{4}(a-c)+\frac{1}{2}\cdot\frac{v^{FN}}{1+v^{FN}}Y$；（2）制造商和零售商的利润分别为：$\pi_M^{FN}=\frac{(a-c)^2}{8}$，$\pi_R^{FN}=\frac{(a-c)^2}{16}+\frac{1}{4}\cdot\frac{v^{FN}}{1+v^{FN}}\sigma_0^2-C(v^{FN})$；（3）供应链利润为：$\bar{\pi}_{MR}+\frac{1}{4}\cdot\frac{v^{FN}}{1+v^{FN}}\sigma_0^2-C(v^{FN})$。

2）制造商仅掌握投资水平信息v或需求预测信号Y

新闻媒体的报道，或者零售商为了构建自己的商誉主动披露构建大数据中心的信息，都可以成为制造商了解零售商投资需求预测技术情况的途径。但往往又无法掌握全部信息。例如，通过新闻报道知道以消费者为中心的物联网项目的投资规模、对所获取数据所使用的分析方法类型或研发合作等；或通过零售企业发布的长期发展规划、市场预期等报告数据等来了解。如果制造商仅知道零售商的投资水平v，而并不知道零售商得到的预测信号Y是什么，这种情况相当于：制造商虽然知道零售商能够准确预测不确定性需求，但是永远不知道零售商预测到了什么。如果制造商仅知道零售商的预测信号Y，但是并不知道零售商的投资水平v，这种情况相当于：制造商虽然知道零售商掌握了有关需求的某个信号，但是其无法确认这个信号的可靠性。因此，当制造商仅了解部分信息（v或Y）时，其并不能在决策中利用该部分信息。

从前文式（4-4），即$q(w, Y)=\frac{1}{2}(a-w)+\frac{1}{2}\cdot\frac{v}{1+v}Y$中可以看出，制造商仅了解v或Y时，其并不能完全预期到零售商的订货量q到底是多少。在这种情况下，制造商的决策与其在完全没有信息的情况下的决策是一样的，因此有如下命题。

**命题4.2** 当制造商仅了解零售商投资需求预测技术的部分信息时，供应链中的企业决策与制造商完全没有信息时一样。

3）零售商将需求预测信息与制造商共享（FS）

如果制造商可以通过多种途径了解零售商的需求预测投资情况，或者零售商主动将投资情况和需求预测信号分享给制造商，那么制造商和零售商之间就处于完全信息对称的局面。事件顺序如下：（a）零售商确定需求预测技术的投资水平v，并获得需求信号Y；（b）制造商通过某种方式了解到(v，Y)，或者零售商主动将该信息分享给制造商，制造商依据该信息，以及对零售商的订货预期，制定批发价w；（c）收到制造商的批发价后，零售商结合需求预测的信息，提交实现利润最大化的订货量；（d）制造商根据零售商提交的订单进行生产，并交付订货；（e）需求实现，两企业各自实现利润。使用逆序归纳法求解该博弈问题。

给定批发价，零售商根据预测信息确定的最优订货量同前文式(4–3)，即

$$q(w)=\frac{1}{2}(a-w)+\frac{1}{2}E[\theta|Y] \tag{4-11}$$

因为制造商已经掌握了(v, Y)的信息，因此其可以预测到零售商会发出该订货量，进而以此进行批发价决策，即

$$\underset{w\geqslant 0}{\mathrm{Max}}\ \pi_M^{FS}=E\left[(w-c)q(w)|Y\right] \tag{4-12}$$

由式（4–12）可以求得制造商的批发价决策，以及零售商的订货量：

$$w^{FS}(Y)=\frac{1}{2}\left(a+c+\frac{v}{1+v}Y\right) \tag{4-13}$$

$$q^{FS}(Y)=\frac{1}{4}\left(a-c+\frac{v}{1+v}Y\right) \tag{4-14}$$

式（4–13）和式（4–14）表明，制造商和零售商都会利用所获得的信息(v, Y)进行决策，即供应链企业都可以根据需求预测信息进行决策量的调整，以达到降低需求不确定性对企业绩效影响的效果。依次可以得到两个企业的期望利润：

$$\pi_R^{FS}=E\left[\left(q^{FS}\right)^2\right]=\frac{(a-c)^2}{16}+\frac{1}{16}\cdot\frac{v}{1+v}\sigma_0^2-C(v) \tag{4-15}$$

$$\pi_M^{FS}=\frac{(a-c)^2}{8}+\frac{1}{8}\cdot\frac{v}{1+v}\sigma_0^2 \tag{4-16}$$

零售商根据式（4–15）确定的利润函数确定最优的需求预测技术投入水平 v。$\pi_R^{FS}$ 关于 v 的一阶条件偏导数为：$\frac{d\pi_R^{FS}}{dv}=\frac{1}{16}\cdot\frac{1}{(1+v)^2}\sigma_0^2-C^{(1)}(v)$。具体求解过程同前文，此处省略。

**命题 4.3** 如果制造商同时掌握零售商需求预测投资的水平以及所获得的预测信号，（1）两个企业的决策分别为：$w^{FS}(Y)=$

$\frac{1}{2}\left(a+c+\frac{v}{1+v}Y\right)$；$q^{FS}(Y)=\frac{1}{4}\left(a-c+\frac{v}{1+v}Y\right)$；如果$\frac{\sigma_0^2}{16}<C^{(1)}(0)$，则$v^{FS}=0$；如果$\frac{\sigma_0^2}{16}\geqslant C^{(1)}(0)$，则最优$v^{FS}$满足式$\frac{1}{16}\cdot\frac{\sigma_0^2}{\left(1+v^{FS}\right)^2}=C^{(1)}\left(v^{FS}\right)$。

（2）两个企业的期望利润分别为：$\pi_M^{FS}=\frac{(a-c)^2}{8}+\frac{1}{8}\cdot\frac{v^{FS}}{1+v^{FS}}\sigma_0^2$，$\pi_R^{FS}=\frac{(a-c)^2}{16}+\frac{1}{16}\cdot\frac{v^{FS}}{1+v^{FS}}\sigma_0^2-C\left(v^{FS}\right)$；（3）供应链利润为：$\bar{\pi}_{MR}+\frac{3}{16}\cdot\frac{v^{FS}}{1+v^{FS}}\sigma_0^2-C\left(v^{FS}\right)$。

为便于比较分析需求预测技术的价值和信息共享的价值，将上述命题4.1和命题4.3中的结果作适当变化，可以得到其他几种不同的情景：确定性需求、不确定性需求（无预测）、零售商掌握完全信息、延迟策略。

### 4.2.2　情景1：确定性需求（T）下供应链企业的决策及利润

本节以确定性需求下供应链企业的决策作为与其他情境下企业决策的参考标准。在确定性需求下，式（4-1）中的随机变量θ的均值和方差就都变为零，也就不需要进行预测了，即$E(\theta)=0$，$V(\theta)=0$，$\bar{v}=0$，$C(\bar{v})=0$。通过命题4.1可直接得到确定性需求下的供应链企业决策及相应的利润。

**命题4.4** 在确定性需求下，（1）制造商和零售商的均衡决策为$\bar{w}=\frac{a+c}{2}$，$\bar{q}=\frac{a-c}{4}$；（2）制造商和零售商的均衡利润为$\bar{\pi}_M=\frac{(a-c)^2}{8}$，$\bar{\pi}_R=\frac{(a-c)^2}{16}$；（3）供应链利润为$\bar{\pi}_{MR}=\frac{3}{16}(a-c)^2$；（4）集中决策的利润为$\bar{\pi}=\frac{1}{4}(a-c)^2$。

根据命题4.4，可以将命题4.1和命题4.3中的结果分别表示为：

**推论 4.1** 情景FN中的企业决策和利润可以用确定性需求下结果表示为：

$w^{FN}=\bar{w}$，$\pi_M^{FN}=\bar{\pi}_M$；$q^{FN}(Y)=\bar{q}+\frac{1}{2}\cdot\frac{v^{FN}}{1+v^{FN}}Y$，$\pi_R^{FN}=\bar{\pi}_R+\frac{1}{4}\cdot\frac{v^{FN}}{1+v^{FN}}\sigma_0^2-C(v^{FN})$；$\pi_{MR}^{FN}=\bar{\pi}_{MR}+\frac{1}{4}\cdot\frac{v^{FN}}{1+v^{FN}}\sigma_0^2-C(v^{FN})$。

**推论 4.2** 情景FS中的企业决策和利润可以用确定性需求下结果表示为：$w^{FS}(Y)=\bar{w}+\frac{1}{2}\cdot\frac{v}{1+v}Y$，$\pi_M^{FS}=\bar{\pi}_M+\frac{1}{8}\cdot\frac{v^{FS}}{1+v^{FS}}\sigma_0^2$；$q^{FS}(Y)=\bar{q}+\frac{1}{4}\cdot\frac{v^{FS}}{1+v^{FS}}Y$，$\pi_{MR}^{FS}=\bar{\pi}_{MR}+\frac{3}{16}\cdot\frac{v^{FS}}{1+v^{FS}}\sigma_0^2-C(v^{FS})$。

### 4.2.3 情景2：不确定性需求（无预测）（U）下的供应链企业决策及期望利润

需求具有不确定性，但是零售商没有投资需求预测技术的情景也作为比较参考情况之一。不确定性永远充斥在市场中，对企业的运作带来各种影响。情景2在考虑不确定性因素的作用下，分析供应链中的制造商和零售商如何决策交互。此时，需求函数（4-1）中的$\theta$是一个随机变量，且满足前述定义的分布性质，但是可以将需求预测技术的投资成本设置为无穷大，即$C(v)\to\infty$，则零售商不会投资需求预测。根据命题4.1和命题4.3中的企业决策和利润，可以得到如下结果。

**命题4.5** 在不确定性需求（无预测）（U）下，（1）制造商和零售商的均衡决策为：$w^U=\frac{a+c}{2}$，$q^U=\frac{a-c}{4}$；（2）期望均衡利润为：$\pi_M^U=\frac{(a-c)^2}{8}$，$\pi_R^U=\frac{(a-c)^2}{16}$；（3）供应链利润为：$\pi_{MR}^U=\frac{3}{16}(a-c)^2$。

根据命题4.4和命题4.5，可以得到如下结果：

**推论 4.3** 情景U中的企业决策和利润可以用确定性需求下的结果表示为：

$w^{U}=\bar{w}$，$\pi_{M}^{U}=\bar{\pi}_{M}$；$q^{U}=\bar{q}$，$\pi_{R}^{U}=\bar{\pi}_{R}$；$\pi_{MR}^{U}=\bar{\pi}_{MR}$。

通过推论4.3可以发现，由于无法获知不确定性的相关信息，制造商和零售商在随机需求下都只能得到期望利润，该利润与确定性需求下的利润是相同的。需求的不确定性部分θ是一个随机变量，其在销售季可能出现高（市场高涨）或低（市场低迷）等状态。如果零售商在销售季前的订货量偏高，而市场呈现低迷状态，则可能导致产品的市场价格偏低，从而让零售商受损；如果零售商在销售季前的订货量偏少，而市场又呈现高涨状态，虽然可以带来更高的市场价格，但由于销量减少，也会让零售商利润受损。因此，基于对市场风险的综合考虑，零售商会以期望利润最大化为原则确定订货量。制造商会有与零售商类似的权衡。

### 4.2.4 情景3：零售商掌握完全信息（C）时供应链企业决策及期望利润

由于供应链中的不同主体所处的位置不同，它们对不确定性需求的实现情况掌握的程度也不尽相同。例如供应链下游的零售商距离客户比较近，能够优先于制造商观察到真实的市场需求，从而在决策上获得信息优势。由于掌握了制造商所不知道的信息，零售商可以选择与制造商共享（信息对称，CS），也可以选择不共享（信息不对称，CN）。比较零售商分享信息前后两种情况下制造商和零售商期望利润的变化，可以用于分析信息共享对供应链企业的决策及绩效的影响。不确定性信息的获取都是需要付出一定的成本和代价的，本节假设零售商可以无偿获得有关不确定性的全部信息，旨在呈现供应链企业可以从不确定性需求信息中获得的最大好处。

假设制造商只知道需求函数中不确定性部分θ的先验分布

$\theta \sim N(0, \sigma_0^2)$，而零售商由于接近消费市场，可以在进入销售季前获得该不确定性的真实值。在此种情境下，对于零售商而言，$v \to \infty$，但是$C(v)=0$。则根据命题4.1和命题4.3中的结果，以及零售商的信息共享决策，可有如下结果：

**命题 4.6** 在零售商具有完全的需求信息，但制造商没有信息的不对称结构下，(1) 制造商和零售商的决策为：$w^{CN}=\frac{a+c}{2}$，$q^{CN}=\frac{a-c}{4}+\frac{Y}{2}$；(2) 均衡利润为：$\pi_M^{CN}=\frac{(a-c)^2}{8}$，$\pi_R^{CN}=\frac{(a-c)^2}{16}+\frac{1}{4}\sigma_0^2$；(3) 供应链利润为：$\pi_{MR}^{CN}=\frac{3}{16}(a-c)^2+\frac{1}{4}\sigma_0^2$。

**命题 4.7** 在零售商具有完全的需求信息，并共享给制造商时，(1) 制造商和零售商的决策分别为：$w^{CS}=\frac{a+c}{2}+\frac{Y}{2}$，$q^{CS}=\frac{a-c}{4}+\frac{Y}{4}$；(2) 两个企业的期望均衡利润分别为：$\pi_M^{CS}=\frac{(a-c)^2}{8}+\frac{1}{8}\sigma_0^2$，$\pi_R^{CS}=\frac{(a-c)^2}{16}+\frac{1}{16}\sigma_0^2$；(3) 供应链的利润为：$\pi_{MR}^{CS}=\frac{3}{16}(a-c)^2+\frac{3}{16}\sigma_0^2$。

根据命题4.4中的结果，可以将命题4.6和4.7中的结果表示成：

**推论 4.4** 情景CN中企业决策和利润可以用确定性需求下的结果表示为：

$$w^{CN}=\bar{w},\ \pi_M^{CN}=\bar{\pi}_M;\ q^{CN}=\bar{q}+\frac{Y}{2},\ \pi_R^{CN}=\bar{\pi}_R+\frac{1}{4}\sigma_0^2;\ \pi_{MR}^{CN}=\bar{\pi}_{MR}+\frac{1}{4}\sigma_0^2。$$

**推论 4.5** 情景CS中企业决策和利润可以用确定性需求下的结果表示为：

$$w^{CS}=\bar{w}+\frac{Y}{2},\ \pi_M^{CS}=\bar{\pi}_M+\frac{1}{8}\sigma_0^2;\ q^{CS}=\bar{q}+\frac{Y}{4},\ \pi_R^{CS}=\bar{\pi}_R+\frac{1}{16}\sigma_0^2;$$

$\pi_{MR}^{CS}=\bar{\pi}_{MR}+\frac{3}{16}\sigma_0^2$。

### 4.2.5　情景4：延迟策略（P）下供应链企业决策及期望利润

为了应对不确定性需求，供应链企业可以采用不同的策略加以应对，例如需求预测技术和延迟策略[①]。需求预测技术已在前面的部分分析过，本节主要针对延迟策略进行分析。延迟策略也被称为柔性产能策略，但它不同于本书后续章节中所定义的产能柔性——产出数量的调整，这将在第5章具体分析。当企业通过相应技术投资实现延迟策略时，其可以在不确定性需求实现后再进行生产，从而可以降低库存或避免生产浪费[①]。在由一个制造商和一个零售商组成的双层供应链中，制造商以MTO的生产机制向零售商供货时，其考虑是否投资相关技术以实现延迟策略。如果投资该策略，则制造商需要付出一定的成本。为便于分析，此处假设该成本为一固定量m，那么一个直观的问题是，制造商是否有动机投资这种延迟策略？这个问题可以直接通过命题4.7的结果转换过来。在延迟策略下，供应链企业都在知道具体的需求实现值的情况下进行决策，这种情况与4.2.1情景0中的第三种情况FS，即零售商拥有完全信息并将信息共享给制造商的情况相同。二者的区别在于制造商需要承担成本m。因此，在延迟策略情境下，可有如下结果：

**命题4.8** 在延迟策略下制造商和零售商的决策分别为：$w^P=\frac{a+c}{2}+\frac{Y}{2}$，$q^P=\frac{a-c}{4}+\frac{Y}{4}$；期望利润分别为：$\pi_M^P=\frac{(a-c)^2}{8}+\frac{\sigma_0^2}{8}-m$，$\pi_R^P=\frac{(a-c)^2}{16}+\frac{\sigma_0^2}{16}$；供应链利润为：$\pi_{MR}^P=\frac{3}{16}(a-c)^2+\frac{3}{16}\sigma_0^2-m$。

---

① YANG L，WANG Y，MA J，et al.Technology investment under flexible capacity strategy with demand uncertainty [J]. International Journal of Production Economics，2014，154：190-197.

**推论 4.6** 在情景P中企业决策和利润可以用确定性需求下的结果表示为:

$$w^P = \bar{w} + \frac{Y}{2}, \quad \pi_M^P = \bar{\pi}_M + \frac{\sigma_0^2}{8} - m; \quad q^P = \bar{q} + \frac{Y}{4}, \quad \pi_R^P = \bar{\pi}_R + \frac{\sigma_0^2}{16};$$

$$\pi_{MR}^P = \bar{\pi}_{MR} + \frac{3}{16}\sigma_0^2 - m。$$

将上述所有结果汇总到表4-1中。同时，该表格中还包含了集中结构下供应链的生产数量及（期望）利润（证明过程见附录）。

对于前述关于制造商是否有动机投资这种延迟策略的问题，可以通过比较有无实施延迟策略两种情况下的（期望）利润大小得到答案。如果不实施延迟策略，则等同于情景2中的不确定性需求（无预测）下的决策。用$\Delta_M$表示有无实施延迟策略两种情况下制造商的（期望）利润差，即$\Delta_M = \pi_M^P - \pi_M^U$。如果$\Delta_M > 0$，则说明采用柔性产能策略对制造商是有利的，否则其会放弃技术投资。从另一个角度看，柔性产能策略是通过延迟生产，从而将需求的不确定性消除了。如果应对需求不确定性的策略是投资需求预测技术（假设需要耗费相同的成本m），那么$\Delta_M$也反映了制造商的利润从对需求不确定性完全没有信息到具有完全信息时的变化，即$\Delta_M = \left(\pi_M^{CS} - m\right) - \pi_M^U$。根据命题4.5和命题4.8中的结果，可以直接得到$\Delta_M = \pi_M^P - \pi_M^U = \frac{\sigma_0^2}{8} - m$。供应链利润变化量为$\Delta_{M+R} = \pi_{MR}^P - \pi_{MR}^U = \frac{3}{16}\sigma_0^2 - m$。因此，可有如下结果。

**命题 4.9** 当$\Delta_{M+R} \leqslant 0$，即$3\sigma_0^2/16 \leqslant m$时，制造商会放弃投资延迟策略；当$\Delta_M \leqslant 0$且$\Delta_{M+R} > 0$，即$\sigma_0^2/8 \leqslant m < 3\sigma_0^2/16$时，零售商可以通过旁支付契约让制造商投资延迟策略；当$\Delta_M > 0$，即$m < \sigma_0^2/8$，制造商会主动投资延迟策略。

表 4-1 **不同情境和不同决策结构下供应链企业的均衡决策及期望利润**

| 技术形式 | 决策结构 | w | q | v | $\pi_R$ | $\pi_M$ | $\pi_{MR}$ 或 $\pi^X$ |
|---|---|---|---|---|---|---|---|
| 确定环境 T | 集中 T | — | $(a-c)/2=2\bar{q}$ | | — | — | $\bar{\pi}=(a-c)^2/4$ |
| | 分散 T | $\bar{w}=(a+c)/2$ | $\bar{q}=(a-c)/4$ | 命题 4.4 | $\bar{\pi}_R=\frac{1}{16}(a-c)^2$ | $\bar{\pi}_M=\frac{1}{8}(a-c)^2$ | $\bar{\pi}_{MR}=\frac{3}{16}(a-c)^2$ |
| 需求预测 F | 集中 F | — | $\bar{q}+(v/2(1+v))Y$ | | — | — | $\bar{\pi}+\frac{1}{4}\cdot\frac{v^I}{1+v^I}\sigma_0^2-C(v^I)$ |
| | 分散 不共享 FN | $\bar{w}$ | $\bar{q}+v/(2(1+v))Y$ | 命题 4.1、推论 4.1 | $\bar{\pi}_R+\frac{1}{4}\cdot\frac{v^{FN}}{1+v^{FN}}\sigma_0^2-C(v^{FN})$ | $\bar{\pi}_M$ | $\bar{\pi}_{MR}+\frac{1}{4}\cdot\frac{v^{FN}}{1+v^{FN}}\sigma_0^2-C(v^{FN})$ |
| | 分散 共享 (v, Y) FS | $\bar{w}+v/(2(1+v))Y$ | $\bar{q}+v/(4(1+v))Y$ | 命题 4.3、推论 4.2 | $\bar{\pi}_R+\frac{1}{16}\cdot\frac{v^{FS}}{1+v^{FS}}\sigma_0^2-C(v^{FS})$ | $\bar{\pi}_M+\frac{1}{8}\cdot\frac{v}{1+v}\sigma_0^2$ | $\bar{\pi}_{MR}+\frac{3}{16}\cdot\frac{v^{FS}}{1+v^{FS}}\sigma_0^2-C(v^{FS})$ |
| 不预测 U | 集中 U | — | $(a-c)/2=2\bar{q}$ | | — | — | $\bar{\pi}$ |
| | 分散 U | $\bar{w}$ | $\bar{q}$ | 命题 4.5、推论 4.3 | $\bar{\pi}_R$ | $\bar{\pi}_M$ | $\bar{\pi}_{MR}$ |
| 完全信息 C | 集中 C | — | $2\bar{q}+\hat{Y}/2$ | | — | — | $\bar{\pi}+\sigma_0^2/4$ |
| | 不共享 CN | $\bar{w}$ | $\bar{q}+\hat{Y}/2$ | 命题 4.6、推论 4.4 | $\bar{\pi}_R+\sigma_0^2/4$ | $\bar{\pi}_M$ | $\bar{\pi}_{MR}+\sigma_0^2/4$ |
| | 共享 CS | $\bar{w}+\hat{Y}/2$ | $\bar{q}+\hat{Y}/4$ | 命题 4.7、推论 4.5 | $\bar{\pi}_R+\sigma_0^2/16$ | $\bar{\pi}_M+\sigma_0^2/8$ | $\bar{\pi}_{MR}+3\sigma_0^2/16$ |
| 延迟策略 | P | $\bar{w}+\hat{Y}/2$ | $\bar{q}+\hat{Y}/4$ | 命题 4.8、推论 4.6 | $\bar{\pi}_R+\sigma_0^2/16$ | $\bar{\pi}_M+\sigma_0^2/8-m$ | $\bar{\pi}_{MR}+3\sigma_0^2/16-m$ |

## 4.3 供应链中纵向信息共享的模型分析

通过前一部分的建模与求解，得到了五种情境下供应链中企业的均衡决策及（期望）收益。本节通过比较不同情境下企业决策及（期望）利润，分析需求预测信息以及信息不对称如何影响企业的决策，以及对企业的收益产生怎样的影响。接下来将从两个方面来考虑获取需求预测信息的价值，以及信息共享的价值。首先，在不考虑需求预测技术投资成本的情况下，依据信息量和信息共享状态，比较供应链企业的利润情况。然后，考虑需求预测技术投资成本，进一步分析零售商的需求预测技术投资决策。

### 4.3.1 不考虑投资成本时零售商的信息共享行为的影响

由于零售商可能选择与制造商共享信息，也可能不共享，因此下文将分别从非信息共享状态、共享状态以及共享前后的比较展开。

1）信息不共享状态

通过对三种情境下企业的利润比较，来理解获取预测信息对企业的价值。不确定性需求（无预测）情景（U），可以等同于零售商的预测精度为零；零售商掌握完全信息但不共享的情景（CN），可以等同于零售商的预测精度为无穷大，即完全准确地预测到了真实需求；零售商投资需求预测技术但不共享的情景（FN），可以等同于零售商获得的预测信息只体现了部分真实需求信息。因此，在情景U下零售商的利润$\pi_R^U \triangleq \pi_R^{FN}(v=0)$，在情景CN下零售商的利润$\pi_R^{CN} \triangleq \lim_{v\to\infty} \pi_R^{FN}$。又由$d\pi_R^{FN}/dv > 0$可知，对零售商而言，$\bar{\pi}_R = \pi_R^U < \pi_R^{FN} < \pi_R^{CN}$，即在不

考虑需求预测投资成本时，零售商获取的信息越多，对其越有利。对制造商而言，根据推论4.1、推论4.3和推论4.4，可有 $\bar{\pi}_M = \pi_M^U = \pi_M^{FN} = \pi_M^{CN}$，即不论零售商获得多少信息，如果零售商不共享给制造商，则制造商始终无法获知信息，其利润并不会随零售商信息量的多少而改变。对供应链而言，直接可有 $\bar{\pi}_{MR} = \pi_{MR}^U < \pi_{MR}^{FN} < \pi_{MR}^{CN}$。同理，在集中决策下，三种情境的供应链利润也有相同的大小关系，即 $\bar{\pi} = \pi^U < \pi^{FN} < \pi^{CN}$。

2）信息共享状态

如果零售商获取到了需求预测信息，并将其共享给上游制造商，则制造商会根据所获得的信息进行零售价格的调整，从而会影响信息对零售商带来的价值。同样，根据前文计算的结果，在不同情境下零售商的利润可有的关系：$\bar{\pi}_R = \pi_R^U < \pi_R^{FS} < \pi_R^{CS}$。对制造商而言，它获得更多信息后，其利润满足关系：$\bar{\pi}_M = \pi_M^U < \pi_M^{FS} < \pi_M^{CS}$。对供应链而言，它获得信息后，不同情境下的利润满足关系：$\bar{\pi}_{MR} = \pi_{MR}^U < \pi_{MR}^{FS} < \pi_{MR}^{CS}$。在集中决策下，可有 $\bar{\pi} = \pi^U < \pi^{FS} < \pi^{CS}$。

上述结果表明，不论在供应链中零售商与制造商之间是否共享信息，需求预测信息的获取可以使零售商受益，且供应链整体利润增加。但是对制造商而言，其利润的变化，取决于零售商的信息共享行为，即只有当零售商共享信息时，制造商才能从信息中获益。因此，在既定的供应链结构下，获取更多信息能够提高供应链利润，但是并不一定能够提高所有企业的利润。将结论以下面命题呈现。

**命题 4.10** 在不考虑需求预测成本时，供应链企业总可以从更多的信息中获益，但是并不能保证所有企业都获益，这取决于供应链企业间是否共享信息。

这个结论比较直观，虽然本章没有考虑预测信息对运作管理带来的影响，但是突出了市场信息对企业价格决策的优化，也比较符合 Lee 等（1997）研究中对供应链企业间进行市场信息共享的强调[①]。接下来将从信息共享的角度，分析两个企业及供应链利润的变化。

3）信息共享对供应链企业从预测信息中获得价值的影响

信息共享仅可能发生在有信息的情况，即主要考虑需求预测技术投资的情景（F），并将完全信息情景（C）作为参考标准。当考虑情景 F 时，由于不考虑预测投资的成本，因此在比较信息共享、非共享以及集中结构下的决策时，假设三种情况下具有相同的预测精度 v。用 $\Delta\pi_x^y$，$y\in\{F, C\}$ 和 $x\in\{R, M\}$，表示在情景 y 下企业 x 共享信息前后的利润变化量。对零售商而言，$\Delta\pi_R^F = -3v\sigma_0^2/[16\times(1+v)]$，$\Delta\pi_R^C < \Delta\pi_R^F < 0$，且 $\lim_{v\to\infty}\Delta\pi_R^F = \Delta\pi_R^C$。利润变化量的表达式以及不等式关系表明，零售商会因与制造商共享信息而使自己的利润降低，且需求的不确定性越大或获取的信息越多，其损失的程度越大。对制造商而言，$\Delta\pi_M^F = v\sigma_0^2/[8\times(1+v)]$，$\Delta\pi_M^C > \Delta\pi_M^F > 0$，且 $\lim_{v\to\infty}\Delta\pi_M^F = \Delta\pi_M^C$。即制造商会从零售商的信息共享行为中获益，且需求的不确定性越大或获取的信息越多，其获益程度也就越大。由 $|\Delta\pi_R^F| > |\Delta\pi_M^F|$ 可知，零售商的损失量要大于制造商的收益增量，即供应链的整体利润会因零售商的信息共享行为而降低，且需求的不确定性越大或获取的信息越多，供应链遭受的损失越大。

接下来分析供应链效率损失的来源。供应链能从信息中获得的最大价值，可以用集中决策下的系统利润减去不确定性需求（无预测）情景（U）下集中决策时的系统利润来表示，记为 B。两种情景下信息对供应链的最大价值可以表示为：$B^F = \frac{1}{4}\cdot\frac{v}{1+v}\sigma_0^2$ 和 $B^C = \sigma_0^2/4$。

① LEE H L，PADMANABHAN V，WHANG S.Information distortion in a supply chain: The bullwhip effect［J］. Management Science，1997，43（4）：546-558.

供应链从预测信息中所能获得的最大价值与预测精度和需求不确定性程度正相关，但即使信息百分百准确，最大价值量也不会超过$\sigma_0^2/4$，即$B^C$代表了信息的极限价值。当分散决策且不共享信息时，两种情境下供应链从信息中获得的价值为：$B_{MR}^{FN} = \frac{1}{4} \cdot \frac{v}{1+v} \sigma_0^2$和$B_{MR}^{CN} = \sigma_0^2/4$。当分散决策但共享信息时，$B_{MR}^{FS} = \frac{3}{16} \cdot \frac{v}{1+v} \sigma_0^2$和$B_{MR}^{CN} = \frac{3}{16} \sigma_0^2$。比较上述结果发现，分散决策并不会影响信息在供应链中的价值体现，即不共享信息时，分散决策下的信息价值等于集中决策下的信息价值。但是信息共享会导致信息价值遭受损失，即$\Delta B_{MR}^F = B_{MR}^{FS} - B_{MR}^{FN} = -v\sigma_0^2/[16 \times (1+v)]$，而无法全部体现。

分别将信息共享和非信息共享时的利润与集中决策下的利润进行比较，可以计算相应的效率损失，记为L。需求预测技术投资情景（F）下，不共享信息时供应链因分散决策导致的效率损失值为：$L^{FN} = \pi^F - \pi_{MR}^{FN} = \bar{\pi}/4$；共享信息时供应链因分散决策导致的效率损失值为：$L^{FS} = \pi^F - \pi_{MR}^{FS} = \bar{\pi}/4 + v\sigma_0^2/[16 \times (1+v)]$，即信息共享导致供应链的效率损失值增加了$v\sigma_0^2/[16 \times (1+v)]$，这正好是因信息共享导致的信息价值的损失$\Delta B_{MR}^F$。

结合命题4.10可知，信息的获取对供应链是有利的。但进一步分析发现，信息在供应链中的传递让供应链遭受效率损失。这种效率损失是由双重边际效应导致的，制造商利用了从零售商处获取的信息，通过改变批发价攫取了更多的供应链利润。值得注意的是，效率损失主要体现在供应链中的信息价值的损失。将结论以下面命题呈现。

**命题 4.11** 在不考虑需求预测成本时，零售商与制造商共享需求预测信息会让供应链遭受效率损失，其原因在于双重边际效应让供应链中的信息价值无法完全体现。

不同于现有研究中关于信息共享加剧了双重边际效应的直接结论，本研究的研究表明，信息共享导致的供应链效率损失，其主要来源于双重边际效应下信息价值无法充分发挥出来。因此，进一步明确了信息价值和信息共享价值之间的区别和联系。

### 4.3.2 考虑投资成本时零售商的信息共享行为的影响

获取预测信息通常需要付出一定的成本，因此需要结合成本考虑信息获取及共享的决策[①]。在不确定性需求（无预测）（U）情景下没有需求预测，该情景下的期望利润可以作为预测精度内生情景（F）下需求预测价值的比较基础。为了分析需求预测的价值，具体将从三个方面开展：首先，分析整个供应链可以从需求预测中获得的价值；其次，在没有信息共享时，分析需求预测对供应链企业的价值；最后，在信息共享时，分析需求预测对供应链企业的价值。后两种情况可以用来分析信息共享对需求预测价值的影响。

1）供应链能够从需求预测技术中获得的价值

首先，考虑供应链能够从需求预测技术中获得的最大价值。集中决策结构下的供应链效率是最高的，因此将有需求预测技术（考虑成本）与不确定性需求（无预测）下集中决策时的期望利润之差，表示为供应链能够从需求预测技术中获得的最大价值，即 $FB = \frac{1}{4} \cdot \frac{v^I}{1+v^I}\sigma_0^2 - C(v^I)$。其中，在 $\frac{1}{4}\sigma_0^2 > C^{(1)}(0)$ 时，$v^I$ 满足式 $\frac{1}{4} \cdot$

① KURTULUŞ M，ÜLKÜ S，TOKTAY B L. The value of collaborative forecasting in supply chains [J]. Manufacturing & Service Operations Management，2012，14（1）：82-98.

TAYLOR T A，XIAO W. Incentives for retailer forecasting：Rebates vs. returns [J]. Management Science，2009，55（10）：1654-1669.

SHIN H，TUNCA T I. Do firms invest in forecasting efficiently? The effect of competition on demand forecast investments and supply chain coordination [J]. Operations Research，2010，58（6）：1592-1610.

$\frac{1}{(1+v^{I})^2}\sigma_0^2 = C^{(1)}(v^{I})$；否则，$v^{I}=0$。不等式右边 $C^{(1)}(0)$ 表示在没有信息时，获取信息的边际成本；$\sigma_0^2/4$ 表示对应信息所带来的期望边际收益，该不等式反映了投资需求预测技术的收益与成本之间的权衡。如果该不等式不成立，则说明投资需求预测技术是不经济的，企业应放弃投资。

然后，考虑分散决策下供应链能够从需求预测技术中获得的价值。按类似的过程，可以得到零售商与制造商不共享信息时，供应链从需求预测技术投资中获得的价值，即 $FB_{MR}^{FN} = \frac{1}{4}\cdot\frac{v^{FN}}{1+v^{FN}}\sigma_0^2 - C(v^{FN})$。其中，在 $\frac{1}{4}\sigma_0^2 > C^{(1)}(0)$ 时，$v^{FN}$ 满足式 $\frac{1}{4}\cdot\frac{1}{(1+v^{FN})^2}\sigma_0^2 = C^{(1)}(v^{FN})$；否则，$v^{FN} = 0$。同理，零售商与制造商共享信息时，供应链从需求预测技术投资中获得的价值，即 $FB_{MR}^{FS} = \frac{3}{16}\cdot\frac{v^{FS}}{1+v^{FS}}\sigma_0^2 - C(v^{FS})$。其中，在 $\frac{1}{16}\sigma_0^2 > C^{(1)}(0)$ 时，$v^{FS}$ 满足式 $\frac{1}{16}\cdot\frac{1}{(1+v^{FS})^2}\sigma_0^2 = C^{(1)}(v^{FS})$；否则，$v^{FS} = 0$。

为便于比较分析，假设 $\sigma_0^2/16 > C^{(1)}(0)$，易证明 $v^{I} = v^{FN} > v^{FS}$，且 $FB = FB_{MR}^{FN} > FB_{MR}^{FS}$。在分散决策结构下，如果零售商不与制造商共享其所获取的预测信息，供应链从需求预测技术中获得的价值与集中决策结构下是一致的，即相同的预测技术投资水平及信息收益。这表明没有信息共享时，分散决策并没有影响预测技术在供应链中的价值。但是当零售商把信息共享给制造商时，预测技术的投资水平就偏离了集中决策下的最优水平，且信息收益也会减少。当投资成本为期望信号精度的线性成本结构时，如 $C(v) = c_f v$，需求预测技术会因供应链企业间的信息共享而遭受的价值损失值为：$\Delta FB_{MR}^{F} = FB_{MR}^{FS} - FB_{MR}^{FN} = -\sigma_0^2/16$。将上述结果归纳到下述命题，具体证明过程见附录。

**命题 4.12** 分散决策结构下，零售商投资需求预测技术，投资成本为期望信号精度的线性成本结构，（不）与制造商共享获得的需求预测信息时，零售商的需求预测技术投资水平及需求预测信息对供应链的价值（等于）低于集中决策结构下的水平。

2）信息获取对供应链企业利润的影响

如果零售商获取信息（即投资需求预测技术），且不与制造商共享，则其可以从投资中获得的收益为：$FB_R^{FN}=\frac{1}{4}\cdot\frac{v^{FN}}{1+v^{FN}}\sigma_0^2-C(v^{FN})=FB$。其中，在$\frac{1}{4}\sigma_0^2>C^{(1)}(0)$时，$v^{FN}$满足式$\frac{1}{4}\cdot\frac{1}{(1+v^{FN})^2}\sigma_0^2=C^{(1)}(v^{FN})$。也就是说，当需求预测投资成本具有经济性时，零售商会投资预测技术并获得与集中决策系统相同的信息价值。对制造商而言，$FB_M^{FN}=0$，即如果制造商无法从零售商处获得信息，则其无法获得信息价值。

3）信息共享对供应链企业利润的影响

在投资需求预测技术情境（F）下，将通过比较零售商与制造商共享和不共享信息两种情况下的利润，来分析信息共享对零售商和制造商利润的影响。令$\Delta\prod_R^F=\pi_R^{FS}-\pi_R^{FN}$，$\Delta\prod_M^F=\pi_M^{FS}-\pi_M^{FN}$，则可有$\Delta\prod_R^F=\frac{1}{16}\cdot\frac{v^{FS}}{1+v^{FS}}\sigma_0^2-C(v^{FS})-\left(\frac{1}{4}\cdot\frac{v^{FN}}{1+v^{FN}}\sigma_0^2-C(v^{FN})\right)$，在线性成本结构下，可有$\Delta\prod_R^F=c_f\left((v^{FS})^2-(v^{FN})^2\right)=-\frac{3\sigma_0-8\sqrt{c_f}}{16}\sigma_0$，$\Delta\prod_M^F=\frac{1}{8}\cdot\frac{v^{FS}}{1+v^{FS}}\sigma_0^2=\frac{\sigma_0-4\sqrt{c_f}}{8}\sigma_0$。也就是说，零售商会因与制造商共享信息而遭损失，制造商可以从共享信息中获益。又由$\Delta\prod_M^F+\Delta\prod_R^F=-\sigma_0^2/16<0$可知，零售商的损失量要大于制造商的收

益量。由前文可知，需求预测技术会因信息共享而遭受的价值损失值为：$\Delta FB_{MR}^{F} = -\sigma_0^2/16$。这表明零售商与制造商共享信息会降低其从预测技术投资中的收益，其中一部分转移给了制造商，另一部分因双重边际效应而损失掉。相比较而言，在考虑需求预测投资成本时，信息共享导致的信息价值的损失要高于不考虑需求预测投资成本时的损失，即$\left|\Delta B_{MR}^{F}\right| = \frac{\sigma_0^2}{16}\cdot\frac{v}{1+v} < \frac{\sigma_0^2}{16} = \left|\Delta FB_{MR}^{F}\right|$。将上述结论归纳在下述命题中。

**命题 4.13** 分散决策结构下，零售商投资需求预测技术，投资成本为期望信号精度的线性成本结构时，零售商与制造商之间的信息共享会降低其从预测信息中获得的收益（信息价值），且零售商的价值损失量要高于制造商从信息中获得的价值量，即供应链总利润会因信息共享而降低。与给定需求预测信息的精度相比，考虑需求预测技术投资决策时，供应链企业间的信息共享会让系统遭受更高的信息价值损失，且预测投资决策也会偏离系统最优状态。

### 4.3.3 需求预测与延迟策略对供应链价值的比较

通过 4.3.1 节和 4.3.2 节的分析，发现需求预测技术应对需求不确定性时会受到需求预测技术成本的约束，仅当投资成本具有经济性时，供应链才能从中获得收益，如$C^{(1)}(0) < \sigma_0^2/4$或$C^{(1)}(0) < \sigma_0^2/16$，且最终供应链会在需求预测技术的投资成本和收益之间取得平衡。对于延迟策略，由命题 4.9 可知，仅当延迟策略的投资成本低于某些条件时，供应链才会采用延迟策略，如$m < 3\sigma_0^2/16$。因此，不管是通过需求预测技术应对需求不确定性，还是通过延迟策略应对需求不确定性，最终都会在期望利润和投资成本之间取得平衡。在不考虑成本的情况下，需求预测技术与延迟策略从不确定性中获得收益是一样的。

在延迟策略下，制造商和零售商一起实现的额外利润为：$\sigma_0^2/8+\sigma_0^2/16=3\sigma_0^2/16$。在需求预测技术下，制造商和零售商通过提高预测信息的精度可以实现的额外利润为：$\lim\limits_{v\to\infty} v\sigma_0^2/[8\times(1+v)]+v\sigma_0^2/[16\times(1+v)]=3\sigma_0^2/16$。但二者又有很明显的区别：首先，对需求预测技术而言，其无法获取完全信息，因为当需求信息百分百准确时，供应链要付出无穷大的成本，即需求预测技术由于成本的原因只能通过部分信息进行决策优化。但是，这为企业的运作提供了充分的时间进行生产准备。其次，对延迟策略而言，其通过投资生产技术，从而可以尽可能靠近销售季，进行相应的决策，以尽可能地降低不确定性带来的影响，极端情况就是在不确定性实现之后进行决策，从而进行最优决策。但是，延迟策略提供给企业运作的时间非常短，需要生产与运作具有极大的敏捷性，因此也相应地需要高昂的投资成本。企业在采用应对需求不确定性策略的时候应结合成本与时间因素综合考虑，从而选择合适的方案。

## 4.4 本章小结

本章在由一个零售商和一个制造商组成的双层供应链中构建了下游零售商的需求预测技术投资决策模型；求解了供应链企业在不同的（信息共享）合作水平下的均衡决策；为充分展示需求预测技术投资问题的特性，本章在基本模型的基础上，拓展出四种情景，依次是确定性需求、不确定性需求（无预测）、零售商掌握完全信息以及延迟策略；通过比较分析，研究了下游零售商投资需求预测技术、获得需求预测信息以及与制造商共享预测信息的决策和相应利润。在探讨需求预测技术投资对供应链的价值时，将信息价值和信息共享价值进行了分离，结果表明需求预测技术投资对供应链的价值不会因分散决策而降低效率，即在分散决策下仍可以达到系统最优水平下的预测技术投资水平，反倒是供应链中的信息共享会让零售商从需求预测技术中获得的价值降低，并导致低效的预测投资水平。

# 5

# 供应链中数量柔性产能的投资决策及其协调研究

## 5.1 供应链中柔性产能投资决策的问题情景描述

### 5.1.1 供应链中柔性产能投资决策的研究背景

前两章主要考虑了供应链中物联网技术应用带来的需求预测作用。需求预测通过获取关于不确定性需求的相关信息，从而帮助企业改善决策（例如价格或库存决策），以降低不确定性给企业经营带来的冲击和影响。本章将继续考虑供应链中物联网应用带来的另一个重要作用——产能柔性[①②]，其是上游制造商应对不确定性的可选策略。具体而言，制造商通过投资物联网技术以改造和升级生产制造设施设备，从而让其制造系统能够根据需求的变化及时作出产出量的调整，以降低需求不确定性（变化）对企业（甚至整个供应链）运作的影响。然而在分散结构下，供应链中各企业会以自身利益最大化为决策标准，即在双重边际效应下，各企业如何进行决策？分散决策可能导致柔性产能投资决策偏离系统最优水平，从而无法充分发挥物联网技术在供应链中应对需求不确定性的作用和效果，那么应该如何协调供应链成员的决策，以实现整个系统的效率改进？这些都是值得深入探讨的问题。

### 5.1.2 供应链中柔性产能投资决策的研究现状

柔性是指组织系统适应外部环境变化的能力[③]，其反映了组织系

① ZHANG Q，VONDEREMBSE M A，LIM J S.Manufacturing flexibility：defining and analyzing relationships among competence，capability，and customer satisfaction［J］．Journal of Operations Management，2003，21（2）：173-191.

② 刘力钢，李军岩，邹德新，等．基于动态能力观的企业柔性战略透视［J］．软科学，2009，23（6）：98-101+105.

③ ZHANG Q，VONDEREMBSE M A，LIM J S.Manufacturing flexibility：defining and analyzing relationships among competence，capability，and customer satisfaction［J］．Journal of Operations Management，2003，21（2）：173-191.

统随环境而变化的难易度[①]和灵敏度[②]，提高柔性有利于组织系统在不确定性环境下的生存和发展。柔性策略则是指组织系统为适应外部环境变化所设计的相关措施与方案，是企业可以用来应对需求不确定性的重要方式。企业组织通过实施柔性策略，可以降低期望损失或提高期望收益，并获得竞争优势。

柔性策略具体体现在企业对生产流程、人员安排、设施设备配置的快速调整和安排[③]等方面。因此，根据调整的范围或对象不同，可以有多种柔性。刘力钢等（2009）将柔性具体到产品柔性、时间柔性、分销柔性以及响应柔性等方面。此外，文献中还出现了劳动力柔性[④]、数量柔性[⑤]、混合柔性（mix flexibility）[⑥]等。从综合的角度看，有扩展柔性[⑦]、装配线柔性[⑧]、结构柔性[⑨]等。Browne（1984）提出了以机器柔性和工序柔性为基础的8种柔性。Sethi和Sethi（1990）在制造领域的文献中发现了不低于50个柔性类型，其通过文献综述归纳定义了11种柔性。现介绍两种与本研究直接相关的柔性：混合柔性和数量柔性。

1）混合/产品柔性

混合柔性，也称作产品柔性，主要是指能够在相同的产能上生产

---

① COX JR T.Toward the measurement of manufacturing flexibility [J]. Production and Inventory Management Journal，1989，30（1）：68-72.

② CHRYSSOLOURIS G，LEE M.An assessment of flexibility in manufacturing systems [J]. Manufacturing Review，1992，5（2）：105-116.

③ NAGARUR N.Some performance measures of flexible manufacturing systems [J]. International Journal of Production Research，1992，30（4）：799-809.

④ SLOMP J，MOLLEMAN E.Cross-training policies and team performance [J]. International Journal of Production Research，2002，40（5）：1193-1219.

⑤ JACK E P，RATURI A.Sources of volume flexibility and their impact on performance [J]. Journal of Operations Management，2002，20（5）：519-548.

⑥ SLACK N.The flexibility of manufacturing systems [J]. International Journal of Operations & Production Management，2005，25（12）：1190-1200.

⑦ SETHI A K，SETHI S P.Flexibility in manufacturing：a survey [J]. International Journal of Flexible Manufacturing Systems，1990，2（4）：289-328.

⑧ 曹婧华. 装配线中的人因与柔性问题研究［D］. 长春：吉林大学，2018.

⑨ IRAVANI S M，VAN OYEN M P，SIMS K T.Structural flexibility：A new perspective on the design of manufacturing and service operations [J]. Management Science，2005，51（2）：151-166.

多个类型产品的能力，以及在产品间分配产能的能力①。

文献中对混合/产品柔性的研究主要关注一种资源或产能如何用于多种产品的生产。Fine和Freund（1990）考虑了一种能生产多种产品的资源，并使用两阶段随机规划模型研究了该资源的投资决策问题，结果表明该资源的投资会受到专用技术和柔性技术之间成本差异、需求不确定性以及需求之间相关性的影响。Goyal和Netessine（2011）的研究表明产品柔性的价值会随着产品需求之间的相关性而降低。Van Mieghem（1998）在研究产品柔性的产能投资决策时发现，即使两个产品的需求正相关，投资产品柔性产能也是有利的。Chod和Rudi（2005）在研究一种柔性资源服务于两个市场时，考虑了反应性定价在应对需求不确定性方面的作用。结果表明，如果两个市场需求可变性高且呈现负相关，那么柔性的价值最显著，因为资源柔性降低了需求风险，反应性定价能够让企业从需求变动性中获益。Bish和Wang（2004）在研究中考虑同时投资产品专用产能和产品柔性产能的情形。

在垄断结构下，企业通常会以技术成本作为技术的选择标准，而在竞争性环境下，竞争对手的技术选择也会成为企业选择技术时的一个考虑因素。Boyer和Moreaux（1997）关注柔性技术的策略性价值，在双寡头竞争结构下研究了市场波动性和市场规模对（同时或顺序决策的）企业柔性技术选择的影响。Goyal和Netessine（2007）研究了服务于两个不确定性市场的两个竞争性企业在产品柔性技术和产品专用技术之间的采用博弈。两个企业在两个市场中都存在竞争关系，即企业间开展技术选择博弈。在确定性需求下，Fine和Pappu（1990）、Röller和Tombak（1990，1993）在两个企业两个市场的设定下，研

① GOYAL M，NETESSINE S.Volume flexibility，product flexibility，or both：The role of demand correlation and product substitution［J］. Manufacturing & Service Operations Management，2011，13（2）：180-193.

究了竞争性企业投资产品专用技术或产品柔性技术的博弈决策。结果表明，产品柔性技术的存在可能会加剧竞争，不投资产品柔性技术可能对企业更有利。确定性需求下的产品柔性无法发挥应对不确定性的作用，因此，这些研究考虑的是产品柔性技术的策略性竞争作用。

2）数量柔性

具有数量柔性的制造系统能够在不同的总产出水平上经济地运作，这能让制造系统根据需求实现情况向下或向上调节产出量[①]，有助于企业在周期性行业中取得成功[②]。

现有研究对数量柔性有不同的定义。Upton（1994）将数量柔性定义为能够改变生产数量的能力。Sethi和Sethi（1990）将数量柔性定义为制造系统在不同总产出水平上都能盈利运作的能力。Gerwin（1993）认为通过投资使产能量超过生产水平是达到数量柔性的一种方式。Goyal和Netessine（2011）从产能投资的角度将数量柔性的内涵描述为：在现有产能水平之下或之上，增加或减少生产都是可盈利的。对数量柔性的测量起始于成本角度。Stigler（1939）最先使用平均成本曲线的陡峭度作为产能柔性的度量指标。Falkner（1986）则将总生产数量变化下制造成本的稳定性作为数量柔性的测度指标。Son和Park（1987）将一个周期内总产出与产品和原材料的库存/缺货成本之间的比值作为度量指标。Chod等（2012）通过可变生产成本的比例来衡量数量柔性。除了成本角度，也有研究通过产出量的可调整范围进行衡量。Browne等（1984）分析了系统的下侧数量柔性（在盈利的前提下所有零部件都可以达到的最低生产数量）。Gerwin（1987）将一段时间内数量波动的平均值与总产能之间的比值作为数

① SETHI A K, SETHI S P. Flexibility in manufacturing: a survey [J]. International Journal of Flexible Manufacturing Systems, 1990, 2 (4): 289-328.

② HAYES R H, SCHMENNER R W. How should you organize manufacturing [J]. Harvard Business Review, 1978, 56 (1): 105-118.

量柔性测度指标。Sethi和Sethi（1990）认为可以考虑更一般化的情况，将数量的（最大）可变范围作为度量指标。综合上述各定义或描述可以看出，拥有数量柔性的制造系统：（1）具有根据需求的变化进行产出量调整的能力；（2）产出量可高于也可低于现有产能量；（3）产出量的调整是可盈利的。

由于制造系统需要根据不确定性需求情况进行产出量的调整，这种生产规模的变化，可能会让制造系统偏离最优的生产状态，导致规模不经济。Vives（1989）认为，采用柔性即意味着对任一水平的产量都不能使用最有效率的技术进行生产。Sethi和Sethi（1990）表明数量变化通常伴随着非线性的生产成本。工人的招聘或辞退往往会给企业的管理和成本带来较大的挑战。自动化工厂对工人的需求相对较低，其产出量的调整不会涉及工人数量的大幅波动。因此，柔性的自动化工厂可以非常经济地缩减产能以应对经济的不景气[①]。

数量柔性是企业应对需求不确定性能力的体现，企业可以通过投资提高该能力，甚至可以作为竞争手段。Vives（1989）在不确定性环境下，研究了竞争性企业间技术选择的柔性价值和策略性承诺价值。竞争性企业在需求确定前的技术选择同时具有柔性价值和策略性承诺价值，需求不确定性的提高会增加技术选择的策略性承诺价值，而降低其柔性价值。Wei等（2019）研究了两个受排放约束的制造商在绿色产能采用方面的均衡策略，结果表明绿色产品优势和产能投资成本等因素会影响两个制造商对绿色数量柔性产能的选择。

构建能够适应不确定性需求的制造系统对企业的运作效率及市场竞争力具有重要作用，但企业在构建柔性产能时应充分认识外部环

---

① BYLINSKY G.The race to the automatic factory［J］. Fortune, 1983, February 21: 52-64.

境，并选择与企业所面临的环境变量相匹配的柔性类型①。在有多个备选方案时，应该根据具体的情况进行选择。Fabrizio（2007）通过实证研究分析了促使和阻碍数量柔性和混合柔性同时在按订单构建型供应链中实施的因素。Goyal和Netessine（2011）将数量柔性用于两种产品的设定，并进行了数量柔性和产品柔性之间的比较。结果表明产品需求间的相关性会影响数量柔性的价值，当产品间互补（替代）时，需求相关性将会增加（降低）数量柔性的价值；数量柔性更适合应对总需求不确定性，产品柔性更适合应对个体需求不确定性；当联合两种柔性时，虽然在产品柔性的基础上加入数量柔性不会有损绩效，但是在数量柔性的基础上加入产品柔性，并不总是有益的。Chod等（2012）在两种产品的垄断结构下分析了产品柔性、数量柔性以及时间柔性的联合影响，结果表明产品柔性和数量柔性在创造企业价值方面是相互替代的，但都与时间柔性互补。Yang和Ng（2014）在多周期需求下研究了资金约束对数量柔性策略的影响。Hagspiel等（2016）基于实物期权理论，分析了数量柔性与非柔性两种情境下企业的产能投资和生产决策，其考虑的是下侧柔性，且没有考虑调整导致的成本。De Giovanni和Massabò（2018）进一步考虑了产量调整的成本问题，而且同时考虑了上侧和下侧的数量柔性。

数量柔性在供应链框架下的问题也逐渐得到学者们的关注。Boute等（2009）在双层供应链中研究了上游制造商的生产策略（数量柔性和非数量柔性产能）与下游零售商的补货策略对供应链绩效的影响。Nejad等（2014）通过混合整数规划模型来确定上游备用供应商柔性产能的反应速度，从而为遭到中断风险的供应链生成应急计划。Altendorfer（2017）在需求受提前期影响的供应链中研究了上游

① ANAND G，WARD P T. Fit，flexibility and performance in manufacturing：coping with dynamic environments［J］. Production and Operations Management，2004，13（4）：369-385.

供应商在现有稳定产能基础上进行数量柔性产能决策的问题。Khouja和Kumar（2002）从生产系统计划制订者（集中决策者）的角度，利用仿真方法研究了需求预测投资对生产系统总成本的影响，以及需求预测投资和数量柔性投资之间的关系。Wei等（2021）在分散供应链结构下，研究了下游零售商的预测信息共享对上游制造商产能策略选择（数量柔性和非数量柔性）的影响，以及二者对供应链的联合影响。Khouja和Kumar（2002）、Wei等（2021）都涉及需求预测信息和数量柔性，但前者对数量柔性的投资是基于产能量与产出量不匹配的成本系数的投资，且关注的是需求预测投资与数量柔性投资的联合优化；后者关注的是制造商对产能策略的选择，且未考虑零售商有改善预测能力的动机。

关于柔性策略的研究表明：柔性策略是企业和供应链应对需求不确定性的重要方式，可供企业和供应链采用的策略种类也很多。各种柔性策略的定义和内涵随着学者们的探讨也逐渐清晰，研究的深度和广度不断加大。综合来看，关于柔性策略的研究文献主要可分三类：第一类文献，注重界定各种柔性策略的定义和内涵，探讨柔性策略在应对需求不确定性方面的效果、作用和机制；第二类文献，分析影响柔性策略价值的因素，通过比较不同柔性策略，判断在不同条件下柔性策略之间的优劣；第三类文献，把柔性策略（技术）作为策略性的竞争工具，分析企业之间的博弈行为。较多文献在垄断结构下研究柔性策略的决策优化问题，或者在寡头竞争结构下研究企业间的柔性技术博弈问题。然而每个企业处在供应链中，企业的决策还会受到上游或下游企业决策的影响。因此从供应链的角度，分析柔性策略在供应链中的价值和企业间的决策交互也非常关键和重要。

随着经济社会的发展，企业间竞争愈加激烈，消费者需求愈加多样化，导致企业面临的不确定性问题愈加严重。产能投资过少会导致突然增加的需求难以满足，此时不仅会使企业遭受收入损失，还可能会损害企业声誉；产能投资过多虽然可以满足突然增加的需求，但是在低需求状态下会出现严重的产能闲置而导致低效率的资源利用。因此，构建具有柔性的产能显得关键而必要。根据环境变化而调整系统产出量以满足最终市场的需求，是系统所具有的一种柔性能力。从供应链的角度看，最终需求的满足，不仅需要制造系统能够根据条件变化进行调整，还需要在流程、运作和管理等多个方面的协调和配合。物联网技术在制造领域拥有巨大的应用潜力，其不仅可以带来制造流程、生产工艺、车间管理、人员调度、成本结构和产出控制等诸多方面的改进和优化，还可以促进信息流通和组织协调。因此本研究使用一个综合性词汇——产能柔性——来表述应用了物联网技术的供应链系统具备适应需求不确定性变化的能力，其反映了供应链系统从生产到运输再到交付全过程的柔性。产能柔性的实现，可能同时包含了上述扩展柔性、数量柔性和混合柔性等多种柔性，即需要多种柔性共同发挥作用。

柔性产能的投资有利于整个供应链应对需求的不确定性，然而在分散决策下供应链企业均按自身利益最大化进行决策，从而导致系统低效率，此时需要设计合适的协调契约才能最大化发挥柔性产能的效用。

对于制造商而言，产能投资太高，虽然可以更好地应对不确定的市场需求波动，但是也可能导致较低的产能利用率；产能投资太低，虽然可以节省固定成本，保证较高的利用率，但是也可能会由于产能不足，而导致销售机会的流失[①]。在无法验证信息的真假时，下游企业可能会为了获得充足的产能而向上游传递过于乐观的需求信息。一

① EYNAN A, DONG L. Design of flexible multi-stage processes [J]. Production and Operations Management, 2012, 21 (1): 194-203.

旦制造商意识到下游企业会有这样的动机，就会谨慎投资产能。此时，即使下游企业传递出真实的高需求信息，制造商也会因无法验证信息而在投资产能时有所保留，最终可能导致双方都会受损。对于这类问题，相关学者使用不同的契约进行协调。

批发价契约是最简单也是企业间最常用的契约形式之一，常被用来作为其他契约的比较基础。例如，Tomlin（2003）在下游制造商和上游供应商都投资产能的双层供应链中，研究了两个企业之间的产能博弈，并证明存在一种分段线性价格契约可以协调该供应链。该契约可以任意分配供应链利润，与线性契约相比，制造商更偏好分段线性价格契约。徐最等（2007）针对上游供应商因独自承担产能过剩的风险而导致产能投资不足的问题，设计了下游企业向上游企业进行补偿的契约，并将线性补偿契约和非线性补偿契约与批发价契约进行了比较。孔融等（2012）则从产能投资成本分担的角度讨论了供应链中产能投资的协调问题，结果表明，成本分担契约要优于批发价契约。

有学者研究通过惩罚或补偿等措施来协调上游企业的产能投资。针对供应商可能出现的产能不足问题，Mathur和Shah（2008）从下游制造商的视角设计了一种含有四个参数（订货不足惩罚、供给不足惩罚、超量供给奖励、目标产能）的双向惩罚契约让上游供应商投资充足的产能。在需求具有不确定性且受价格影响的设定下，邵晓峰和季建华（2008）设计了双向补偿契约，供应商向制造商支付一定的单位缺货补偿金，制造商向供应商支付一定的单位闲置能力的补偿金，双方尝试通过负向激励来协调供应链的定价和能力设计问题。石丹和李勇建（2015）通过比较收益共享契约和过剩产能补偿契约发现，仅补偿契约可以协调供应链，针对收益共享契约无法实现产能决策优化的问题，设计了收益共享与产能成本共担相结合的协调契约。

产能预定或收益共享或成本共担等可以共担风险的契约，能够协调上游企业的产能决策。Erkoc 和 Wu（2005）针对高科技行业需求不确定性的特点，研究了下游客户可以通过费用可抵扣的产能预定契约鼓励供应商投资充足产能。在考虑提前期的两阶段模型中，供应商在第一阶段确定产能水平，零售商在第二阶段观察到需求信息后进行订货量和零售价格决策。Chen 等（2010）针对该问题设计了风险和收益分享的契约对其进行协调。

对于信息不对称的情况，协调契约还需要能够实现供应链企业间的真实信息共享。Cachon 和 Lariviere（2001）从信号博弈的角度研究制造商向供应商提供一个包含承诺和期权的契约，以表明所共享信息的可靠性，并在自愿遵循和被迫遵循两种契约范式下研究能使供应链实现真实信息共享的契约。Durango-Cohen 和 Yano（2006）讨论了供应商根据下游制造商的预测进行产能投资的契约，但这种买方主导下的契约无法消除预测夸大的问题。针对该问题，Özer 和 Wei（2006）设计了非线性产能预留契约和提前采购契约对上游供应商的产能投资问题进行协调。这两种契约具有促使信息共享的策略性作用。第一种契约可以让供应商检测出制造商的私有预测信息；第二种契约可以让制造商发出预测信息。

设计供应链契约的目的是改善供应链绩效。根据导致供应链低效率的不同原因，学者们从不同的角度设计相应的协调契约。例如，为具有信息优势的企业提供主动共享信息的动机、在信息无法验证时让具有私有信息的企业真实共享、通过风险分担的方式让上游制造商投资充足的产能等等。当供应链企业同时进行多种决策时，往往单一契约无法实现供应链的协调，此时需要将多种契约进行组合才能达到供应链协调的目标。

本章通过构建数量柔性产能投资决策模型，并通过契约协调供应链成员企业的决策，从而实现供应链系统效率的帕累托改进。

### 5.1.3 供应链中柔性产能投资决策的研究假设

考虑由一个制造商和一个零售商组成的双层供应链在单周期中利用物联网进行数量柔性产能投资和订货量决策的问题。假设供应链成员都是风险中立的。市场需求在 $x \in [0, +\infty)$ 上连续，其分布函数、密度函数及均值分别为 $F(x)$、$f(x)$ 和 $\mu$。由于物联网的投入和建设以及产品的生产都具有较长的提前期，因此假设市场需求发生在产能构建之后，产品生产发生在需求实现之前。为了更好地应对需求的不确定性，制造商投资物联网技术以单位成本 $\delta$ 获得数量柔性产能 $K$。数量柔性产能一方面可以降低制造商产能投资量，另一方面不影响履行下游零售商的订单。给定零售商的订货量 $Q$，按照数量 $Q$ 进行生产，则标准单位生产成本为 $c$，额外的柔性生产成本为 $b(K - Q)^2/2$。由柔性生产成本结构易知制造商的产能投资决策 $K \leqslant Q$，以节约投资量，即考虑的是上侧柔性（upside flexibility）[①]。零售商则会以外生的批发价 $w$ 采购，并以零售价 $p$ 出售给最终的消费者市场。在销售季节需求出现时，如果 $D > Q$，则零售商会产生单位缺货成本 $g_R$；如果 $D < Q$，则零售商需要按单位残值 $v$ 处理未销售的产品。为保证合理性，假设 $p > w > c > v$，且 $p - w > v$，前者表示销售行为是可获利的，后者表示零售商销售的动机比处理残值的动机强。另外假设 $\delta \leqslant w - c$，该假设主要表明投资数量柔性产能的单位成本不应该大于单位产品的利润，否则制造商是无利可图的。

假设零售价格和批发价格都是外生的，即制造商和零售商在既定的价格政策下，进行数量柔性产能投资和订货量决策。由于双重边际

① ZHANG Q, VONDEREMBSE M A, LIM J S. Manufacturing flexibility: defining and analyzing relationships among competence, capability, and customer satisfaction [J]. Journal of Operations Management, 2003, 21 (2): 173-191.

效应，在分散决策下整个系统的绩效是次优的。所要研究的问题是，制造商为了更好地应对需求的不确定性进行数量柔性产能投资，零售商的决策是否与其保持一致？如果决策是一致的，是否让双方都有所获益？如果不能，需要使用什么样的机制实现该系统的协调？

事件顺序如下：

（1）首先，零售商以批发价 w 向制造商订购产品 Q；

（2）然后，制造商根据零售商的订货量 Q 以单位成本 δ 投资数量柔性产能 K；

（3）再者，制造商利用数量柔性产能，以数量 Q 进行生产；

（4）最后，销售季节到来，需求 D 出现，零售商以价格 p 出售 $\min\{D, Q\}$ 的产品，根据 D 与 Q 的大小，发生缺货或处理残值，制造商依据契约进行补贴或惩罚。

## 5.2 供应链中柔性产能投资决策的模型构建

为了分析分散系统（DS）下的系统绩效，首先计算集中系统（CS）下的系统绩效，以此作为分析的参考。

### 5.2.1 集中决策下数量柔性产能的投资决策

在集中决策下，假设存在一个中央决策者，他通过投资物联网获得数量柔性产能，并进行产量决策，实现整个系统的利润最大化。该决策者的问题可以描述为：

$$\max_{K \geqslant 0,\ Q \geqslant 0} E\prod\nolimits_F^{CS}(K, Q) = E[p\min\{Q, D\} - cQ - \frac{1}{2}b(K-Q)^2 + v\max\{Q-D, 0\} - g_R\max\{D-Q, 0\} - \delta K] \tag{5-1}$$

其中，第一项表示系统的销售收入，第二项表示标准生产成本，第三项表示柔性生产成本，第四项表示残值，第五项表示缺货成本，最后一项表示数量柔性产能投资成本。通过运算，可以将系统的期望收益转化为：

$$E\prod_{F}^{CS}(K,\ Q)=(p-c+g_R)Q-g_R\mu-\frac{1}{2}b(K-Q)^2-\delta K-(p-v+g_R)\int_0^Q F(x)dx \tag{5-2}$$

记$(Q_{CS}^*,\ K_{CS}^*)$为上述问题的最优解，则有如下引理：

引理 5.1 $E\prod_{F}^{CS}(K,\ Q)$是关于K和Q的凹函数，最优产量决策和最优数量柔性产能投资决策分别为：

$$Q_{CS}^*=F^{-1}\left(\frac{p-c+g_R-\delta}{p-v+g_R}\right) \tag{5-3}$$

$$K_{CS}^*=\begin{cases}Q_{CS}^*-\dfrac{\delta}{b} & Q_{CS}^*\geqslant\dfrac{\delta}{b}\\ 0 & \text{otherwise}\end{cases} \tag{5-4}$$

证明见附录。

上述引理5.1表明集中决策者会综合考虑相关参数，从而确定一个对整个系统而言最优的生产数量。从最优生产量的形式中可以看出，利用物联网获得数量柔性产能的单位成本越高，则最优生产量会越低，当低到某一个程度（例如δ/b）时，上游制造商会放弃利用物联网获取柔性产能，而是从外部采购满足下游订货需求。因此，对于数量柔性产能技术，仅当其投资成本在合适范围内时，才会被投资企业所采用。这也反映了技术发展及成本降低对企业采纳新技术的吸引力。

此时，在集中决策下系统最优期望收益可表示为：

$$E\prod_{F}^{CS}(K_{CS}^*,\ Q_{CS}^*)=\begin{cases}(p-c+g_R-\delta)Q_{CS}^*-g_R\mu-(p-v+g_R)\displaystyle\int_0^{Q_{CS}^*}F(x)\,dx+\frac{\delta^2}{2b} & Q_{CS}^*\geqslant\dfrac{\delta}{b}\\ (p-c+g_R)Q_{CS}^*-g_R\mu-(p-v+g_R)\displaystyle\int_0^{Q_{CS}^*}F(x)\,dx+\frac{1}{2}bQ_{CS}^{*2} & Q_{CS}^*<\dfrac{\delta}{b}\end{cases} \tag{5-5}$$

### 5.2.2 分散决策下数量柔性产能的投资决策

在分散决策下，制造商和零售商之间只存在价格契约，零售商根据其所掌握的需求信息以及既定的批发价格向上游制造商发送订货量。因此，零售商的问题是：

$$\max_{Q \geqslant 0} E\prod_{R,F}^{DS}(Q) = E[p\min\{Q, D\} - wQ - g_R\max\{D - Q, 0\} + v\max\{Q - D, 0\}] \tag{5-6}$$

其中第一项表示零售商的销售收入，第二项表示采购成本，第三项表示缺货成本，第四项表示过量库存的残值处理。通过对上式的运算，可以转化为：

$$E\prod_{R,F}^{DS}(Q) = (p - w + g_R)Q - g_R\mu - (p - v + g_R)\int_0^Q F(x)dx \tag{5-7}$$

令 $Q_{DS}^*$ 为上述问题的最优解，则可有如下引理：

引理 5.2 $E\prod_{R,F}^{DS}(Q)$ 是 Q 的凹函数，分散系统中零售商的最优订货量决策为：

$$Q_{DS,R}^* = F^{-1}\left(\frac{p - w + g_R}{p - v + g_R}\right) \tag{5-8}$$

证明见附录。

上述引理 5.2 中所表示的最优订货量决策形式，与经典报童模型中下游零售商的最优订货量是一致的，具体可查阅文献①。

此时，零售商的最优期望利润可以表示为：

$$E\prod_{R,F}^{DS}(Q_{DS,R}^*) = (p - w + g_R)Q_{DS,R}^* - (p - v + g_R)\left(\int_0^{Q_{DS,R}^*} F(x)dx\right) - g_R\mu \tag{5-9}$$

对于制造商而言，如果零售商的订货量为 $Q_{DS,R}^*$，则其会依此确定自己的数量柔性产能的投资量，其面临的问题是：

---

① COX JR T. Toward the measurement of manufacturing flexibility [J]. Production and Inventory Management Journal, 1989, 30 (1): 68-72.

$$\max_{K\geq 0} E\prod_{M,F}^{DS}(K)=E\left[(w-c)Q_{DS,R}^{*}-\frac{1}{2}b(K-Q_{DS,R}^{*})^{2}-\delta K\right] \tag{5-10}$$

即上游制造商的期望利润为：

$$E\prod_{M,F}^{DS}(K)=(w-c)Q_{DS,R}^{*}-\frac{1}{2}b(K-Q_{DS,R}^{*})^{2}-\delta K \tag{5-11}$$

令 $K_{DS}^{*}$ 为上述问题的最优解，则可有如下引理：

引理 5.3 $E\prod_{M,F}^{DS}(K)$ 是 K 的凹函数，分散系统中制造商数量柔性产能投资量的最优决策为：

$$K_{DS}^{*}=\begin{cases}Q_{DS,R}^{*}-\dfrac{\delta}{b} & Q_{DS,R}^{*}\geq\dfrac{\delta}{b}\\ 0 & \text{otherwise}\end{cases} \tag{5-12}$$

证明见附录。

上述引理 5.3 表明，分散系统中上游制造商会根据下游零售商的订货量来确定其最优数量柔性产能，且始终比订货量少 δ/b。这主要是制造商在柔性生产成本和数量柔性产能投资成本之间权衡所得到的结果。由于在分散决策下，零售商的决策会偏离系统最优的数量决策，因此制造商只能在给定零售商决策的情况下，做出对自己最优的数量柔性产能投资决策。

则此时制造商的期望收益可以表示为：

$$E\prod_{M,F}^{DS}(K_{DS}^{*})=\begin{cases}(w-c-\delta)Q_{DS,R}^{*}+\dfrac{\delta^{2}}{2b} & Q_{DS,R}^{*}\geq\dfrac{\delta}{b}\\ (w-c)Q_{DS,R}^{*}-\dfrac{1}{2}bQ_{DS,R}^{*2} & \text{otherwise}\end{cases} \tag{5-13}$$

推论 5.1 （1）分散系统中零售商的订货量决策和制造商的数量柔性产能投资决策要低于集中系统中的数量决策和数量柔性产能投资决策，即 $Q_{DS,R}^{*}\leq Q_{CS}^{*}$，$K_{DS}^{*}\leq K_{CS}^{*}$；（2）分散系统中数量柔性产能投资成本的可行范围变小，即 $\delta_{max}^{DS}<\delta_{max}^{CS}$。

证明见附录。

上述推论符合前面的直观判断，即在分散结构下，零售商的订货量要低于集中系统下的数量决策。这也导致制造商的数量柔性产能决策低于集中系统下的决策，即制造商的数量柔性产能优势未能完全体现。对于这种非最优化的决策结果，制造商有动机刺激零售商多订货，从而尽可能利用其数量柔性产能。

## 5.3 供应链中柔性产能投资决策的模型分析

在分散系统下，双重边际效应导致制造商和零售商的决策偏离了系统最优决策。对比分析分散和集中系统中的数量柔性产能和数量决策，发现两种情况下的决策在结构上具有相似性质。首先，在分散系统下零售商会根据自身相关参数（例如批发价、残值、缺货成本等）进行数量决策，在双重边际效应下由于参数差异性导致其决策偏离集中系统下生产量；然后，对于数量柔性产能决策，集中和分散系统下的决策都与数量决策之间存在一个 $\delta/b$ 的差值。因此，当分散和集中系统下的数量决策保持一致时，即可实现渠道的协调。

由推论 5.1 可知，为实现系统最优决策，制造商需要对零售商的订货决策进行激励。对于渠道协调常用的机制，例如收益共享或批发价折扣，都可以实现供应链系统的数量协调。在数量协调的前提下，虽然可以实现整个系统期望收益的最大化，但无法保证双方都能够获得更多期望收益，最终无法实现协调。例如当批发价 $w$ 偏低时，制造商本身的利润偏低，如果制造商采用收益共享或批发价折扣，则该契约向零售商转移的利润要远大于数量增加为制造商带来的利润增量，从而导致利润降低，此时制造商是没有动机实施这类契约的。换言之，由于事先无法知道协调后双方的期望收益变化情况，因此所设计的协调机制一方面要解决数量协调的问题，另一方面要解决双方对额外利润的分配问题。基于上述分析，为了激励零售商多订货，制造商可以对零售商的残值部分进行补贴，同时，对零售商的缺货部分进行惩罚，从而平衡因补贴带来的损失，即：基于“残值补贴+缺货惩罚”的协调策略。制造商制定如下契约：对零售商的单位残值补贴λ，对零售商的单位缺货惩罚β。且存在约束：$v+\lambda<w$，否则零售商会无节制地增加订货量。

因此，协调后的分散系统（CDS）中零售商和制造商的收益问题可以表示为：

$$\max_{Q\geqslant 0} E\prod\nolimits_{R,\ \lambda\beta}^{CDS}(Q)=E\begin{bmatrix}p\min\{Q,\ D\}-wQ-\left(g_R+\beta\right)\max\{D-Q,\ 0\}+\\(\lambda+v)\max\{Q-D,\ 0\}\end{bmatrix}\tag{5-14}$$

$$\max_{K\geqslant 0} E\prod\nolimits_{M,\ \lambda\beta}^{CDS}(K)=E\begin{bmatrix}wQ-cQ+\beta\max\{D-Q,\ 0\}-\\\lambda\max\{Q-D,\ 0\}-\left(b\left(K-Q\right)^2/2+\delta K\right)\end{bmatrix}\tag{5-15}$$

零售商的期望收益可表示为：

$$\begin{aligned}E\prod\nolimits_{R,\ \lambda\beta}^{CDS}(Q)=&(p-w+(g_R+\beta))Q-(g_R+\beta)\mu-(p-(\lambda+v)+\\&(g_R+\beta))\int_0^Q F(x)dx\end{aligned}\tag{5-16}$$

制造商的期望收益可表示为：

$$E\prod\nolimits_{M,\ \lambda\beta}^{CDS}(K)=(w-c-\beta)Q+\beta\mu+(\beta-\lambda)\int_0^Q F(x)dx-(b(K-Q)^2/2+\delta K)\tag{5-17}$$

令$(Q_{CDS}^*,\ K_{CDS}^*)$为上述问题的最优解，则有如下引理：

引理 5.4 零售商的期望收益$E\prod_{R,\ \lambda\beta}^{CDS}(Q)$是关于其订货量Q的凹函数，制造商的期望收益$E\prod_{M,\ \lambda\beta}^{CDS}(K)$是关于其产能投资量K的凹函数，可求得最优决策为：

$$Q_{CDS}^*=F^{-1}\left(\frac{p-w+g_R+\beta}{p-(\lambda+v)+g_R+\beta}\right)\tag{5-18}$$

$$K_{CDS}^*=\begin{cases}Q_{CDS}^*-\dfrac{\delta}{b} & Q_{CDS}^*\geqslant\dfrac{\delta}{b}\\0 & \text{otherwise}\end{cases}\tag{5-19}$$

证明见附录。

上述引理5.4的形式与前述引理5.1、5.2和5.3类似，这主要是由于在本章假定的决策框架下，产能和订货量决策都具有相似的性质。这种直观的性质为后文协调机制的实现提供了便利。

**定理5.1** 下游零售商确定订货量Q之后，上游制造商会将数量柔性产能投资量K设置在比Q少δ/b的水平。

证明：从引理5.1、5.2和5.4中可直接得出。

上述定理5.1表明，制造商通过投资物联网技术获得数量柔性产能之后，会充分利用该产能柔性的优势以应对需求的不确定性。同时，其会在数量柔性产能投资成本与柔性生产成本之间进行权衡，如果投资量过高，虽然可以降低柔性生产成本，但是是以增加投资成本为代价的；如果投资量过低，虽然可以节省投资成本，但是会增加柔性生产成本。因此，制造商将数量柔性产能投资水平保持在比零售商的订货量水平低δ/b的位置，从而在两种成本间得到一种折中，即为Goyal和Netessine（2011）在文中所讲的产能柔性所带来的杠杆作用。

当$Q_{CDS}^* < \delta/b$时，$K_{CDS}^* = 0$，即意味着当零售商的订货量偏低时（例如，低于δ/b），上游制造商会放弃数量柔性产能的投资，而采取外部采购的方法满足下游企业的订货需求。由于本章主要考虑数量柔性产能投资下的供应链协调问题，因此，在后文中仅考虑$Q_{CDS}^* \geqslant \delta/b$的情况。

根据协调机制下的最优决策，零售商和制造商的最优期望收益分别可以表示为：

$$E\prod\nolimits_{R,\lambda\beta}^{CDS} = (p - w + g_R + \beta)Q_{CDS}^* - (g_R + \beta)\mu - (p - (\lambda + v) + (g_R + \beta))\int_0^{Q_{CDS}^*} F(x)\,dx \tag{5-20}$$

$$E\prod_{M,\lambda\beta}^{CDS}=(K_{CDS}^{*})$$

$$\begin{cases}(w-c-\beta-\delta)Q_{CDS}^{*}+\beta\mu+(\beta-\lambda)\int_{0}^{Q_{CDS}^{*}}F(x)dx+\dfrac{\delta^{2}}{2b} & Q_{CDS}^{*}\geq\dfrac{\delta}{b}\\(w-c-\beta)Q_{CDS}^{*}+\beta\mu+(\beta-\lambda)\int_{0}^{Q_{CDS}^{*}}F(x)dx-\dfrac{1}{2}bQ_{CDS}^{*\,2} & \text{otherwise}\end{cases}\tag{5-21}$$

实现分散系统的协调，即意味着零售商和制造商的期望收益之和等于集中决策下系统的期望收益，且两个企业都要比协调之前好，至少不会变差。接下来将分两步实现渠道协调：第一步是让分散结构下的决策与集中系统下的决策一致；第二步是保证每个成员的收益至少不比协调前差。

### 5.3.1 分散结构下零售商订货量决策的协调

由上文分析可知集中系统下的订货量为：

$$Q_{CS}^{*}=F^{-1}\left(\frac{p-c+g_{R}-\delta}{p-v+g_{R}}\right)\tag{5-22}$$

协调后的分散系统中的订货量为：

$$Q_{CDS}^{*}=F^{-1}\left(\frac{p-w+g_{R}+\beta}{p-(\lambda+v)+g_{R}+\beta}\right)\tag{5-23}$$

因为 $F(\cdot)$ 是关于 $x$ 的单调增函数，所以其反函数 $F^{-1}(\cdot)$ 也是单调增函数，因此，如果有 $Q_{CS}^{*}=Q_{CDS}^{*}$，即意味着有：

$$\frac{p-w+g_{R}+\beta}{p-(\lambda+v)+g_{R}+\beta}=\frac{p-(c+\delta)+g_{R}}{p-v+g_{R}}\tag{5-24}$$

因此，要实现分散系统下的数量决策协调，则 $\lambda$ 和 $\beta$ 之间需满足如下定理：

**定理 5.2** 当参数 $\lambda$ 和 $\beta$ 满足如下条件时，分散渠道可以实现数量协调：

$$\beta=\frac{p+g_{R}-v}{c+\delta-v}\left(w-(c+\delta)-\lambda F\left(Q_{CS}^{*}\right)\right)\tag{5-25}$$

$$0 \leqslant \lambda \leqslant \frac{(w-(c+\delta))}{F(Q_{CS}^{*})} \tag{5-26}$$

证明见附录。

这也就意味着，要实现分散结构的协调，残值补贴λ和缺货惩罚β之间应该呈反向变化的关系。换言之，如果残值补贴和缺货惩罚都太低，则该激励的效果不明显，难以实现数量上的协调；如果残值补贴和缺货惩罚都太高，则激励效果太强，虽然可以实现数量上的增加，但是可能会导致供应链中某一方利益受损，最终仍难以实现协调。

### 5.3.2 分散结构下零售商和制造商收益的协调

上述定理5.2只能保证分散决策下的整体收益等于集中决策下的整体收益，但是还无法保证协调后个体收益优于协调前分散决策下个体的期望收益。因此在实现系统期望收益最大化的同时，要确保双方的期望收益都不会变差，需同时满足：$E\prod_{R,\lambda\beta}^{CDS} \geqslant E\prod_{R}^{DS}$，$E\prod_{M,\lambda\beta}^{CDS} \geqslant E\prod_{M}^{DS}$。

为满足上述条件，需满足如下定理：

**定理 5.3** 在分散决策下零售商和制造商的期望收益都不会变差时，残值补贴λ应满足条件：$\lambda_R \leqslant \lambda \leqslant \lambda_M$，其中：

$$\lambda_R = \frac{(w-v)\int_0^{Q_{CS}^*} xf(x)dx - ((c+\delta)-v)\int_0^{Q_{DS,R}^*} xf(x)dx - \mu(w-(c+\delta))}{\int_0^{Q_{CS}^*}(x-\mu)f(x)dx} \tag{5-27}$$

$$\lambda_M = (w-c-\delta)\frac{(p-v+g_R)\left(\int_0^{Q_{CS}^*} xf(x)dx - \mu\right) + (c+\delta-v)Q_{DS,R}^*}{(p-v+g_R)\left(\int_0^{Q_{CS}^*}(x-\mu)f(x)dx\right)} \tag{5-28}$$

证明见附录。

上述定理5.3表明，协调机制发挥作用需要满足一定的条件。

这些条件与随机需求变量本身的分布形式、市场参数（批发价、零售价、残值、缺货成本）以及物联网技术参数（数量柔性产能投资成本）有关，它们共同决定了协调机制中残值补贴$\lambda$（缺货惩罚$\beta$）的边界。残值补贴$\lambda$（缺货惩罚$\beta$）对制造商和零售商期望利润的影响作用是不同的。对于零售商而言，在需求不确定的情况下，虽然残值补贴可以激励其增加订购量，但是订购量的增加会导致过量库存概率的增加。一旦出现过量库存，即使有上游制造商的残值补贴，零售商仍然会出现损失，因此其增加订购量的动机并不强烈。在向零售商提供残值补贴的同时，通过缺货惩罚的方式，给予零售商足够的动机增加必要的订购量，从而维持在系统最优订购量水平上。残值补贴$\lambda$和缺货惩罚$\beta$之间的反向变化关系，可以将渠道协调后的额外利润在制造商和零售商之间进行分配和转移。随着$\lambda$的增加，渠道额外利润逐渐从制造商向零售商转移。但对于制造商而言，过高的残值补贴$\lambda$会导致其期望利润变差，因此其会将残值补贴$\lambda$设置在不超过$\lambda_M$的水平。即残值补贴$\lambda$的选定并非越大（小）越好，而应根据具体的需求分布形式、市场参数以及物联网技术参数等确定。

### 5.3.3　契约参数对供应链企业利润的敏感性分析

接下来将通过数值实验来验证上述各种结论，并通过敏感性分析各种参数对制造商和零售商的决策，以及对他们期望收益的影响。假设随机需求服从如下分布：$D \sim U(0, 150)$，相关参数取如下值：$p = 80$，$w = 50$，$c = 20$，$v = 10$，$g_R = 10$，$b = 0.5$，$\delta = 10$。

图5-1表示残值补贴参数$\lambda$（缺货惩罚$\beta$）取不同值时，协调前和协调后两个企业期望利润的变化情况。由定理5.2可知，

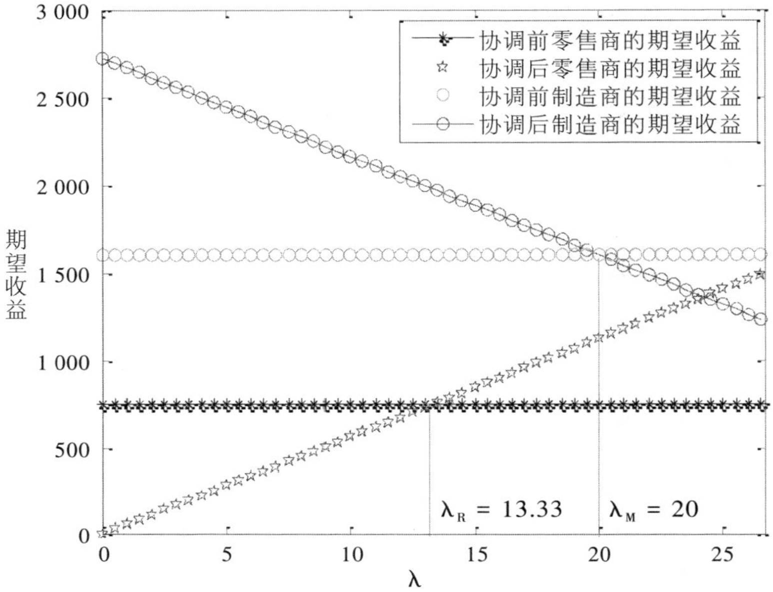


**图 5-1　补贴参数 λ 的变化对制造商和零售商期望收益的影响**

残值补贴 λ 和缺货惩罚 β 之间呈反向变化关系，当 $\lambda = 0$ 时，$\beta = \left(\left(p + g_R - v\right)\left(w - (c + \delta)\right) - \lambda\left(p + g_R - (c + \delta)\right)\right) / \left(c + \delta - v\right) = 80$，即此时制造商不对零售商的过量库存进行补贴，而是对其缺货进行高额的惩罚。为规避高额惩罚，零售商会尽可能增加订货量，从而实现集中系统中的数量决策，但是潜在的高额惩罚对零售商非常不利，从图 5-1 中可以看到，协调后零售商的期望收益比协调前低，换言之，此时零售商并不会接受该协调措施。当 $\lambda = \left(w - (c + \delta)\right) / F\left(Q_{CS}^*\right) = 26.67$ 时，$\beta = 0$，即此时制造商仅对零售商的过量库存进行补贴，不对缺货进行惩罚。在较高补贴的刺激下，零售商会尽可能多地订货，从而实现集中系统中的数量决策。但是这种高额的补贴对制造商非常不利，从图 5-1 中可以看到，此时制造商的期望收益要低于协调前的期望收益。根据定理 5.3 可知，实现渠道协调的条件是：

$\lambda_R = 13.33$，$\lambda_M = 20$，即当$\lambda_R \leqslant \lambda \leqslant \lambda_M$时，可以实现供应链的协调，换言之，在上述区间内，制造商和零售商都获得了比协调前更高的期望利润。

在图5-1中可知，λ在[13.33，20]内变化时，两企业的期望收益是呈反方向变化的，例如当λ变大时，制造商的期望收益递减，而零售商的期望收益递增。这说明，协调后制造商和零售商的期望收益都比协调前高，且它们的期望收益之和等于集中决策下的系统期望收益，但是当λ取不同值时，它们所占有的额外收益的比例是不同的。如图5-2所示，当$\lambda = 13.33$时，制造商占有100%的额外期望收益；当$\lambda = 20$时，零售商占有100%的额外收益。当$13.33 < \lambda < 20$时，制造商和零售商具体占有多少额外收益，由具体的λ值所确定，而λ值的确定则取决于它们之间的议价能力，由于篇幅限制，不作深入分析。

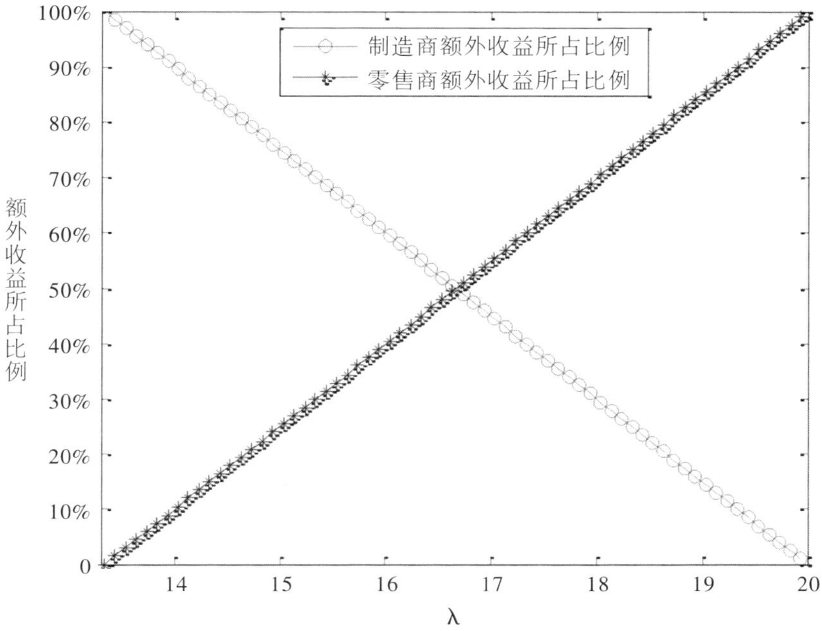


**图5-2　残值补贴λ的变化对制造商和零售商额外收益所占比例的影响**

前文中的分析都是在假定$\delta = 10$的情况下所作的分析，接下来将分析$\delta$的变化对参数$\lambda$、企业的决策及期望收益的影响。

图5-3中反映的是数量柔性产能投资成本$\delta$的变化对协调机制中参数$\lambda$的影响。当$\delta$越大（小）时，$\lambda$的可行域越小（大），且可行域的上界和下界越小（大）。例如当$\delta = 0$时，$\lambda$的可行域为[17.14，30]，即意味着$\lambda$在此区域内都可以实现供应链的协调。当$\delta = 30$时，在较高的数量柔性产能投资成本下$\lambda = 0$，即意味着此时有协调和无协调效果都是一样的。换言之，此时集中系统的期望收益等于未协调时分散系统下的总期望收益。当$\delta = 10$时，$\lambda$的上下界即为图5-1中的可行域的边界。

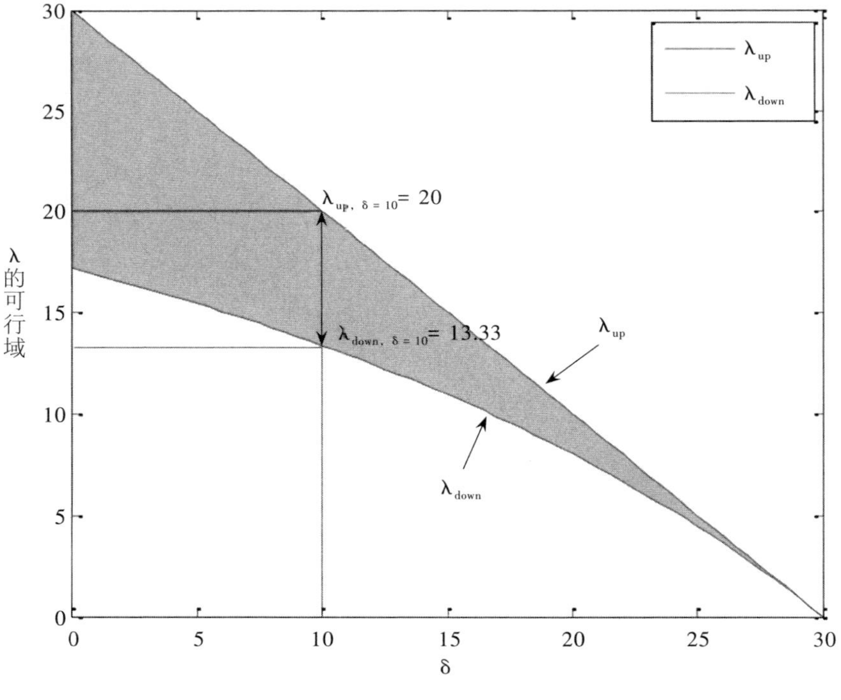


图5-3　δ对补贴参数边界的影响

图5-4展示的是企业决策在不同δ下的变化。在集中系统中，当δ = 0时，即意味着数量柔性产能投资是无成本的，集中决策者为降低数量柔性产能生产成本，会将数量决策和数量柔性产能投资决策保持一致。随着δ的增大，数量决策会逐渐降低，为了实现与柔性生产成本之间权衡，数量柔性产能的投资会低于数量决策，且差距为δ/b，即随着δ的增大，数量决策与数量柔性产能投资决策之间的差距越来越大。在分散系统中，零售商仅基于自身考虑，因此δ的变化并不会影响其订货量决策。制造商的数量柔性产能投资决策与集中系统下的决策类似，随δ递减，并与订货量之间保持δ/b的差距。当δ = 30时，无须协调，分散与集中系统下的决策一致，这也意味着无法通过协调机制实现期望收益的增加，这与图5-3中λ = 0是一致的。

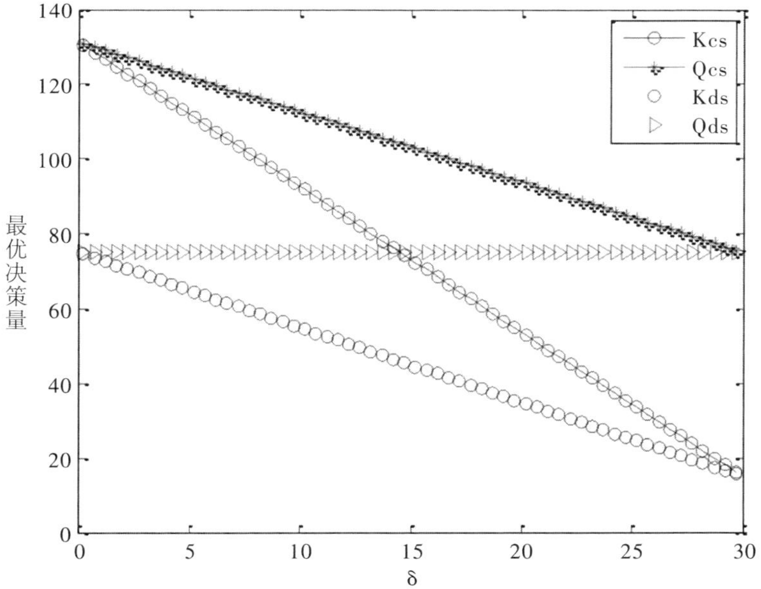


**图5-4　δ对集中和分散系统中企业决策的影响**

图 5-5 展示的是随着δ的变化，两个企业期望收益的变化。在分散系统中，对于零售商而言，其期望收益并不会随制造商的数量柔性产能投资成本的变化而变化。因此，当λ取下界时，零售商期望收益等于其在分散系统中的期望收益。随着λ的增大，其期望收益递增，然后这种递增的效果随着δ的增大而降低；当λ取上界时，其取得协调机制下的最大期望收益。对于制造商而言，当λ取下界时，制造商获得协调机制下的最大期望收益，随着λ的增大，其期望收益递减，然后这种递减的效果随着δ的增大而降低；当λ取上界时，其获得协调机制下的最低收益。换言之，随着λ的增大，期望收益从制造商向零售商转移，这与图 5-1 和图 5-2 中的结果是一致的。但是这种可转移的期望收益会随着δ的增加而递减，最后变为0。

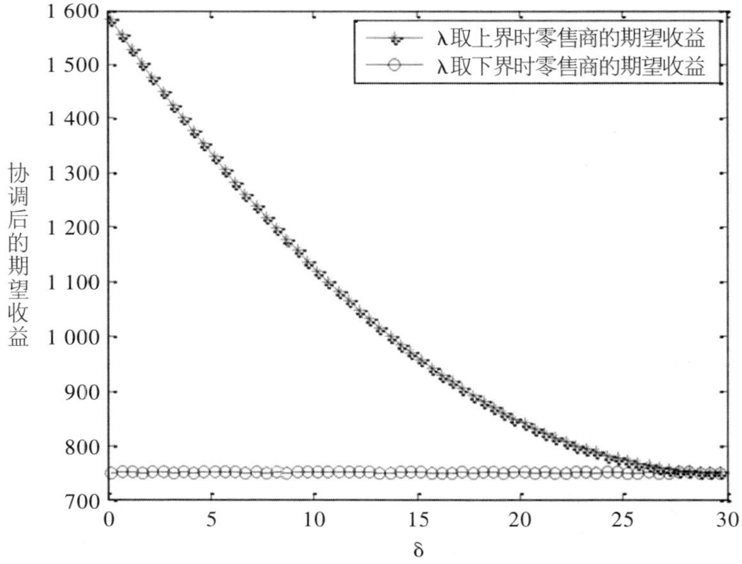


（1）零售商的期望收益变化

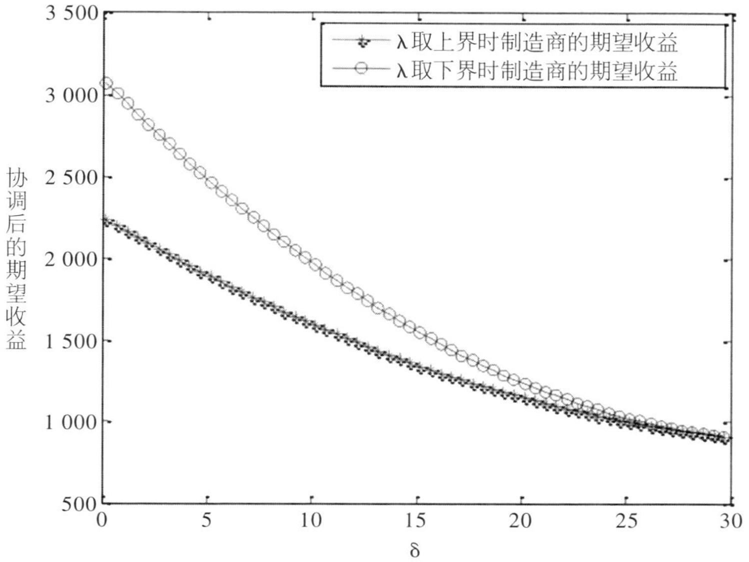


（2）制造商的期望收益变化

图 5-5 δ对两个企业期望收益的影响

## 5.4 本章小结

构建数量柔性产能不仅可以应对外部风险，甚至还是企业获得竞争优势的一种方式。在当前制造业转型升级的大背景下，随着物联网技术的不断发展和成熟，应用物联网技术从而获得数量柔性产能，越来越成为制造企业的必然选择。然而由于存在双重边际效应，在分散结构下零售商基于自身利益考虑的决策可能导致双方的期望收益之和要低于集中决策下的系统期望收益，即是非最优的，制造商投入物联网获得的数量柔性产能的优势也未充分体现出来。基于此，设计了基于“残值补贴+缺货惩罚”的协调机制，从而让分散结构下两个企业的期望收益之和等于集中决策下的期望收益，且都比协调之前的期望收益要高，从而充分体现物联网在数量柔性产能中的价值。

主要结论有：第一，“残值补贴+缺货惩罚”协调机制可以对数量柔性产能下零售商订货量不足的问题进行协调。不同参数组合最终会导致两个企业对额外期望收益分配比例的不同，但两参数之间呈反向变化关系，且需要满足一定的边界约束。第二，上游制造商投资物联网获得数量柔性产能的决策与下游企业的订货量决策以及数量柔性产能投资成本系数与生产成本系数之间的比值有关。

本章在由一个制造商和一个零售商组成的双层供应链中，构建了上游制造商利用物联网技术进行数量柔性产能投资决策以及下游零售商进行订货量决策的模型。通过对集中决策与分散决策下供应链企业决策的比较分析发现，双重边际效应导致两个企业的决策偏离了系统最优水平。基于该动机不一致问题，设计了“残值补贴”和“缺货惩罚”相结合的契约，实现了供应链的协调，两个企业的利润都得到改进，从而为制造企业在投资数量柔性产能以及管理供应链关系时提供决策参考。

# 6

# 供应链中产能扩展策略及其协调研究

## 6.1 供应链中产能扩展策略的问题情景描述

### 6.1.1 供应链中产能扩展策略的研究背景

前一章在两层供应链中考虑了制造商投资数量柔性产能的决策问题，本章将考虑制造商在现有产能的基础上进行产能扩展的问题，同时还考虑了下游零售商的营销决策对其产能决策的影响。与前一章的区别如下：（1）不同于市场需求受随机性因素的影响而呈现不确定性，本章考虑因零售商的营销活动（促销）导致的需求变化，因此制造商要考虑如何在需求可由零售商改变的情形下，在现有产能的基础上通过产能扩展以应对变化的需求，即考虑单侧（向上）产能柔性；（2）考虑了两个企业的定价权；（3）零售商有多个决策变量。

利用产能向客户提供产品或服务是企业实现价值的重要方式。然而，企业在实现价值的过程中会面临各种产能资源的约束，例如劳动力、技术和设备、原材料、加工制造能力、办公场地和库存等的过剩或不足[①]。产能过剩会导致资源浪费和低效率，产能不足会造成销售流失和信誉损失。因此，有效的产能管理不仅能更好地匹配供需，保障企业价值实现过程的高效性，还可以提高企业的市场竞争力。随着物联网等新兴信息技术的发展及其在制造行业应用的不断深入，催生了网络化制造的新模式——云制造[②]，该模式的出现为企业的产能管理带来了新的变革，例如缩短的产品提前期，按需提供的制造服务，

---

① LU Q H, CHEN X F. Capacity expansion investment of supplier under make-to-order and make-to-stock supply chains [EB/OL]. [2018-04-20]. https://doi.org/10.1016/j.ijpe.2018.01.009.

② 李伯虎，张霖，王时龙，等. 云制造——面向服务的网络化制造新模式 [J]. 计算机集成制造系统，2010，16 (1)：1-7；16.

在产能不足时基于云制造平台进行产能扩展的柔性能力。同时，在由制造商和零售商组成的双层供应链中，下游零售商作为直接面对消费者的渠道成员，其有直接实施促销或发布广告以刺激需求增长的动机，即下游零售商可以通过价格和促销努力对市场需求施加影响。因此，本章在需求可由零售商通过营销活动施加影响的情形下，研究制造商在现有产能基础上进行产能扩展的决策问题。

### 6.1.2　供应链中产能扩展策略的研究现状

产能扩展柔性是指在必要的时候可以对现有产能或能力进行提升的容易程度。较高的扩展柔性可以减少产能增加需要的时间和成本。产能扩展强调的是，在现有产能的基础上获得额外的产能，且这种扩展决策是可盈利的。合适的产能计划和管理可以减少产能因外部环境的变化而做出调整的次数或程度，降低库存水平或缺货成本，提高设备利用率，缓解生产量和劳动力使用的波动。

产能扩展的形式有很多种，例如可以通过企业投资构建新的生产线、购置更多的设备和雇用更多的劳动力等。Huang等（2014）在不确定性需求下，比较了制造商实现利润最大化的两种策略：批发价折扣策略和产能扩展策略。在产能扩展策略下，可以在现有产能的基础上进行投资扩展产能以满足零售商的订货需求。其结果表明，产能扩展成本会影响产能扩展策略的价值，而且当现有产能水平较低时，与批发价折扣策略相比，产能扩展策略会优于批发价折扣策略。但其考虑的是线性的产能扩展成本，没有考虑零售价格在供应链企业间的策略性作用。Lu和Chen（2018）研究了供应商的产能扩展投资和生产机制（MTO/MTS）对供应链的均衡决策和供应链绩效的影响。其结果表明，当供应商的产能很充足或产能成本很低，MTS下供应链的最优产能投资水平和总利润总是高于MTO。其关注的是不同生产机制下的产能扩展效果，考虑了边际递增的产能扩展成本和固定的零售价格。Chang等（2019）在双层供应链中考虑了下游零售商的绿色营销努力对上游制造商产能扩展决策的影响。

企业也可以通过外部途径获得额外产能，例如，企业间签订产能供应契约，或者为追求利润企业间开展产能共享合作。Van Mieghem（1999）考虑一个分包商和一个制造商在需求不确定情况下的竞争性投资产能，认为可以根据需求情况交易产能。Chod和Rudi（2006）则考虑了两个制造企业通过合作博弈的方式进行产能交易。Plambeck和Taylor（2005）研究了原始设备制造商（Original Equipment Manufacture，OEM）和契约制造商（Contract Manufacturer，CM）之间的产能利用问题。温涛和黄培清（2008）研究了两个制造商之间的信息共享和产能共享对企业利润的影响。

面对复杂多变的市场环境，相关企业间构建多功能开放型合作可以克服传统企业管理模式在实施中的诸多不足①②。多个企业参与合作时，就可以形成供应网络进行需求和产能的共享。这个领域出现了丰富的研究成果，比较具有代表性的，例如Yoon和Nof（2010）、Yoon和Nof（2011）、Seok和Nof（2014a）、Seok和Nof（2014b）、Moghaddam和Nof（2014，2016）、Yilmaz等（2017）、Chiang等（2011）、Renna和Argoneto（2010，2011）、Argoneto和Renna（2013）等。这类研究关注如何将需求或产能在不同企业之间进行匹配或分配。

① 温涛，黄培清．信息和能力共享下的生产能力决策分析［J］．上海交通大学学报，2008（11）：1827-1831.

② 徐福缘，何静．多功能开放型企业供需网初探［J］．预测，2002（6）：19-22.

随着先进制造技术的发展以及物联网与云计算的兴起，我国学术界和产业界提出了云制造的概念。李伯虎等（2010）认为云制造是面向服务的网络化制造新模式，可以实现“分散资源集中使用，集中资源分散服务”。云制造技术为制造业企业间合作提供了技术支撑和平台[①]。赵道致等（2015a，2015b）、邓蕊等（2016）和李辉等（2018）考虑了物联网环境下企业间资源的转移与共享策略。赵道致和杜其光（2017）研究了需求信息更新对制造商间产能共享的影响。Argoneto和Renna （2016）利用博弈论和模糊引擎设计了云制造环境下企业间的产能合作机制。

本书不仅关注供应链中制造商的柔性产能投资决策，还综合考虑零售商的需求预测技术投资决策以及信息共享决策。虽然不能从现有文献中找到直接协调该问题的机制，但现有的需求信息共享、需求预测投资以及产能投资的相关文献为本研究解决该类问题奠定了基础。

### 6.1.3 供应链中产能扩展策略的研究假设

考虑由一个风险中立的制造商和一个风险中立的零售商组成的供应链。零售商面临着对价格p敏感且会受到促销努力e影响的市场需求$q(p, e)$。零售商的促销努力效率为$\gamma$，即单位促销努力可以带来$\gamma$单位的需求，但同时也会产生促销成本，促销的成本系数为$\alpha$，且边际成本递增，这也反映了单位成本的促销努力获取客户的难度越来越大，参照Huang等（2014）的做法，假设其形式为$\alpha e^2$。因此，需求函数可表示为：

$$q = a - bp + \gamma e \tag{6-1}$$

① 台德艺，徐福缘，胡伟. 云制造合作思想与实现［J］. 计算机集成制造系统，2012，18（7）：1575-1583.

其中，a表示市场的潜在需求，p和e分别表示由零售商决定的零售价格和促销努力水平，$b > 0$为零售价格的敏感系数（为简化分析，假设$b = 1$）。制造商会根据零售商确定的市场需求进行生产。假设制造商的现有产能为K，单位产品的生产成本为$c_k$，且以批发价w向零售商供货，当K无法满足q时，可对其产能进行扩展，即采取具有产能扩展选项的生产策略（E），从而满足相应的需求q。产能扩展的可选形式有很多种，例如制造商的生产能力调整速度很快，能以更高的价格从外部采购，云制造为这种产能扩展方式提供了现实基础；临时雇用更多的工人或延长设备的运行时间等。无论采用哪种形式，额外产能的获取都需要企业付出更多的成本，即体现规模不经济性。参考Lu和Chen（2018）的做法，假设产能扩展导致的额外成本为$\beta(q-K)^2/2$。因此，总的生产成本为：$c_k q + \beta\left[(q-K)^+\right]^2/2$。为综合评价具有产能扩展选项的生产策略（E）的效果，引入制造企业另外两种可选的生产策略：固定产能生产策略（P）和产能出清生产策略（C）。在策略P下，产能不足的制造商无法进行产能扩展，其需要通过价格调整来匹配产能和需求，可满足的市场需求为$\min\{q, K\}$。在策略C下，制造商以充分利用产能为目标进行生产，可满足的市场需求量为K。这种设定通常被称为“市场出清”①，主要是劳动力、企业承诺等因素让企业很难把产能闲置，或者设备暂停会导致高昂的维护成本，因此企业通过降低价格的方式来保持设备处于运行状态②。为保证下列模型中解的存在性和唯一性，假设$\gamma^2/\alpha < 4$。

① HAGSPIEL V, HUISMAN K J M, KORT P M, et al. How to escape a declining market: capacity investment or exit? [J]. European Journal of Operational Research, 2016, 254 (1): 40-50.

② GOYAL M, NETESSINE S. Strategic technology choice and capacity investment under demand uncertainty [J]. Management Science, 2007, 53 (2): 192-207.

接下来，首先求解分散结构下的均衡决策，然后求解集中结构下的最优决策。

## 6.2 供应链中产能扩展策略的模型构建

### 6.2.1 分散结构下制造商和零售商的均衡决策及利润

在分散结构下，各决策主体都是以自身利益最大化为原则进行决策，零售商的问题可以表示为：

$$\underset{p>0,\ e>0}{\mathrm{Max}}\ \pi_R^d(p,\ e)=(p-w)q-\alpha e^2 \tag{6-2}$$

由于制造商根据零售商决定的市场需求进行生产，因此通过逆序求解的方法，先计算零售商的最优决策，然后根据零售商的决策再计算制造商的最优决策。

对于零售商而言，分别求$\pi_R^d(p,\ e)$对p和e的偏导数，并令其等于0，可有：

$$\frac{\partial\pi_R^d(p,\ e)}{\partial p}=-2p+a+\gamma e+w=0 \tag{6-3}$$

$$\frac{\partial\pi_R^d(p,\ e)}{\partial e}=p\gamma-w\gamma-2\alpha e=0 \tag{6-4}$$

对应的Hessian矩阵为：$H(\pi_R^d(p,\ e))=\begin{bmatrix}-2 & \gamma\\ \gamma & -2\alpha\end{bmatrix}$。

当$\gamma^2/\alpha<4$时，上述矩阵是负定的，即$\pi_R^d(p,\ e)$是p和e的凹函数。通过式（6-3）和式（6-4）可求得：

$$p^d(w)=w+\frac{2\alpha(a-w)}{4\alpha-\gamma^2} \tag{6-5}$$

$$e^d(w)=\frac{(a-w)\gamma}{4\alpha-\gamma^2} \tag{6-6}$$

将式（6-5）和式（6-6）代入式（6-1）中可有：

$$q^d(w) = \frac{2\alpha(a - w)}{4\alpha - \gamma^2} \tag{6-7}$$

对于制造商而言，三种生产策略E、P和C对应的问题分别为：

$$\max_{w > c_k} \pi^d_{M,E}(w|K) = (w - c_k)q^d(w) - \frac{1}{2}\beta\left[\left(q^d(w) - K\right)^+\right]^2 \tag{6-8}$$

$$\max_{w > c_k} \pi^d_{M,P}(w|K) = (w - c_k)\min\left\{q^d(w),\ K\right\} \tag{6-9}$$

$$\begin{aligned} &\max_{w > c_k} \pi^d_{M,C}(w|K) = (w - c_k)q^d(w) \\ &\text{s.t. } q^d(w) = K \end{aligned} \tag{6-10}$$

1）具有产能扩展选项的生产策略（E）

（1）当$K < q^d(w)$时，制造商进行产能扩展

制造商的利润函数可以表示为：

$$\pi^d_{M,E}(w|K) = (w - c_k)q^d(w) - \frac{1}{2}\beta\left(q^d(w) - K\right)^2$$

对上式求w的偏导数，并令其等于0，可有：

$$\frac{\partial \pi^d_{M,E}(w|K)}{\partial w} = \frac{2\alpha}{4\alpha - \gamma^2}\left(a + c_k - 2w + (a - w)\frac{2\alpha\beta}{4\alpha - \gamma^2} - \beta K\right) = 0 \tag{6-11}$$

$$\frac{\partial^2 \pi^d_{M,E}(w|K)}{\partial w^2} = -\frac{4\alpha}{4\alpha - \gamma^2}\left(1 + \frac{\alpha\beta}{4\alpha - \gamma^2}\right) \tag{6-12}$$

当$1 + \frac{\alpha\beta}{4\alpha - \gamma^2} > 0$，即$\gamma^2/\alpha < 4$或$\gamma^2/\alpha > \beta + 4$时，$\pi^d_{M,E}(w|K)$是关于w的凹函数。通过式（6-11）和式（6-12）则可解得$\left(p^{d*}_E,\ e^{d*}_E\right)$和$w^{d*}_E$，以及相应的$q^{d*}_E$、$\pi^{d*}_{R,E}$和$\pi^{d*}_{M,E}$。具体的形式参见表6-1。

由前文假设$K < q^d(w)$，可有$K < \frac{a - c_k + \beta K}{4 + \beta - \gamma^2/\alpha} \Rightarrow K < \frac{a - c_k}{4 - \gamma^2/\alpha}$，令$\bar{K} = \frac{a - c_k}{4 - \gamma^2/\alpha}$，则，当$K < \bar{K}$时，可得上述均衡决策。

表6-1 **分散结构下的最优决策及利润**

| | 策略一（E） | | 策略二（P） | | 策略三（C） | |
|---|---|---|---|---|---|---|
| 现有产能 | $K \leqslant \frac{(a-c_k)\alpha}{4\alpha-\gamma^2}$ | $K > \frac{(a-c_k)\alpha}{4\alpha-\gamma^2}$ | $K \leqslant \frac{(a-c_k)\alpha}{4\alpha-\gamma^2}$ | $K > \frac{(a-c_k)\alpha}{4\alpha-\gamma^2}$ | $K \leqslant \frac{2(a-c_k)\alpha}{4\alpha-\gamma^2}$ | 其他 |
| $p^{d*}$ | $\frac{(a+c_k-\beta K)(2\alpha-\gamma^2)+2a\alpha(2+\beta)}{2(\alpha(4+\beta)-\gamma^2)}$ | $\frac{a+c_k}{2}+\frac{\alpha(a-c_k)}{4\alpha-\gamma^2}$ | $a-K\left(1-\frac{\gamma^2}{2\alpha}\right)$ | $\frac{a+c_k}{2}+\frac{\alpha(a-c_k)}{4\alpha-\gamma^2}$ | $a-K\left(1-\frac{\gamma^2}{2\alpha}\right)$ | — |
| $e^{d*}$ | $\frac{1}{2}\cdot\frac{(a-c_k+\beta K)\gamma}{\alpha(4+\beta)-\gamma^2}$ | $\frac{1}{2}\cdot\frac{(a-c_k)\gamma}{4\alpha-\gamma^2}$ | $\frac{K}{2\alpha}\gamma$ | $\frac{1}{2}\cdot\frac{(a-c_k)\gamma}{4\alpha-\gamma^2}$ | $\frac{K}{2\alpha}\gamma$ | — |
| $q^{d*}$ | $\frac{\alpha(a-c_k+\beta K)}{\alpha(4+\beta)-\gamma^2}$ | $\frac{\alpha(a-c_k)}{4\alpha-\gamma^2}$ | $K$ | $\frac{\alpha(a-c_k)}{4\alpha-\gamma^2}$ | $K$ | — |
| $w^{d*}$ | $\frac{(a+c_k-\beta K)(4\alpha-\gamma^2)+2a\alpha\beta}{2(\alpha(4+\beta)-\gamma^2)}$ | $\frac{a+c_k}{2}$ | $a-\frac{K(4\alpha-\gamma^2)}{2\alpha}$ | $\frac{a+c_k}{2}$ | $a-\frac{K(4\alpha-\gamma^2)}{2\alpha}$ | — |
| $\pi_R^{d*}$ | $\frac{\alpha(a-c_k+\beta K)^2(4\alpha-\gamma^2)}{4(\alpha(4+\beta)-\gamma^2)^2}$ | $\frac{1}{4}\cdot\frac{\alpha(a-c_k)^2}{4\alpha-\gamma^2}$ | $K^2\left(1-\frac{\gamma^2}{4\alpha}\right)$ | $\frac{1}{4}\cdot\frac{\alpha(a-c_k)^2}{4\alpha-\gamma^2}$ | $K^2\left(1-\frac{\gamma^2}{4\alpha}\right)$ | — |
| $\pi_M^{d*}$ | $\frac{1}{2}\left(\frac{\alpha(a-c_k+\beta K)^2}{\alpha(4+\beta)-\gamma^2}-\beta K^2\right)$ | $\frac{1}{2}\cdot\frac{\alpha(a-c_k)^2}{4\alpha-\gamma^2}$ | $\left(a-c_k-\frac{K(4\alpha-\gamma^2)}{2\alpha}\right)K$ | $\frac{1}{2}\cdot\frac{\alpha(a-c_k)^2}{4\alpha-\gamma^2}$ | $\left(a-c_k-\frac{K(4\alpha-\gamma^2)}{2\alpha}\right)K$ | — |

注：最后一列对应条件下生产策略C无法实施，因此没有相应的最优决策及利润。

（2）当 $K \geqslant \bar{K}$时，无产能约束下的决策

在无产能约束的条件下，制造商的决策问题为：$\underset{w \geqslant c_k}{Max}\ \pi_{M,\ E}^{d}(w|K) = (w - c_k)q(w)$。代入相关表达式之后，可以将制造商在给定产能水平下的利润函数表示为：$\pi_{M,\ E}^{d}(w|K) = (w - c_k)(a - w)\dfrac{2\alpha}{4\alpha - \gamma^2}$，令其关于w的一阶导数等于0可有：

$$\frac{d\pi_{M,\ E}^{d}(w|K)}{dw} = (a + c_k - 2w)\frac{2\alpha}{4\alpha - \gamma^2} = 0 \tag{6-13}$$

求解式（6-13）可得各企业的决策及利润表达式，具体形式参见表6-1。

命题 6.1 当制造商具有产能扩展选项（E）时，

① 如果 $K < \bar{K} = \dfrac{a - c_k}{4 - \gamma^2/\alpha}$，（a）制造商产能扩展量为 $\Delta q_E = \dfrac{a - c_k + \beta K}{(4 + \beta) - \gamma^2/\alpha} - K$；（b）$\dfrac{\partial \Delta q_E}{\partial K} < 0$，$\dfrac{\partial \Delta q_E}{\partial \beta} < 0$，$\dfrac{\partial \Delta q_E}{\partial \alpha} < 0$，$\dfrac{\partial \Delta q_E}{\partial \gamma} > 0$；（c）$\lim\limits_{\beta \to 0} \Delta q_E = \bar{K} - K$，$\lim\limits_{\beta \to \infty} \Delta q_E = 0$；（d）当 $0 < \beta < 4 - \dfrac{\gamma^2}{\alpha}$ 时，$\dfrac{\partial \pi_{R,\ E}^{d*}}{\partial \gamma} > 0$；当 $\beta \geqslant 4 - \dfrac{\gamma^2}{\alpha}$时，$\dfrac{\partial \pi_{R,\ E}^{d*}}{\partial \gamma} \leqslant 0$。

② 如果 $K \geqslant \bar{K}$，制造商不会扩展产能，且生产量为$\bar{K}$。

③ $\dfrac{\partial \pi_{M,\ E}^{d*}}{\partial \gamma} > 0$。

上述命题表明，仅当制造商的产能低于一定程度（$\bar{K}$）时，其才会进行产能扩展。制造商的现有产能、产能扩展成本系数、零售商的促销成本系数对产能扩展量有负向影响，零售商的促销效率对产能扩展量有正向影响。当制造商的产能高于一定程度（$\bar{K}$）时，其会将产量维持在最优水平（$\bar{K}$）上，且不受现有产能的影响。因此，制造商

是否扩展产能将取决于其现有产能水平的高低。在现有产能水平较低的情况下，如果产能扩展成本为0，制造商会将产能扩展至$\bar{K}$的水平。因此，在扩展成本的影响下，制造商扩展后的产能要低于$\bar{K}$的水平。零售商的促销效率（$\gamma$）对零售商和制造商的利润有不同的影响效果。较高的促销效率可以为供应链带来足额的需求增量，制造商可以基于该需求增量提高批发价而获益。对于零售商而言，虽然促销效率提升带来的需求和零售价格的增加可以使其收入增加，但更高的批发价也会使其承受更高的采购成本，因此零售商是否能够从促销效率提升中获益，将取决于通过批发价转移的成本量。当产能扩展的成本系数偏高时（$\beta \geqslant 4 - \gamma^2/\alpha$），促销效率的提升会让制造商以批发价的形式向零售商转移更多的成本，最终让零售商的利润受损。

2）固定产能下的生产策略（P）

零售商根据制造商的批发价w做出零售价p和促销努力e的决策，从而确定市场需求q，由前文可知$q^d(w) = (a - w)\dfrac{2\alpha}{4\alpha - \gamma^2}$。

当制造商无法进行产能扩展时，其利润函数可表示为：

$\pi_{M,P}^d(w|K) = (w - c_k)\min\{q^d(w), K\}$

由$q(w)$可知，随着w的递增，q递减。

当$K \leqslant q^d$时，意味着制造商设定的批发价足够低，从而导致零售商所确定的市场需求高于其现有产能，则可有$\pi_{M,P}^d(w|K) = (w - c_k)K$。

又由$K \leqslant q^d = (a - w)\dfrac{2}{4 - \gamma^2/\alpha}$，可有$c_k \leqslant w \leqslant a - \dfrac{4 - \gamma^2/\alpha}{2}K$。因此，当批发价取上界时，制造商利润可取得最大值。依次可以求得$(p_P^{d*}, e_P^{d*})$和$w_P^{d*}$，以及相应的$q_P^{d*}$、$\pi_{R,P}^{d*}$和$\pi_{M,P}^{d*}$，具体形式参见

表6-1。

当$K > q^{d*}$时，$\pi_{M,P}^{d}(w|K) = (w - c_k)(a - w)\frac{2}{4 - \gamma^2/\alpha}$，即在无产能约束下求解最优批发价，方法同前文。各企业的决策及利润表达式参见表6-1。

命题6.2 对于固定产能下的生产策略（P），

① $\frac{\partial p_P^{d*}}{\partial \gamma} > 0$，$\frac{\partial e_P^{d*}}{\partial \gamma} > 0$；$\frac{\partial \pi_{M,P}^{d*}}{\partial \gamma} > 0$。

② 当$K < \bar{K}$时，$q_P^{d*} = K$，且$\frac{\partial q_P^{d*}}{\partial \gamma} = 0$；$\frac{\partial w_P^{d*}}{\partial \gamma} > 0$；$\frac{\partial \pi_{R,P}^{d*}}{\partial \gamma} < 0$。

③ 当$K \geqslant \bar{K}$时，$w_P^{d*} = \frac{a + c_k}{2}$，且$\frac{\partial q_P^{d*}}{\partial \gamma} > 0$；$\frac{\partial w_P^{d*}}{\partial \gamma} = 0$；$\frac{\partial \pi_{R,P}^{d*}}{\partial \gamma} > 0$。

上述命题表明，促销效率的提升总是让零售商有动机提高促销努力水平和零售价格，即使是在产能不足的情况下。在产能不足时，面对零售商的这些决策，制造商会通过调节批发价从而最大化利用产能，即按现有的产能量进行生产。在固定的生产量下，虽然零售价格的提升会让零售商获益，但是更高的促销努力水平会导致更高的促销成本，同时为维持固定生产量而提高的批发价会进一步侵蚀零售商的利润。因此，在产能不足时，促销效率的提升会导致零售商利润受损；在产能充足时，零售商促销效率的提升会增加需求，制造商可以利用充足的产能满足该需求，而无须利用批发价对其进行调节，在量价齐升的情况下，零售商可以从促销效率提升中获益。制造商始终能从促销效率提升中获益，其原因在于，当产能不足时，零售商的促销对产品生产无益，为抑制零售商的这种行为，制造商会设置更高的批发价，即其收益会增加；当产能充足时，零售商的促销为供应链带来的增量需求可以通过制造商的产能进行变现，从而使其收益增加。

3）基于产能出清的生产策略（C）

基于产能出清的生产策略要求企业充分利用现有产能，从而制造商的决策问题可以表示为：

$$\underset{w \geqslant c_k}{\mathrm{Max}}\ \pi_{M,\ C}^{d}(w|K) = (w - c_k)(a - w)\frac{2\alpha}{4\alpha - \gamma^2}$$

$$\text{s.t.}\ (a - w)\frac{2\alpha}{4\alpha - \gamma^2} = K$$

由上述约束条件可知制造商的批发价决策为：

$$w_C^{d*} = a - \frac{4 - \gamma^2/\alpha}{2}K \tag{6-14}$$

将式（6-14）代入式（6-5）、式（6-6）和式（6-7），可求得零售商的决策以及需求表达式。具体形式参见表6-1。

由 $w \geqslant c_k$，可有 $K \leqslant \dfrac{2\alpha(a - c_k)}{4\alpha - \gamma^2}$，令 $\bar{\bar{K}} = \dfrac{2\alpha(a - c_k)}{4\alpha - \gamma^2}$，则当 $K \leqslant \bar{\bar{K}}$ 时，可得上述均衡解。

命题 6.3 在基于产能出清的生产策略（C）下，

① 当 $K \leqslant \bar{\bar{K}} = \dfrac{2\alpha(a - c_k)}{4\alpha - \gamma^2}$ 时，$q_C^{d*} = K$，$\dfrac{\partial \pi_{R,\ C}^{d*}}{\partial \gamma} < 0$；$\dfrac{\partial \pi_{M,\ C}^{d*}}{\partial \gamma} > 0$。

② $\dfrac{\partial \pi_{R,\ C}^{d*}}{\partial K} > 0$；当 $0 \leqslant K < \bar{K}$ 时，$\dfrac{\partial \pi_{M,\ C}^{d*}}{\partial K} > 0$；当 $\bar{K} \leqslant K \leqslant \bar{\bar{K}}$ 时，$\dfrac{\partial \pi_{M,\ C}^{d*}}{\partial K} < 0$。

上述命题表明，在策略C下，当产能处于一定范围内时，制造商会按现有的产能进行生产，促销效率的提升对制造商有益而对零售商不利（原因同命题6.2）。当产能超过上述区间时，由于制造商的利润为负，从而策略C无法在该供应链中实施。在给定促销效率不变的前提下，现有产能水平的高低对供应链成员企业的利润有不同的影响。对于制造商而言，为了充分利用产能，其会通过调节批发价从而影响零售商的决策，最终使需求量正好等于其现有产能，因此批发价会随现有产能水平的增加而递减。在产能水平从低到高向$\bar{K}$变化的过程中，通过满足更多需求带来的利润增量逐渐减少，而批发价降低所导致的利润减量逐渐增多，但前者仍然大于后者，因此制造商的利润会随K递增；当产能水平超过$\bar{K}$之后，利润增量要低于利润减量，从而导致制造商的利润会随K递减，直至批发价$w_C^{d*}=c_k$，即$K=\bar{\bar{K}}$时，利润为0。

下图6-1展示了在三种生产策略中，制造商和零售商均衡策略下的需求量（生产量）。从中可以看出，当$K<\bar{K}$，策略P和C的产量一致；当$K\geqslant\bar{K}$时，策略E和P的产量一致。

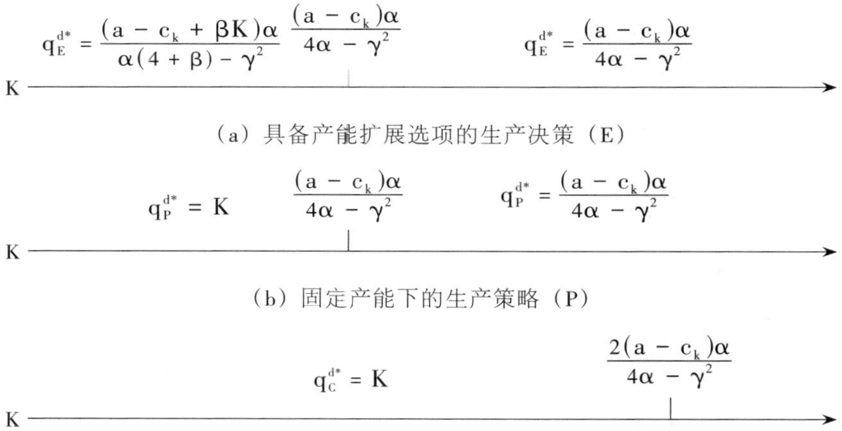


（a）具备产能扩展选项的生产决策（E）

（b）固定产能下的生产策略（P）

（c）基于产能出清的生产决策（C）

**图6-1　分散结构下不同生产策略下的产量决策**

### 6.2.2　集中结构下供应链的最优决策及利润

假设存在一个集中决策者，其同时决策产品的零售价格p和促销努力e，以及管理产能。在三种生产策略下，整个系统的利润表达式为：

$$\underset{p>0,\ e>0}{\mathrm{Max}}\ \pi_E^I(p,\ e)=(p-c_k)q-\frac{1}{2}\beta\left[(q-K)^+\right]^2-\alpha e^2 \tag{6-15}$$

$$\max_{p>0,\ e>0} \pi_P^I(p, e) = (p - c_k) q \min\{q, K\} \tag{6-16}$$

$$\max_{p>0,\ e>0} \pi_C^I(p, e) = (p - c_k) q$$
$$\text{s.t. } q = K \tag{6-17}$$

同前述6.2.1中的分析过程，分以下几种情况进行讨论。

1）具有产能扩展选项的生产策略（E）

（1）当$K \leqslant q(p, e)$时，集中结构下的决策行为

分别求$\pi_E^I(p, e)$关于p和e的一阶偏导数，并令其等于0，可有：

$$\frac{\partial \pi_E^I(p, e)}{\partial p} = -(2+\beta)p + (1+\beta)a + (1+\beta)\gamma e + c_k - \beta K = 0 \tag{6-18}$$

$$\frac{\partial \pi_E^I(p, e)}{\partial e} = (1+\beta)\gamma p - (2\alpha + \beta\gamma^2)e + \beta\gamma K - (c_k + a\beta)\gamma = 0 \tag{6-19}$$

同时$\frac{\partial^2 \pi_E^I(p, e)}{\partial p \partial e} = (1+\beta)\gamma$，$\frac{\partial^2 \pi_E^I(p, e)}{\partial p^2} = -(2+\beta)$，$\frac{\partial^2 \pi_E^I(p, e)}{\partial e^2} = -(2\alpha + \beta\gamma^2)$。

因此，对应的Hessian矩阵为：$H = \begin{bmatrix} -(2+\beta) & (1+\beta)\gamma \\ (1+\beta)\gamma & -(2\alpha + \beta\gamma^2) \end{bmatrix}$。一阶和二阶顺序主子式分别为$H_{11} = -(2+\beta) < 0$，$H_{22} = 4\alpha + 2\alpha\beta - \gamma^2$。

当$4\alpha + 2\alpha\beta - \gamma^2 > 0$，即$\gamma^2 < 4\alpha + 2\alpha\beta$时，上述矩阵为负定矩阵。可求得集中决策者的最优决策即相应利润的表达式，具体形式见表6-2。

由前文假设$K \leqslant q(p, e)$可知，当$K \leqslant \frac{2(a - c_k)\alpha}{4\alpha - \gamma^2} = \bar{\bar{K}}$时，可以得到上述决策。

表 6-2　　**集中结构下的最优决策及利润**

| 现有产能 | 策略一（E） | | 策略二（P） | | 策略三（C） | |
|---|---|---|---|---|---|---|
| | $\frac{(a-c_k)\alpha}{4\alpha-\gamma^2}$ | $K$ | $K \leqslant \frac{2(a-c_k)\alpha}{4\alpha-\gamma^2}$ | $K > \frac{2(a-c_k)\alpha}{4\alpha-\gamma^2}$ | $K \leqslant \frac{4(a-c_k)\alpha}{4\alpha-\gamma^2}$ | 其他 |
| $\frac{2(a-c_k)\alpha}{4\alpha-\gamma^2}$ | $\frac{(2a\alpha(1+\beta)+(c_k-\beta K)(2\alpha-\gamma^2))}{2\alpha(2+\beta)-\gamma^2}$ | $c_k+\frac{2\alpha(a-c_k)}{4\alpha-\gamma^2}$ | $a-K\left(1-\frac{\gamma^2}{2\alpha}\right)$ | $c_k+\frac{2\alpha(a-c_k)}{4\alpha-\gamma^2}$ | $a-K\left(1-\frac{\gamma^2}{2\alpha}\right)$ | - |
| $e^{I*}$ | $\frac{(a-c_k+\beta K)\gamma}{2\alpha(2+\beta)-\gamma^2}$ | $\frac{(a-c_k)\gamma}{4\alpha-\gamma^2}$ | $\frac{K}{2\alpha}\gamma$ | $\frac{(a-c_k)\gamma}{4\alpha-\gamma^2}$ | $\frac{K}{2\alpha}\gamma$ | - |
| $q^{I*}$ | $\frac{2\alpha(a-c_k+\beta K)}{2\alpha(2+\beta)-\gamma^2}$ | $\frac{2\alpha(a-c_k)}{4\alpha-\gamma^2}$ | $K$ | $\frac{2\alpha(a-c_k)}{4\alpha-\gamma^2}$ | $K$ | - |
| $\pi^{I*}$ | $\frac{\alpha(a-c_k+\beta K)^2}{2\alpha(2+\beta)-\gamma^2}-\frac{\beta K^2}{2}$ | $\frac{\alpha(a-c_k)^2}{4\alpha-\gamma^2}$ | $\left(a-c_k-\frac{K(4\alpha-\gamma^2)}{4\alpha}\right)K$ | $\frac{\alpha(a-c_k)^2}{4\alpha-\gamma^2}$ | $\left(a-c_k-\frac{K(4\alpha-\gamma^2)}{4\alpha}\right)K$ | - |

注：最后一列对应条件下生产策略C无法实施，因此没有相应的最优决策及利润。

（2）当 $K > \bar{\bar{K}}$ 时，集中结构下的决策行为

产能充足时，集中决策者的利润表达式为：

$$\pi_E^1(p, e) = (p - c_k)q - \alpha e^2 = (p - c_k)(a - p + \gamma e) - \alpha e^2$$

分别计算 $\pi_E^1(p, e)$ 关于 p 和 e 的一阶偏导数，并令其等于 0 可有：

$$\frac{\partial \pi_E^1(p, e)}{\partial p} = -2p + a + \gamma e + c_k = 0 \tag{6-20}$$

$$\frac{\partial \pi_E^1(p, e)}{\partial e} = \gamma(p - c_k) - 2\alpha e = 0 \tag{6-21}$$

同时 $\frac{\partial^2 \pi_E^1(p, e)}{\partial p \partial e} = \gamma$，$\frac{\partial^2 \pi_E^1(p, e)}{\partial p^2} = -2$，$\frac{\partial^2 \pi_E^1(p, e)}{\partial e^2} = -2\alpha$，则对应的 Hessian 矩阵为：$H = \begin{bmatrix} -2 & \gamma \\ \gamma & -2\alpha \end{bmatrix}$。对应的一阶和二阶顺序主子式分别为 $H_{11} = -2 < 0$，$H_{22} = 4\alpha - \gamma^2$。当 $4\alpha - \gamma^2 > 0$，即 $\gamma^2 < 4\alpha$ 时，上述矩阵为负定矩阵。

由式（6-20）和式（6-21）可解得集中决策者的决策，具体形式见表 6-2。

2）固定产能下的生产策略（P）

当无法进行产能扩展时，集中决策者只能通过价格和促销努力决策实现自身利润最大化，集中系统的利润函数可以表示为：

$$\pi_P^1(p, e) = (p - c_k)\min\{q, K\} - \alpha e^2$$

其决策问题可表示为：

$$\underset{p > c_k,\ e \geqslant 0}{\mathrm{Max}}\ \pi_P^1(p, e|K) = (p - c_k)(a - p + \gamma e) - \alpha e^2$$

$$\text{s.t. } a - p + \gamma e \leqslant K$$

构建上述问题的拉格朗日函数：

$$L(p, e, \lambda|K) = (p - c_k)(a - p + \gamma e) - \alpha e^2 + \lambda\big(K - (a - p + \gamma e)\big) \tag{6-22}$$

分别求式（6-22）关于 p、e 和 λ 的偏导数，结合相应的非负约

束，可有：

$$\frac{\partial L(p, e, \lambda|K)}{\partial p} = a + c_k + \gamma e - 2p + \lambda \leqslant 0,\ p > c_k,\ p(a + c_k + \gamma e - 2p + \lambda) = 0$$

$$\frac{\partial L(p, e, \lambda|K)}{\partial e} = \gamma(p - c_k) - 2\alpha e - \lambda\gamma \leqslant 0,\ e \geqslant 0,\ e(\gamma(p - c_k) - 2\alpha e - \lambda\gamma) = 0$$

$$\frac{\partial L(p, e, \lambda|K)}{\partial \lambda} = K - (a - p + \gamma e) \geqslant 0,\ \lambda \geqslant 0,\ \lambda(K - (a - p + \gamma e)) = 0$$

（1）当$p > 0$，$e > 0$，$\lambda > 0$时，上述三个偏导数均等于0，即：

$$\begin{cases} a + c_k + \gamma e - 2p + \lambda = 0 \\ \gamma(p - c_k) - 2\alpha e - \lambda\gamma = 0 \\ K - (a - p + \gamma e) = 0 \end{cases}$$

求解上述方程组可得集中决策者的决策。由$\lambda > 0$，可有：

$$\lambda = \frac{2\alpha(a - c_k) + K(\gamma^2 - 4\alpha)}{2\alpha} > 0，即 K < \frac{2\alpha(a - c_k)}{4\alpha - \gamma^2} = \bar{\bar{K}}。$$

（2）当$p > 0$，$e > 0$，$\lambda = 0$时，有如下方程组：

$$\begin{cases} a + c_k + \gamma e - 2p = 0 \\ \gamma(p - c_k) - 2\alpha e = 0 \\ K - (a - p + \gamma e) > 0 \end{cases}$$

求解上述方程组可得集中决策者的决策，具体形式见表6-2。

3）基于产能出清的生产策略（C）

在策略C下，集中决策者会充分利用现有产能，从而生产出数量为K的产品，并通过价格和促销努力决策将产品售出。因此，其决策问题为：$\mathop{Max}\limits_{w > c_k} \pi_C^I(p, e|K) = (p - c_k)K - \alpha e^2$，且需满足约束条件$a - p + \gamma e = K$。

将$p(e) = a - K + \gamma e$代入目标函数可有：

$$\pi_C^I(p(e), e|K) = (a - K + \gamma e - c_k)K - \alpha e^2 \tag{6-23}$$

对式（6-23）求关于e的偏导数，并令其等于0可有：

$$\partial\pi_C^I\left(p(e),\ e|K\right)/\partial e = \gamma K - 2\alpha e = 0 \tag{6-24}$$

同时，$\partial^2\pi_C^I\left(p(e),\ e|K\right)/\partial e^2 = -2\alpha < 0$，求解式（6-24）可解得集中决策者的决策，各决策的具体形式见表6-2。由 $\pi_C^{I*} = \left(a - c_k\right)K - \left(1 - \gamma^2/4\alpha\right)K^2 \geqslant 0$，可有 $K \leqslant 4\alpha(a - c_k)/(4\alpha - \gamma^2) = \bar{\bar{\bar{K}}}$。

图6-2展示了集中结构下不同的生产策略中系统的最优需求量（生产量）。当 $K \leqslant \bar{\bar{\bar{K}}}$ 时，生产策略P和C具有相同的数量；当 $K > \bar{\bar{\bar{K}}}$ 时，生产策略E和P具有相同的数量。

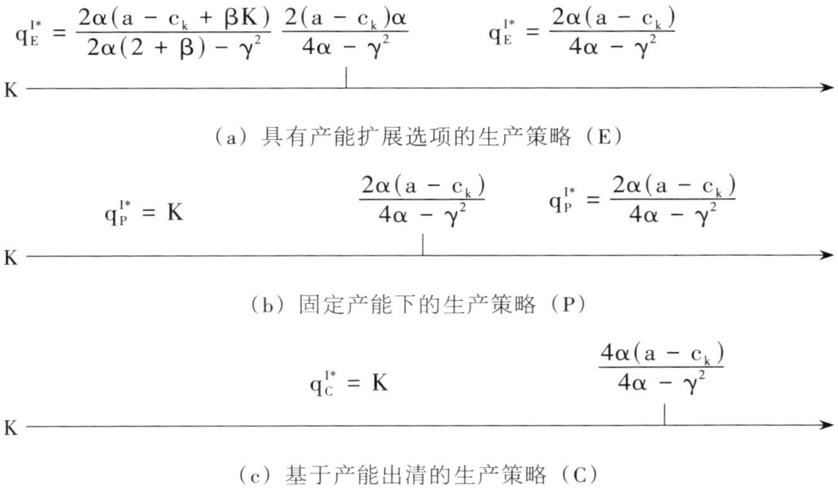


（a）具有产能扩展选项的生产策略（E）

（b）固定产能下的生产策略（P）

（c）基于产能出清的生产策略（C）

**图6-2　集中结构下不同生产策略的数量决策**

## 6.3　供应链中产能扩展策略的模型分析

本部分将在分散结构和集中结构下，分别探讨不同因素（K、α和γ）对各供应链（企业）的决策及利润的影响。

命题6.4根据表6-1中的决策及利润表达式，在不同生产策略下，制造商和零售商的决策及利润满足如表6-3中的关系。

表6-3 **不同生产策略中供应链成员企业决策及利润之间的关系**

| K | $K \leqslant \frac{(a-c_p)\alpha}{4\alpha-\gamma^2}$ | | $\frac{\alpha(a-c_p)}{4\alpha-\gamma^2} < K \leqslant \frac{2\alpha(a-c_p)}{4\alpha-\gamma^2}$ | | $K > \frac{2\alpha(a-c_p)}{4\alpha-\gamma^2}$ |
|---|---|---|---|---|---|
| α | $0 \leqslant \gamma^2/\alpha < 2$ | $2 \leqslant \gamma^2/\alpha < 4$ | $0 \leqslant \gamma^2/\alpha < 2$ | $2 \leqslant \gamma^2/\alpha < 4$ | $\gamma^2/\alpha < 4$ |
| p | $p_E^{d*} \leqslant p_P^{d*} = p_C^{d*}$ | $p_E^{d*} \geqslant p_P^{d*} = p_C^{d*}$ | $p_E^{d*} = p_P^{d*} > p_C^{d*}$ | $p_E^{d*} = p_P^{d*} \leqslant p_C^{d*}$ | $p_E^{d*} = p_P^{d*}$ |
| e | $e_E^{d*} \geqslant e_P^{d*} = e_C^{d*}$ | | $e_E^{d*} = e_P^{d*} < e_C^{d*}$ | | $e_E^{d*} = e_P^{d*}$ |
| q | $q_E^{d*} \geqslant q_P^{d*} = q_C^{d*}$ | | $q_E^{d*} = q_P^{d*} < q_C^{d*}$ | | $q_E^{d*} = q_P^{d*}$ |
| w | $w_E^{d*} \leqslant w_P^{d*} = w_C^{d*}$ | | $w_E^{d*} = w_P^{d*} \geqslant w_C^{d*}$ | | $w_E^{d*} = w_P^{d*}$ |
| π | $\pi_{R,E}^{d*} \geqslant \pi_{R,P}^{d*} = \pi_{R,C}^{d*}$<br>$\pi_{M,E}^{d*} \geqslant \pi_{M,P}^{d*} = \pi_{M,C}^{d*}$ | | $\pi_{R,E}^{d*} = \pi_{R,P}^{d*} \leqslant \pi_{R,C}^{d*}$<br>$\pi_{M,E}^{d*} = \pi_{M,P}^{d*} \geqslant \pi_{M,C}^{d*}$ | | $\pi_{R,E}^{d*} = \pi_{R,P}^{d*}$<br>$\pi_{M,E}^{d*} = \pi_{M,P}^{d*}$ |

上述命题表明，当$K \leqslant (a-c_p)\alpha/(4\alpha-\gamma^2)$时，给定制造商的产能K，不同生产策略下产品零售价格p的大小会受到α和γ之间大小关系的影响。在不具备产能扩展选项时，策略P和策略C都会按照既有产能的数量进行生产，因此会有相同的批发价，从而导致相同的零售价格和促销努力。在具有产能扩展选项时，制造商能够出售数量高于K的产品，其需要降低批发价，即$w_E^{d*} \leqslant w_P^{d*} = w_C^{d*}$。较低的批发价刺激零售商提高促销努力。当$2 \leqslant \gamma^2/\alpha < 4$时，表明零售商促销效率较高（通过促销努力提高需求量的难度偏低），提高促销努力可以带来足额的需求增量，因此会诱使零售商提高零售价格获得更高利润，即$p_E^{d*} \geqslant p_P^{d*} = p_C^{d*}$。当$0 \leqslant \gamma^2/\alpha < 2$时，意味着促销效率低（零售商促销努力的难度偏高，或单位促销努力带来的需求增量偏低），零售商倾向于用进一步降低零售价格的方式来增加需求，即此时$p_E^{d*} \leqslant p_P^{d*} = p_C^{d*}$。因此，在制造商产能不足但可以进行产能扩展，且零售商的促销努力效率低时，零售商会向市场提供数量更多、价格更低的产品。而当零售商的促销效率高时，会导致零售价格偏高。

当 $K > \alpha(a - c_p)/(4\alpha - \gamma^2)$ 时，对于策略 E 和 P 而言，制造商都处于产能充足状态，因此其会做出无产能约束情况下的最优选择，即将批发价设置为 $(a + c_k)/2$，且仅生产 $\alpha(a - c_k)/4\alpha - \gamma^2$ 数量，过多的产能也不会影响企业此时的决策。然而，在策略 C 下，制造商为了保证产能的充分利用，随着 K 的增加，其会一直降低批发价，直至价格等于其生产成本或其利润为 0。因此，当 $\alpha(a - c_p)/(4\alpha - \gamma^2) < K \leqslant 2\alpha(a - c_p)/4\alpha - \gamma^2$ 时，制造商会设置偏低的批发价 $w_E^{d*} = w_P^{d*} \geqslant w_C^{d*}$，且生产更多的产品 $q_E^{d*} = q_P^{d*} < q_C^{d*}$，同时较低的批发价会刺激零售商提高促销努力 $e_E^{d*} = e_P^{d*} < e_C^{d*}$。而当 $2 \leqslant \gamma^2/\alpha < 4$ 时，表明零售商的促销效率高，提高促销努力可以带来足额的需求增量，零售商有动机通过提高批发价增加利润，即 $p_E^{d*} = p_P^{d*} \leqslant p_C^{d*}$；当 $0 \leqslant \gamma^2/\alpha < 2$ 时，同前文分析，会有 $p_E^{d*} = p_P^{d*} > p_C^{d*}$。

从利润的角度来看，当产能不足，即 $K \leqslant (a - c_p)\alpha/4\alpha - \gamma^2$ 时，虽然 K 的大小以及 α 和 γ 之间的大小关系会影响零售价格、促销努力和批发价的决策，但是制造商和零售商都会从产能扩展中获益，即 $\pi_{R,E}^{d*} \geqslant \pi_{R,P}^{d*} = \pi_{R,C}^{d*}$，$\pi_{M,E}^{d*} \geqslant \pi_{M,P}^{d*} = \pi_{M,C}^{d*}$。这也表明，在产能不足时，扩展产能（E）对两个企业都是有利的。但是当产能充足，即 $\alpha(a - c_p)/(4\alpha - \gamma^2) < K \leqslant 2\alpha(a - c_p)/4\alpha - \gamma^2$ 时，在生产策略 E 和 P 下的制造商会仅生产 $\alpha(a - c_k)/(4\alpha - \gamma^2)$ 数量，其利润也不会随着产能的增加而提高，而在生产策略 C 下，制造商为充分利用产能会生产 K 数量，但这是以更低的批发价为代价的，因此制造商的利润会随着 K 的增加而递减，即有 $\pi_{M,E}^{d*} = \pi_{M,P}^{d*} \geqslant \pi_{M,C}^{d*}$。然而，对于零售商而言，更低的批发价，更高的需求，其利润会随 K 的增加而递增，即有 $\pi_{R,E}^{d*} = \pi_{R,P}^{d*} \leqslant \pi_{R,C}^{d*}$。当 K 超过临界值，即 $K > 2\alpha(a - c_p)/(4\alpha - \gamma^2)$ 时，制造商的批发价会低于其生产成本 $w < c_k$，此时生产策略 C 已经

无法在供应链中实施。

命题 6.5 （1）根据表6-2中的决策及利润表达式，在不同生产策略下，集中决策者的决策及利润满足如表6-4中的关系；（2）相对于生产策略P和C，生产策略E是集中决策者的优势策略。

表6-4　**不同生产策略中集中决策者的决策及利润之间的关系**

| K | α | p | e | q | π |
|---|---|---|---|---|---|
| $K \leqslant \frac{2\alpha(a-c_K)}{4\alpha-\gamma^2}$ | $2 \leqslant \frac{\gamma^2}{\alpha} < 4$ | $p_E^{I*} \geqslant p_P^{I*} = p_C^{I*}$ | $e_E^{I*} \geqslant e_P^{I*} = e_C^{I*}$ | $q_E^{I*} \geqslant q_P^{I*} = q_C^{I*}$ | $\pi_E^{I*} \geqslant \pi_P^{I*} = \pi_C^{I*}$ |
| | $0 \leqslant \frac{\gamma^2}{\alpha} < 2$ | $p_E^{I*} \leqslant p_P^{I*} = p_C^{I*}$ | | | |
| $K > \frac{2\alpha(a-c_k)}{4\alpha-\gamma^2}$ | $2 \leqslant \frac{\gamma^2}{\alpha} < 4$ | $p_E^{I*} = p_P^{I*} \leqslant p_C^{I*}$ | $e_E^{I*} = e_P^{I*} < e_C^{I*}$ | $q_E^{I*} = q_P^{I*} < q_C^{I*}$ | $\pi_E^{I*} = \pi_P^{I*} > \pi_C^{I*}$ |
| $K \leqslant \frac{4\alpha(a-c_K)}{4\alpha-\gamma^2}$ | $0 \leqslant \frac{\gamma^2}{\alpha} < 2$ | $p_E^{I*} = p_F^{I*} > p_C^{I*}$ | | | |
| $K > \frac{4\alpha(a-c_k)}{4\alpha-\gamma^2}$ | $\frac{\gamma^2}{\alpha} < 4$ | $p_E^{I*} = p_P^{I*}$<br>$p_C^{I*} = -$ | $e_E^{I*} = e_P^{I*}$<br>$e_C^{I*} = -$ | $q_E^{I*} = q_P^{I*}$<br>$q_C^{I*} = -$ | $\pi_E^{I*} = \pi_P^{I*}$<br>$\pi_C^{I*} = -$ |

对于命题6.5的分析，类似于命题6.4的结论，K的大小以及α和γ之间的大小关系会影响不同生产策略下的零售价格、促销努力的决策，但是从收益的角度看，集中决策者总会从产能扩展中获益。因此，相对于生产策略P和C，生产策略E对集中决策者而言，是一种优势策略。后文将针对生产策略E下企业决策进行分析，并设计契约进行协调。

命题 6.6 使用生产策略E时，分散决策结构和集中决策结构下产量和利润满足如下关系：$q_E^{d*} < q_E^{I*}$，$\pi_{M,E}^{d*} + \pi_{R,E}^{d*} < \pi_E^{I*}$。

证明见附录。上述命题表明，在分散结构下由于双重边际效应的存在，零售商和制造商都以自身利益最大化为目标进行决策，从而导致供应链中的产量和总的利润要低于集中决策结构下的产量和利润。

因此，在接下来的部分将通过设计协调契约，让零售商和制造商在分散的结构下也能实现集中决策结构下的生产数量和利润，且都获得更高的利润，实现整个系统利润的帕累托改进。

### 6.3.1 产能扩展策略下供应链协调机制

通过前文分析发现生产策略E对整个系统而言是一种优势策略，然而命题6.6表明，分散结构下的企业决策会导致整个系统的低效率，从而无法充分发挥产能扩展和促销努力的效果，因此在这一部分将设计适用的契约对供应链成员的决策进行协调，从而实现整个供应链系统绩效的改善。由于 $q_E^{d*} < q_E^{I*}$，为增加市场需求，首先在下文中使用促销努力成本分担契约，通过提高零售商的促销努力使分散系统下的需求与集中系统下的需求保持一致。然而，成本分担契约导致供应链成员利润分配不均，无法实现协调。针对成本分担契约的不足，在下文中使用改进的契约：促销努力成本分担和收入共享相结合的协调契约，同时实现需求数量和成员利润的协调。

（1）基于促销努力成本分担的协调契约

由前文的分析可知，当制造商具有产能扩展选项时，其可以生产出比其现有产能K多的产品，同时也需要制造商设置更低的批发价。更低的批发价可以让零售商更有动机提高促销努力，但提高的促销努力也让零售商付出了更多的促销努力成本。针对上述情况，构建促销成本分担的供应链协调契约，即制造商分担零售商的部分促销努力成本，假设共享比例为θ。从而在协调机制下两企业的利润为：

$$\pi_{R,E}^{\theta}(p, e) = (p - w)q - (1 - \theta)\alpha e^2 \tag{6-25}$$

$$\pi_{M,E}^{\theta}(w|K) = (w - c_k)q - \frac{1}{2}\beta\left[(q - K)^+\right]^2 - \theta\alpha e^2 \tag{6-26}$$

同前文，首先计算零售商的决策，分别求式（6-25）关于p和e

的偏导数，可有：

$$\frac{\partial \pi_{R,\ E}^{\theta}(p,\ e)}{\partial p} = -2p + a + \gamma e + w = 0 \tag{6-27}$$

$$\frac{\partial \pi_{R,\ E}^{\theta}(p,\ e)}{\partial e} = \gamma(p - w) - 2(1 - \theta)\alpha e = 0 \tag{6-28}$$

同时，$\frac{\partial^2 \pi_{R,\ E}^{\theta}(p,\ e)}{\partial p^2} = -2$，$\frac{\partial^2 \pi_{R,\ E}^{\theta}(p,\ e)}{\partial e^2} = -2(1-\theta)\alpha$，$\frac{\partial \pi_{R,\ E}^{\theta}(p,\ e)}{\partial p \partial e} = \gamma$，则相应的Hessian矩阵为：$H = \begin{bmatrix} -2 & \gamma \\ \gamma & -2(1-\theta)\alpha \end{bmatrix}$。一阶和二阶顺序主子式分别为 $H_{11} = -2 < 0$，$H_{22} = 4(1 - \theta)\alpha - \gamma^2$，当 $4(1 - \theta)\alpha - \gamma^2 > 0$，即 $\gamma^2/\alpha < 4(1 - \theta)$时，上述矩阵为负定矩阵。可解得：

$$p(w) = \frac{w(2\alpha(1 - \theta) - \gamma^2) + 2a\alpha(1 - \theta)}{4\alpha(1 - \theta) - \gamma^2} \tag{6-29}$$

$$e(w) = \frac{(a - w)\gamma}{4\alpha(1 - \theta) - \gamma^2} \tag{6-30}$$

将式（6-29）和式（6-30）代入式（6-1），可有：

$$q(w) = \frac{2\alpha(1 - \theta)(a - w)}{4\alpha(1 - \theta) - \gamma^2} \tag{6-31}$$

由前文可知，当 $K < 2\alpha(a - c_K)/(4\alpha - \gamma^2)$时，集中系统处于产能扩展状态，且有：

$$q_E^{I*} = \frac{2\alpha(a - c_k + \beta K)}{2\alpha(2 + \beta) - \gamma^2} \tag{6-32}$$

令 $q(w) = q_E^{I*}$，即实现数量协调，可有：$\frac{2\alpha(1 - \theta)(a - w)}{4\alpha(1 - \theta) - \gamma^2} = \frac{2\alpha(a - c_k + \beta K)}{2\alpha(2 + \beta) - \gamma^2}$，可求得：

$$w_E^{\theta} = a - \frac{(a - c_k + \beta K)(4\alpha(1 - \theta) - \gamma^2)}{(2\alpha(2 + \beta) - \gamma^2)(1 - \theta)} \tag{6-33}$$

将式（6-33）代入式（6-29）、式（6-30）和式（6-31）可有：

$$p_E^\theta = a - \frac{(a - c_k + \beta K)(2\alpha(1 - \theta) - \gamma^2)}{(2\alpha(2 + \beta) - \gamma^2)(1 - \theta)} \tag{6-34}$$

$$e_E^\theta = \frac{(a - c_k + \beta K)\gamma}{(2\alpha(2 + \beta) - \gamma^2)(1 - \theta)} \tag{6-35}$$

$$q_E^\theta = \frac{2\alpha(a - c_k + K\beta)}{2\alpha(2 + \beta) - \gamma^2} \tag{6-36}$$

将式（6-33）至式（6-36）代入式（6-25）和式（6-26）并求和，可有：

$$\pi_{R,E}^\theta + \pi_{M,E}^\theta = \pi_E^{I*} - \frac{\alpha\gamma^2\theta^2(a - c_k + K\beta)^2}{(1 - \theta)^2(2\alpha(2 + \beta) - \gamma^2)^2} \tag{6-37}$$

命题 6.7 在具有产能扩展选项的供应链中，促销努力成本分担契约无法实现供应链成员企业决策与利润的协调。

上述命题表明促销努力成本分担契约并不能有效协调该供应链。主要原因是虽然成本分担契约可以刺激零售商提高促销努力，但是另一方面也影响了零售商的定价决策，从而导致决策偏离系统最优决策。基于此，应设计促销努力成本分担和零售商收益共享相结合的契约。

（2）基于促销努力成本分担和零售商收益共享的协调契约

同前文，制造商分担零售商的促销努力成本的比例为θ，但零售商需要将其收益的一部分共享给制造商，假设其共享的比例为φ，则可有：

$$\pi_{R,E}^{\theta,\varphi}(p, e) = (1 - \varphi)pq - wq - (1 - \theta)\alpha e^2 \tag{6-38}$$

$$\pi_{M,E}^{\theta,\varphi}(w|K) = \varphi pq + (w - c_k)q - \frac{1}{2}\beta\left[(q - K)^+\right]^2 - \theta\alpha e^2 \tag{6-39}$$

同前文的求解方法，可有：

$$\frac{\partial\pi_{R,E}^{\theta,\varphi}(p, e)}{\partial p} = (1 - \varphi)(a + \gamma e) + w - 2(1 - \varphi)p = 0 \tag{6-40}$$

$$\frac{\partial\pi_{R,\ E}^{\theta,\ \varphi}(p,\ e)}{\partial e}=\gamma\left((1-\varphi)p-w\right)-2(1-\theta)\alpha e=0 \tag{6-41}$$

二阶偏导数分别为：$\frac{\partial^2\pi_{R,\ E}^{\theta,\ \varphi}(p,\ e)}{\partial p^2}=-2(1-\varphi)$，$\frac{\partial^2\pi_{R,\ E}^{\theta,\ \varphi}(p,\ e)}{\partial e^2}=-2(1-\theta)\alpha$，$\frac{\partial^2\pi_{R,\ E}^{\theta,\ \varphi}(p,\ e)}{\partial p\partial e}=\gamma(1-\varphi)$，对应的 Hessian 矩阵为：$H=\begin{bmatrix}-2(1-\varphi) & \gamma(1-\varphi)\\ \gamma(1-\varphi) & -2(1-\theta)\alpha\end{bmatrix}$。其中 $H_{11}=-2(1-\varphi)$，$H_{22}=(1-\varphi)\left(4(1-\theta)\alpha-\gamma^2(1-\varphi)\right)$。因此，当 $\frac{\gamma^2}{\alpha}<\frac{4(1-\theta)}{1-\varphi}$ 时，上述矩阵为负定矩阵。

由式（6-40）和式（6-41）可求解得：

$$p_E^{\theta,\ \varphi}=\frac{2\alpha(1-\theta)\left(w+a(1-\varphi)\right)-w\gamma^2(1-\varphi)}{(1-\varphi)\left(4\alpha(1-\theta)-\gamma^2(1-\varphi)\right)} \tag{6-42}$$

$$e_E^{\theta,\ \varphi}=\frac{\gamma\left(a(1-\varphi)-w\right)}{4\alpha(1-\theta)-\gamma^2(1-\varphi)} \tag{6-43}$$

将式（6-42）和式（6-43）代入式（6-1）可有：

$$q_E^{\theta,\ \varphi}=\frac{2\alpha(1-\theta)\left(a(1-\varphi)-w\right)}{\left(4\alpha(1-\theta)-\gamma^2(1-\varphi)\right)(1-\varphi)} \tag{6-44}$$

由前文可知，当 $K<\frac{2\alpha\left(a-c_K\right)}{4\alpha-\gamma^2}$ 时，集中系统处于产能扩展状态，且有 $q^{I*}=\frac{2\alpha\left(a-c_k+\beta K\right)}{2\alpha\left(2+\beta\right)-\gamma^2}$，则由

$$\frac{2\alpha(1-\theta)\left(a(1-\varphi)-w\right)}{\left(4\alpha(1-\theta)-\gamma^2(1-\varphi)\right)(1-\varphi)}=\frac{2\alpha\left(a-c_k+\beta K\right)}{2\alpha\left(2+\beta\right)-\gamma^2}$$ 可解得：

$$w_E^{\theta,\ \varphi}(\theta,\ \varphi)=a(1-\varphi)-\frac{\left(4\alpha(1-\theta)-\gamma^2(1-\varphi)\right)(1-\varphi)\left(a-c_k+\beta K\right)}{(1-\theta)\left(2\alpha\left(2+\beta\right)-\gamma^2\right)}$$

代入式（6−42）、式（6−43）和式（6−44）可有：

$$p_E^{\theta,\varphi}=\frac{a\left(2\alpha(1+\beta)-\gamma^2\frac{\varphi-\theta}{1-\theta}\right)-(K\beta-c_k)\left(2\alpha-\gamma^2\frac{1-\varphi}{1-\theta}\right)}{2\alpha(2+\beta)-\gamma^2}\tag{6-45}$$

$$e_E^{\theta,\varphi}=\frac{(a-c_k+K\beta)\gamma(1-\varphi)}{\left(2\alpha(2+\beta)-\gamma^2\right)(1-\theta)}\tag{6-46}$$

$$q_E^{\theta,\varphi}=\frac{2\alpha(a-c_k+K\beta)}{2\alpha(2+\beta)-\gamma^2}\tag{6-47}$$

将式（6−45）至式（6−47）代入式（6−38）和式（6−39）并相加求和，可有：

$$\pi_{R,E}^{\theta,\varphi}+\pi_{M,E}^{\theta,\varphi}=\frac{\alpha(a-c_k+K\beta)^2\left(2\alpha(2+\beta)-\gamma^2\left(\frac{(\theta-\varphi)^2}{(1-\theta)^2}+1\right)\right)}{\left(2\alpha(2+\beta)-\gamma^2\right)^2}-\frac{K^2\beta}{2}\tag{6-48}$$

由式（6−45）至式（6−48）易知，当 $\theta=\varphi$ 时，$p_E^{\theta,\varphi}=p_E^{I*}$，$e_E^{\theta,\varphi}=e_E^{I*}$，$q_E^{\theta,\varphi}=q_E^{I*}$，$\pi_{R,E}^{\theta,\varphi}+\pi_{M,E}^{\theta,\varphi}=\pi_E^{I*}$。

根据个体理性可知，实现供应链的完全协调，还需要确保在协调后供应链成员的利润不会变差，即 $\pi_{R,E}^{\theta,\theta}(\theta,\theta)\geqslant\pi_{R,E}^{d*}$，$\pi_{M,E}^{\theta,\theta}(\theta,\theta)\geqslant\pi_{M,E}^{d*}$。

当 $K<(a-c_k)\alpha/(4\alpha-\gamma^2)$ 时，令 $\theta_{max}=\max\left\{\theta|\pi_{R,E}^{\theta,\theta}(\theta,\theta)-\pi_{R,E}^{d*}\geqslant 0\right\}$，$\theta_{min}=\min\left\{\theta|\pi_{M,E}^{\theta,\theta}(\theta)-\pi_{M,E}^{d*}\geqslant 0\right\}$，则当 $\theta_{min}\leqslant\theta\leqslant\theta_{max}$ 时，可以实现整个供应链的协调，其中：

$$\theta_{max}=\frac{\left(4\alpha(3+\beta)-3\gamma^2\right)(4\alpha-\gamma^2)}{4\left(-\alpha(4+\beta)+\gamma^2\right)^2},\quad \theta_{min}=\frac{4\alpha-\gamma^2}{2\alpha(4+\beta)-2\gamma^2}。$$

当 $\frac{(a-c_k)\alpha}{4\alpha-\gamma^2}<K\leqslant\frac{2(a-c_k)\alpha}{4\alpha-\gamma^2}$ 时，同理可得到，当 $\theta_{min\_1}\leqslant\theta\leqslant\theta_{max\_1}$ 时，可以实现整个供应链的协调，其中：

$$\theta_{\max_1}=\frac{\left\{\begin{array}{l}\left(\left(3(a-c_k)+2K\beta\right)(4\alpha-\gamma^2)+2\alpha\beta(a-c_k)\right)\times\\ \left(\left(a-c_k+2K\beta\right)(4\alpha-\gamma^2)-2\alpha\beta(a-c_k)\right)\end{array}\right\}}{4(a-c_k+K\beta)^2(4\alpha-\gamma^2)^2}$$

$$\theta_{\min\_1}=\frac{\left(\begin{array}{l}4\alpha^3\left(4(a-c_k)^2+16K^2\beta+(-a+c_k+4K)^2\beta^2\right)\\ -8\alpha^2\left((a-c_k)^2+6K^2\beta+K(-a+c_k+4K)\beta^2\right)\gamma^2\\ +\alpha\left((a-c_k)^2+4K^2\beta(3+\beta)\right)\gamma^4-K^2\beta\gamma^6\end{array}\right)}{2\alpha(a-c_k+K\beta)^2(4\alpha-\gamma^2)^2}$$

上述结果是在 $K\leqslant 2\alpha(a-c_k)/4\alpha-\gamma^2$ 时得到的，当 $K>2\alpha(a-c_k)/(4\alpha-\gamma^2)$时，整个系统处于产能无约束状态，且有 $q^{I*}=2\alpha(a-c_k)/(4\alpha-\gamma^2)$，根据前述部分相同的方法可知：

当 $\theta=\varphi$ 时，$p_E^{\theta,\varphi}=p_E^{I*}$，$e_E^{\theta,\varphi}=e_E^{I*}$，$q_E^{\theta,\varphi}=q_E^{I*}$，$\pi_{R,E}^{\theta,\varphi}+\pi_{M,E}^{\theta,\varphi}=\pi_E^{I*}$，且两个企业的利润分别为：$\pi_{R,E}^{\theta,\theta}=\dfrac{(a-c_k)^2\alpha(1-\theta)}{4\alpha-\gamma^2}$，$\pi_{M,E}^{\theta,\theta}=\dfrac{(a-c_k)^2\alpha\theta}{4\alpha-\gamma^2}$。

可令 $\theta_{\max\_2}=\max\left\{\theta|\pi_{R,E}^{\theta,\theta}(\theta,\theta)-\pi_{R,E}^{d*}\geqslant 0\right\}$，$\theta_{\min\_2}=\min\left\{\theta|\pi_{M,E}^{d*}-\pi_{M,E}^{\theta,\theta}(\theta)\geqslant 0\right\}$，则当 $\theta_{\min\_2}\leqslant\theta\leqslant\theta_{\max\_2}$ 时，可以实现整个供应链的协调，其中 $\theta_{\min\_2}=\dfrac{1}{2}$，$\theta_{\max\_2}=\dfrac{3}{4}$。

将上述分析结果归纳为如下结论。

命题 6.8 在具有产能扩展选项的生产策略（E）下，促销努力成本分担和收益共享契约$(\theta,\varphi)$实现供应链完全协调需满足如下条件：(1) $\theta=\varphi$。(2) 当 $K\leqslant\bar{K}$ 时，$\theta_{\min}\leqslant\theta\leqslant\theta_{\max}$；当 $\bar{K}<K\leqslant\bar{\bar{K}}$ 时，$\theta_{\min\_1}\leqslant\theta\leqslant\theta_{\max\_1}$；当 $K>\bar{\bar{K}}$时，$\theta_{\min_2}\leqslant\theta\leqslant\theta_{\max_2}$。

上述命题 6.7 和命题 6.8 表明，在具有产能扩展选择的生产策略下，单一的促销努力成本分担契约无法同时实现零售商的促销努力决策和零售价格决策的协调，且在使用促销努力成本分担和收益共享相结合的契约时，成本分担和收益共享比例应保持一致才能实现决策的协调。同时，为保证供应链成员企业在协调契约下都获得更好的利润，成本分担和收益共享比例应根据不同的产能水平做出相应的范围调整。

### 6.3.2 生产数量和利润的数值分析及契约参数敏感性分析

为直观分析本书所得相关结论以及进一步揭示相关参数对企业决策及利润的影响，本节利用数值分析的方法作进一步的讨论。在满足约束条件$\alpha > \gamma^2/4$的前提下，取如下参数值：$a = 100$、$c_k = 30$、$\alpha = 2.5$、$\gamma = 2$、$\beta = 2$。

（1）不同生产策略下供应链的生产量

在上述给定参数下，供应链中产品的需求量（生产量）会随制造商的现有产能水平的变化而不同。在分散结构下，当$K \leqslant \bar{K}$时，三种策略下的需求量均随K增加，且有产能扩展选项时需求量最大；当$K > \bar{K}$时，生产策略E和P下的需求量将维持在$\bar{K}$的水平，而生产策略C下的需求量会继续随K增加，直至$K \geqslant \bar{\bar{K}}$时，生产策略C无法在供应链中实施。在集中结构下，三种生产策略下需求量的变化与分散结构下的变化类似，只是转折点从$\bar{K}$转移到$\bar{\bar{K}}$，如图6-3所示。通过比较图6-3（a）和（b）可以发现，在生产策略E下，双重边际效应导致分散结构下的需求量低于集中结构下的需求量；在生产策略P下，仅当$K > \bar{K}$时，才会出现双重边际效应；在生产策略C下，双重边际效应不会降低需求量，但是会导致该策略可适用的产能水平降低（从$\bar{\bar{K}}$降低到$\bar{K}$）。另外，虽然生产策略C可以带来最高的需求，但是从系统利润的角度来看，其并不是最优的（如图6-4所示）。

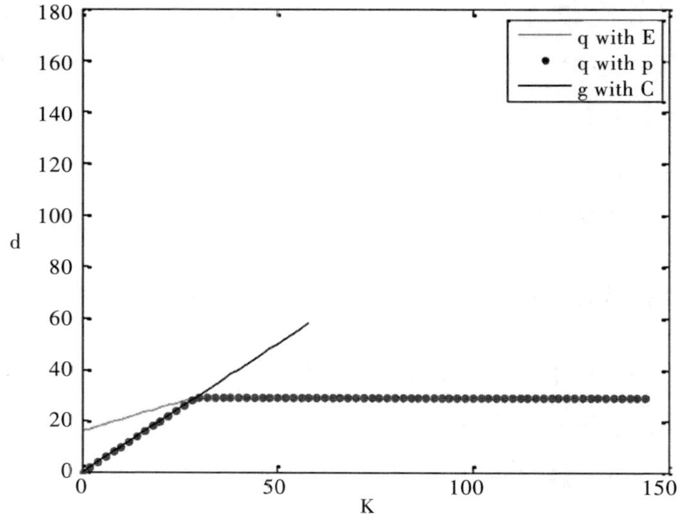


（a）分散结构下的生产量

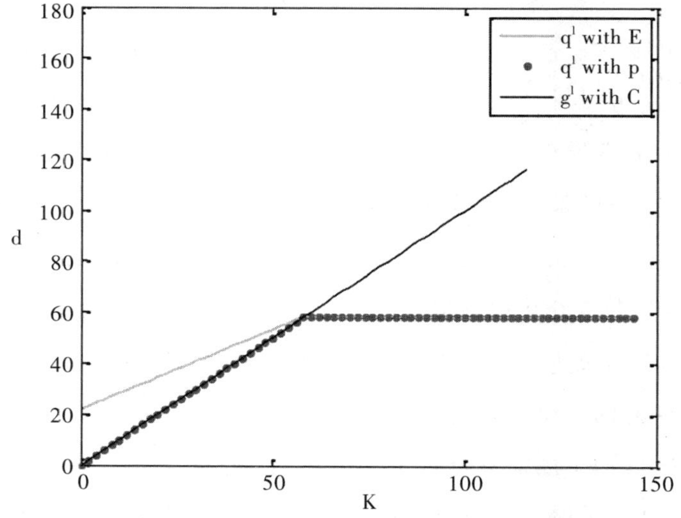


（b）集中结构下的生产量

**图6-3　不同生产策略下的生产量**

（2）不同生产策略下供应链（企业）的利润

由图6-4（a）可知生产策略E是制造商的占优策略，图6-4（b）

表明当 $K \leqslant \bar{K}$ 时，生产策略E是零售商的占优策略，然而当 $K > \bar{K}$ 时，生产策略C是其占优策略。由于零售商的跟随地位，其只能被动接受制造商的策略选择。但是在分散结构下，生产策略E所带来的系统总利润并非总是最高的（如图6-4（c）所示），而且也要低于集中决策下的系统利润（如图6-4（d）所示）。因此，需要针对生产策略E设计协调策略。

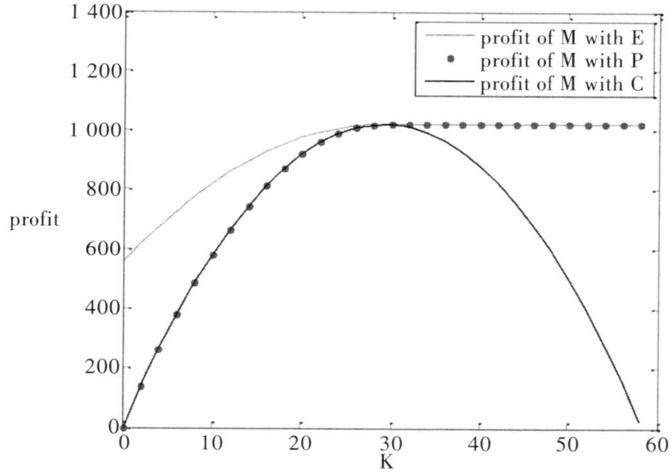


（a）制造商的利润

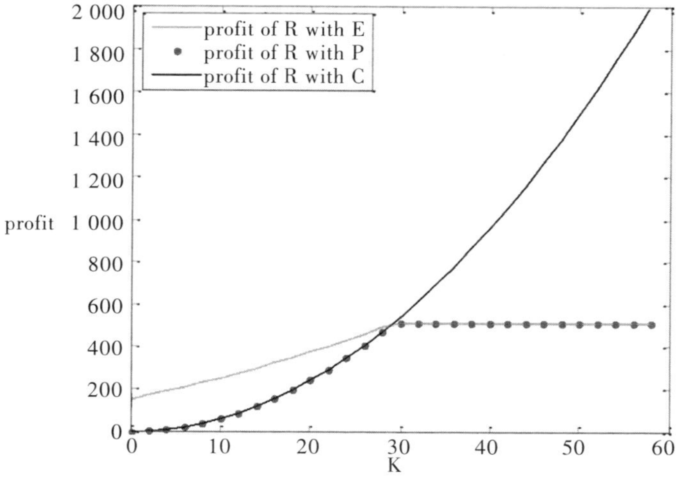


（b）零售商的利润

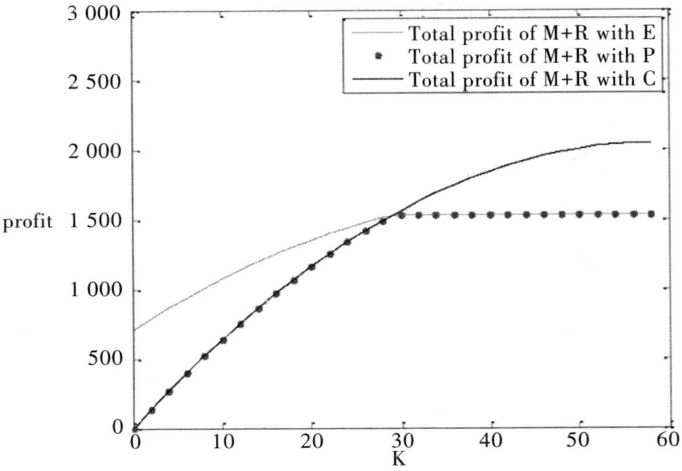


（c）分散结构下的总利润

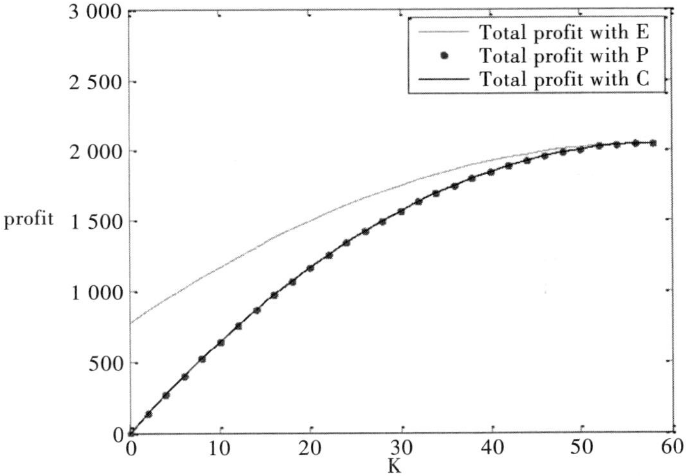


（d）集中结构下的利润

**图6-4　不同生产策略和决策结构下的总利润**

（3）契约参数对供应链企业利润的影响

在使用促销努力成本分担和收益共享契约时，成本分担比例和收益共享比例应相等，且应满足一定的范围约束。如图6-5所示，当$\theta \geq \theta_{min}$时，制造商可以获得比分散结构下更高的利润，但过高的θ又会让零售商的利润低于分散结构下的利润，从而导致该契约难以实施，因此需要$\theta \leqslant \theta_{max}$。

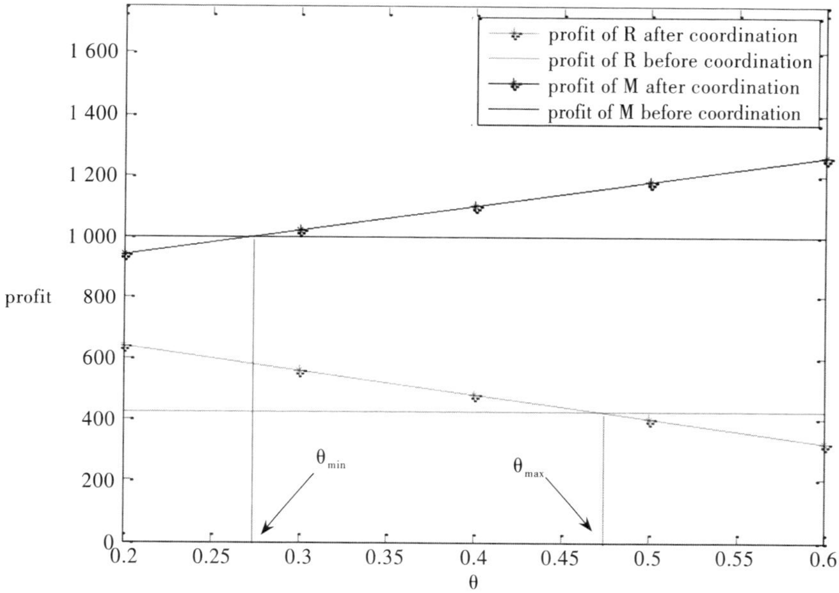


**图6-5　当K = 23.3时可实现供应链协调的θ取值范围**

（4）现有产能水平对契约参数有效范围的影响

从图6-6可知，当制造商的产能处于不同水平时，协调契约的参数θ也对应着不同的约束范围。当$K \leqslant \bar{K}$时，协调结构下的系统利润要高于分散结构下的利润，当无利润从零售商向制造商转移（$\theta = 0$）时，协调机制使制造商利润变差，零售商利润变多。制造商利润的降低量与零售商利润的增加量成比例，且不受产能水平K的影响（即，$\partial\left[\left(\pi_{M,E}^{d*} - \pi_{M,E}^{\theta,\theta}\right)/\left(\pi_{R,E}^{\theta,\theta} - \pi_{R,E}^{d*}\right)\right]/\partial K = 0$），因此可以用相同的协调参数（比例）实现利润的协调；当$K > \bar{\bar{K}}$时，集中和分散结构下都不受产能约束，因此协调参数不会受到产能水平K的影响；但是当$\bar{K} < K \leqslant \bar{\bar{K}}$时，θ的上界和下界随K的增加而递增，原因在于集中结构下

仍受产能约束，K的增加可以提高协调后的系统总利润，需要弥补给制造商的利润量占零售商利润增加量的比重（$\theta_{min}$）随K递增，另一方面，协调后零售商的利润增量也随K递增，因此$\theta_{max}$也递增。

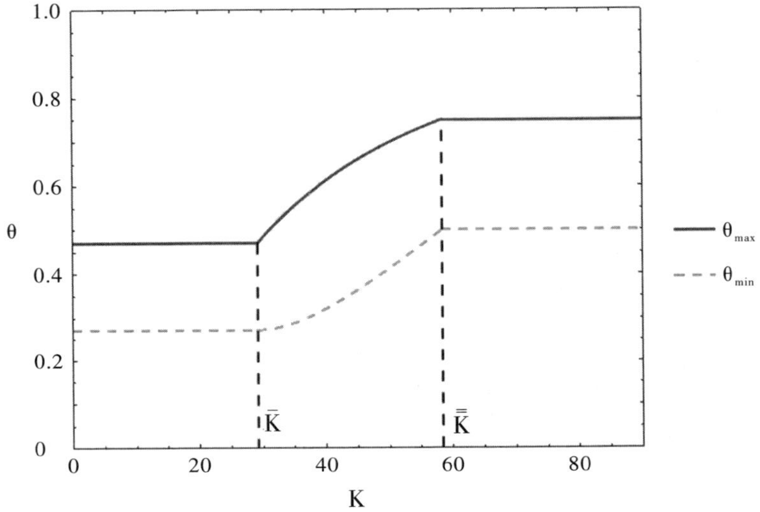


**图6-6　不同K值下实现供应链协调的θ上界和下界**

## 6.4　本章小结

有效的产能管理不仅能够提高企业的运作效率，还可以改善其供应链绩效。产能投资的相关文献通常在不确定性需求下研究如何通过产能投资来降低不确定性带来的损失，即强调风险规避。而本书则在确定性需求下，考虑零售商存在促销努力行为、制造商拥有三种生产策略的情形，分析了产能不足时制造商和零售商之间的策略互动。研究结论表明：第一，当制造商的产能水平低于某一个阈值时，其才会考虑扩展产能，且产能扩展相对于其他两种生产策略是占优策略。在制造商扩展产能（E）时，如果产能扩展成本系数较低，则零售商的促销努力行为对其自身有利，反之则不利，但该促销行为始终对制造商有利。第二，对于固定产能下的生产策略（P），如果产能不足，零售商的促销行为对自身不利，但是对制造商有利。第三，在基于产能出清的生产策略（C）下，零售商的促销行为对自身不利，但对制造商有利，同时，随着现有产能水平的增加，零售商利润递增，而制造商利润先增后减。第四，在具有产能扩展选项的生产策略（E）下，单一的促销努力成本分担契约无法实现供应链协调，促销努力成本分担和收益共享相结合的契约可以实现集中决策下的收益，且各成员的收益都得到改善，但成本分担比例和收益共享比例需相等，且应根据产能水平满足一定的范围约束。

本章在由一个制造商和一个零售商组成的双层供应链中，下游零售商进行零售价格决策和促销努力决策，上游制造商在既定的产能水平下进行批发价决策，或者通过物联网平台进行产能扩展决策和批发价决策。通过比较在产能扩展策略、固定产能策略和产能出清策略下的供应链利润，发现产能扩展策略是供应链的一种优势策略，其可以在现有产能的基础上进行产能扩展，这种柔性能更好地适应受零售商促销活动影响的市场需求。在产能扩展策略下，分散决策会导致供应链系统的效率损失，使用单一的促销努力成本分担契约无法协调供应链，但结合收益共享的促销努力成本分担契约可以实现供应链的完全协调，并可将协调后的利润增量在两个企业间进行任意分配。

# 7

# 供应链中需求预测和柔性产能联合投资决策及协调研究

## 7.1 供应链中需求预测和柔性产能联合投资决策的问题情景描述

### 7.1.1 供应链中需求预测和柔性产能联合投资决策的研究背景

第3章和第4章主要研究了需求预测技术在应对需求不确定性中的作用，第5章和第6章主要考虑了基于物联网的产能投资（管理）问题。本章将进一步考虑在供应链中同时投资基于物联网的需求预测技术和数量柔性产能，以应对需求的不确定性问题。

需求的不确定性让供应链遭受损失。不同的企业位于供应链中不同的位置，从而具有不同的功能和作用。对于制造商而言，其通过投资产能并及时组织生产，从而在销售季将产品交付给零售商进行销售。对于零售商而言，其需要根据市场情况进行合适的决策，例如，提前向制造商发送订单以为销售季作准备，或者进行价格决策。由于产能投资需要在产品生产前进行，且产品的生产也需要一定的提前期，因此，不确定性需求为制造商的产能投资带来了挑战。不确定性需求下的零售价格决策，可能会导致高需求与低价格或低需求与高价格并存的局面，从而让零售商遭受期望损失。因此，提高产能对不确定性的适应性，以及依据更准确的市场需求状态进行定价，成为了供应链企业为降低需求不确定性而努力的方向。物联网技术在零售领域的应用可以成为零售商获取更准确需求信息的重要方式；在制造领域的应用可以为制造商实现转型升级、提高产能柔性提供强大的技术支持。Khouja和Kumar（2002）从集中决策者的角度，利用仿真方法研究了需求预测投资和数量柔性投资之间的关系。但其对数量柔性的投资是基于产能量与产出量不匹配的成本系数的投资，且关注的是需求预测投资与数量柔性投资的联合优化，而未考虑供应链企业间的策略性交互。Wei等（2020）在分散供应链结构下，研究了下游零售商的预测信息共享对上游制造商产能策略选择（数量柔性和非数量柔性）的影响，以及二者对供应链的联合影响。其关注的是制造商不同产能策略下的比较，且未考虑零售商有改善预测能力的动机。因此，本章在由一个制造商和一个零售商组成的双层供应链中考虑制造商的数量柔性产能投资以及零售商的需求预测技术投资的决策交互及协调问题。

### 7.1.2 供应链中需求预测和柔性产能联合投资决策的研究现状

供应链中的信息共享往往会导致信息发出方受损而信息接收方获益，因此，需要通过某种方式，例如，契约，对受损一方进行补偿，从而促进信息共享。在研究供应链企业间信息共享时，通常首先会用旁支付契约来简单衡量共享信息的可能性。而判断旁支付契约有效性的一个直观标准就是供应链企业间共享信息后，供应链的总利润变化情况。如果总利润增加，那么从信息共享中获益的一方可以通过旁支付契约向受损的一方进行补偿，从而促使信息共享的发生；否则，需要通过其他形式的契约对供应链企业的决策和利润进行协调。Lee（2002）在研究古诺竞争性零售商向共有的上游制造商共享信息时认为，当零售商的数量很多（或者预测精度很高）时，旁支付契约可以实现完全信息共享。Zhang（2002）的研究表明，当零售商的信息精度不高或泄露效应对零售商更有利时，旁支付契约可以让零售商共享信息。Li等（2018）在研究中考虑了上游企业的信息获取策略，结果表明该策略会降低为获取下游零售商信息所付的补贴。Shang等（2016）在非线性的生产成本（经济和不经济）下，当生产不经济/经济性很大，或者竞争很激烈时，旁支付契约可以让零售商共享信息。

除了旁支付契约，差异化定价、二部定价和收益共享等契约也是比较常用的信息共享协调契约。Jain等（2011）在放松真实信息共享假设下，通过差异化批发价和差异化二部定价法契约让零售商真实共享信息。刘开军和张子刚（2007）使用差异化定价来激励下游企业向上游共享信息。陈长彬和缪立新（2010）通过基于信息显示成本分担的弹性数量契约来保障供应链中上下游企业间的信息共享。Mishra等（2009）研究了MTO和MTS情景下需求信息双向共享的动机问题，并使用基于价格折扣的批发价契约和旁支付契约进行协调。He等（2008）使用二部定价契约、利润共享契约和回购契约来促使信息共享，以消除信息不对称对供应链策略交互的不利影响，但是没有考虑批发价的信号效应。在简单批发价契约下，一个企业的信息披露行为会受到两个企业信息的精度、相关性，以及其他企业的披露行为的影响，Zhang和Chen（2013）使用收益共享契约让两个企业间实现完全信息共享，且最大化供应链利润。Mishra等（2007）通过议价契约消除了两个企业扭曲信息的动机。Ha和Tong（2008）从信息不对称的角度研究了不同契约（菜单式契约和线性价格契约）下两条古诺竞争供应链中的信息共享决策。

当供应链中存在信息泄露风险时，也可以通过签订契约阻止信息泄露或信息共享行为的发生。例如，当下游竞争性企业之间有决策先后顺序时，上游企业可能会将先决策的下游企业的信息泄露给后决策的企业。Kong等（2013）通过收益共享契约解决了上游企业信息泄露的问题。Jain和Sohoni（2015）通过二部定价法让制造商和先决策的零售商之间达成保密协议。

在预测投资内生化下，相关研究也采用了不同形式的契约对预测投资决策进行协调。Lariviere（2002）在下游零售商进行预测的成本效率是私有信息的设定下，使用回购契约和数量弹性契约来促使零售商进行真实披露和最优投资预测，结果表明后者能协调供应链，并能筛选出高效预测的零售商。Fu和Zhu（2010）表明，分散决策下获取信息的投资与集中结构下的投资的大小关系受到批发价的影响，并使用数量折扣、回购和收益共享契约进行协调。Taylor和Xiao（2009）的研究表明回扣契约会导致零售商过度投资，而退货契约则可以协调供应链。董绍辉等（2010）假设两个企业进行集中化的订货决策，但分散化需求预测精度投资决策，并设计了收益和成本动态激励机制，使供应链需求预测有效协同。Kurtulus等（2012）研究了库存管理模式（零售商/供应商管理库存）和契约形式（批发价/回购契约）对供应商和零售商通过合并信息进行联合预测的价值的影响。Chen等（2016）针对下游企业同时进行信息获取和销售努力决策的动机问题，比较了基于预测的契约和菜单式线性契约的协调效果。当供需不匹配，成本很大时，冲突的道德风险效应会主导逆向选择风险，从而基于预测的契约更有效，反之线性契约菜单更有效。Shin和Tunca（2010）在由一个上游供应商和N个同质的古诺竞争零售商组成的双层供应链中研究了下游零售商会因为竞争而过度投资需求预测的问题，并提出在预测投资不可见时使用基于市场的契约，在预测投资可见时使用统一价格产品可分的拍卖契约方案进行协调。

### 7.1.3 供应链中需求预测和柔性产能联合投资决策的研究假设

考虑由一个制造商和一个零售商组成的双层供应链，其中，上游制造商负责产品的生产，下游零售商负责产品的销售。由于消费者需求市场具有不确定性，且产能构建需要较长的提前期，因此，假设制造商在销售季来临之前进行产能投资，进入销售季后在既有的产能上根据零售商确定的市场需求进行产品生产。两个企业之间签订的是简单的批发价契约，即零售商以价格p销售单位产品时，需向制造商支付价格w。产品的市场需求具有不确定性，且对零售价格敏感，因此，给出如下的需求函数：

$$q = a + \theta - p \tag{7-1}$$

其中，a表示市场潜在需求中的确定性部分，$\theta \sim N(0, \sigma_0^2)$表示其中的不确定性部分，q表示在市场潜在需求和零售商的价格决策下所确定的市场需求。

面对不确定性需求时，为保证订单交付率或维持自己的商业声誉，制造商会通过技术改造升级或直接投资一种数量柔性产能，从而能够在销售季根据实现的需求进行生产。假设在销售季来临前，制造商以单位成本$c_K$投资的数量柔性产能量为K，单位产品的生产成本为c。如果进入销售季后，市场需求为q，则制造商总的生产成本为：$qc + b(q - K)^2/2$。总生产成本中的第一项表示生产一件产品所需要的常规成本，第二项表示实际产出量与已投资产能量之间不一致所导致的成本，称为摩擦成本①。不一致程度越大，表明实际产出量偏离数量柔性产能系统最佳性能与效率状态的程度越大。当实际需求与已建产能之间不匹配（特别是产能不足）时，现有研究的处理方式有三类：第一类是按缺货处理，企业承担线性的缺货损失②；第二类是制造商支付线性的额外成本从外部获得，或以更高的单位成本进行加急生产③；第三类则不考虑缺货惩罚④。前两种处理方式都假定供需不匹配导致的边际成本是不变的，然而在数量柔性产能下，实际产出量的调整可能会让制造商的生产系统在规模不经济的状态下生产。这种

① GOYAL M, NETESSINE S. Volume flexibility, product flexibility, or both: The role of demand correlation and product substitution [J]. Manufacturing & Service Operations Management, 2011, 13 (2): 180-193.

② DONOHUE K L. Efficient supply contracts for fashion goods with forecast updating and two production modes [J]. Management Science, 2000, 46 (11): 1397-1411.

③ CHEN F, LAI G, XIAO W. Provision of incentives for information acquisition: Forecast-based contracts vs. menus of linear contracts [J]. Management Science, 2016, 62 (7): 1899-1914.

④ LU Q, CHEN X. Capacity expansion investment of supplier under make-to-order and make-to-stock supply chains [J]. International Journal of Production Economics, 2018, 198: 133-148.

数量变化通常伴随着非线性的生产成本①。

面对不确定性需求时，零售商也会有动机通过需求预测来降低不确定性带来的影响。物联网技术在零售场景的应用，为零售商获取消费者行为和心理数据带来了便利和可能。零售商可以通过投资此类需求预测技术，来降低不确定性给供应链带来的影响。假设零售商在销售季来临前投资了需求预测技术，并可以获得一个关于需求不确定性部分θ的信号Y（该信号中含有噪声，例如，可以表示为$Y = \theta + \varepsilon$，$\varepsilon \sim N\left(0,\ \sigma_1^2\right)$）。需求信号Y是需求不确定性部分θ的无偏估计，即$E\left[Y|\theta\right] = \theta$，用$v = Var\left[\theta\right]/E\left[Var\left[Y|\theta\right]\right]$表示该需求信号的预测精度，v越大，表明预测得越准确；反之则越不准确。一般情况下，需求预测信号的预测精度与需求预测技术的投资规模相关，投资得越多，相对而言需求预测越准确，例如，铺设了更多的信息采集设备、开发了更先进的数据处理算法、雇用了更高水平的数据分析专家等。因此，本研究将v作为度量零售商投资需求预测技术水平的一个指标。以$C(v)$表示投资需求预测技术时，投资水平为v时所需要的总投资。想要获得更准确的需求预测信号，往往需要付出更多的投入，即需求预测技术的投资具有边际收益递减（或边际成本递增）的特点，即$C^{(1)}(v) > 0$，且$C^{(2)}(v) \geqslant 0$。

事件顺序如下：

（1）零售商决策是否与制造商之间构建信息共享合作关系；

（2）零售商以水平v投资需求预测技术，并获得一个需求预测信号Y；

（3）根据零售商的信息共享决策，制造商投资数量柔性产能量K并制定批发价w；

① SETHI A K，SETHI S P. Flexibility in manufacturing：A survey ［J］. International Journal of Flexible Manufacturing Systems，1990，2（4）：289-328.

（4）零售商确定产品的零售价格 p；

（5）进入销售季，需求实现，制造商根据需求进行生产，并交付产品。

对于上述多阶段的决策问题，将在下文的集中决策和分散决策下，使用逆序归纳法进行求解。首先，在给定需求预测技术投资已经完成的情况下，分析产能投资和价格决策；然后，根据期望利润最大化，分析需求预测技术的投资水平决策。

## 7.2　供应链中需求预测和柔性产能联合投资决策的模型构建

### 7.2.1　集中结构下供应链的需求预测与数量柔性产能投资决策及利润

为分析分散决策下供应链系统的效率，首先计算集中系统下的决策和总期望利润，并以此作为比较的参考标准。假设在集中系统下存在一个统一的决策者，其会依此决策需求预测技术投资水平 $v_I$，并获得需求预测信号 $Y_I$，然后确定数量柔性产能量 $K_I$ 和产品的零售价格 $p_I$。根据逆序归纳法，首先分析集中决策者的产能投资水平和零售价格决策问题：

$$E\left[\pi\left(p_I,\ K_I\right)|Y_I,\ v_I\right] = E\left[\left(p_I - c\right)q_I - \frac{1}{2}b\left(q_I - K_I\right)^2 - c_K K_I|Y_I\right] \tag{7-2}$$

上式中，$q_I = a + \theta - p_I$，将其代入式（7-2），并分别求其关于 $p_I$ 和 $K_I$ 的一阶偏导数，可得：

$$\frac{\partial E\left[\pi\left(p_I,\ K_I\right)|Y_I,\ v_I\right]}{\partial p_I} = -(2 + b)p + a + c + (1 + b)E\left[\theta|Y\right] + b\left(a - K\right) \tag{7-3}$$

$$\frac{\partial E\left[\pi\left(p_I,\ K_I\right)|Y_I,\ v_I\right]}{\partial K_I} = b\left(a - p_I - K_I\right) + bE\left[\theta|Y_I\right] - c_K \tag{7-4}$$

进一步地，可以得到集中决策者的期望利润函数关于 $p_I$ 和 $K_I$ 的

Hessian矩阵：

$$H=\begin{bmatrix}-(2+b) & -b\\ -b & -b\end{bmatrix}$$

该矩阵的一阶和二阶顺序主子式分别为：$H_{11}=-(2+b)<0$，$H_{22}=2b>0$，即集中决策者的期望利润函数是关于$p_I$和$K_I$的联合凹函数。分别让一阶偏导数（7-3）和（7-4）等于0，可解得：

$$p_I=\frac{a+c+c_K+E\left[\theta|Y_I\right]}{2} \tag{7-5}$$

$$K_I=\frac{a-c-c_K+E\left[\theta|Y_I\right]}{2}-\frac{c_K}{b} \tag{7-6}$$

根据式（7-5）可以得到由零售价格确定的市场需求，以及需求与数量柔性产能之间的不匹配量分别为：

$$a+\theta-p=\frac{a-c-c_K-E\left[\theta|Y\right]}{2}+\theta \tag{7-7}$$

$$a+\theta-p-K=\theta-E\left[\theta|Y\right]+\frac{c_K}{b} \tag{7-8}$$

将式（7-5）至式（7-8）代入式（7-2），可以求得集中决策者在需求预测信号为$Y_I$时的期望利润为：

$$E\left[E\left[\pi_I|Y_I\right]\right]=\frac{1}{4}(a-c-c_K)^2+\frac{1}{4}\cdot\frac{v_I-2b}{1+v_I}\sigma_0^2+\frac{1}{2}\cdot\frac{{c_K}^2}{b} \tag{7-9}$$

将上述结果，归纳到如下命题中。

命题 7.1 集中决策下，如果需求预测精度是外生给定的，则集中决策者的价格决策和数量柔性产能决策分别为：$p_I=\dfrac{a+c+c_K+E\left[\theta|Y_I\right]}{2}$和$K_I=\dfrac{a-c-c_K+E\left[\theta|Y_I\right]}{2}-\dfrac{c_K}{b}$，期望利润为$E\left[E\left[\pi_I|Y_I,\ v_I\right]\right]=\dfrac{1}{4}(a-c-c_K)^2+\dfrac{1}{4}\cdot\dfrac{v_I-2b}{1+v_I}\sigma_0^2+\dfrac{1}{2}\cdot\dfrac{{c_K}^2}{b}$。

上述结论是在给定需求预测精度外生的情况下得到的，接下来将考虑集中决策者可以通过投资提高需求预测精度的情况。用$\prod_I(v_I)$

表示集中决策者在决策需求预测技术投资水平时的利润，则可有决策问题：

$$\operatorname*{Max}_{v_I \geq 0} \prod_I(v_I) = \frac{1}{4}(a - c - c_K)^2 + \frac{1}{4} \cdot \frac{v_I - 2b}{1 + v_I}\sigma_0^2 + \frac{1}{2} \cdot \frac{{c_K}^2}{b} - C(v_I) \tag{7-10}$$

式（7-10）关于需求预测技术的投资水平 $v_I$ 的一阶导数为：

$$\frac{d\prod_I(v_I)}{dv_I} = \frac{1}{4} \cdot \frac{1 + 2b}{(1 + v_I)^2}\sigma_0^2 - C^{(1)}(v_I) \tag{7-11}$$

二阶导数 $\frac{d^2\prod_I(v_I)}{d{v_I}^2} = -\frac{1}{2} \cdot \frac{1 + 2b}{(1 + v_I)^3}\sigma_0^2 - C^{(2)}(v_I) < 0$，即 $\prod_I(v_I)$ 是 $v_I$ 的凹函数，存在极大值。式（7-11）是 $v_I$ 的减函数，如果 $\left.\frac{d\prod_I(v_I)}{dv_I}\right|_{v_I = 0} \leq 0$，即 $\frac{1 + 2b}{4}\sigma_0^2 \leq C^{(1)}(0)$，则 $v_I = 0$ 时可使集中决策者的利润最大化；如果 $\frac{1 + 2b}{4}\sigma_0^2 > C^{(1)}(0)$，则 $\frac{1}{4} \cdot \frac{1 + 2b}{(1 + v_I)^2}\sigma_0^2 = C^{(1)}(v_I)$ 时，集中决策者的利润最大化。因此，可有如下结论。

命题 7.2 在集中决策下，考虑需求预测精度内生时：（1）如果 $\frac{1 + 2b}{4}\sigma_0^2 \leq C^{(1)}(0)$，则集中决策者的需求预测技术的最优投资水平为 $v_I^* = 0$；如果 $\frac{1 + 2b}{4}\sigma_0^2 > C^{(1)}(0)$，则集中决策者的需求预测技术的最优投资水平 $v_I^*$ 满足 $\frac{1}{4} \cdot \frac{1 + 2b}{(1 + v_I)^2}\sigma_0^2 = C^{(1)}(v_I)$。（2）集中决策者的期望利润为：$\prod_I(v_I^*) = \frac{1}{4}(a - c - c_K)^2 + \frac{1}{4} \cdot \frac{v_I^* - 2b}{1 + v_I^*}\sigma_0^2 + \frac{1}{2} \cdot \frac{{c_K}^2}{b} - C(v_I^*)$。

根据命题 7.2 中关于需求预测技术的最优投资水平的表达式可以看出，最优投资水平不仅会受到预测系统本身的成本经济性影响，同时，还会受到需求不确定性程度以及数量柔性产能的摩擦成本系数的正向影响。即需求预测技术的最优投资水平会根据摩擦成本系数大小进行调节，因此，需求预测技术与数量柔性产能之间实现了联动。摩擦成本系数代表已投资产能量与产出量不一致导致摩擦成本的严重程度，其反映了数量柔性产能的经济性。该系数的值越大，表明制造商会因产能量与产出量的不一致而承受的摩擦成本越高。由于联动的作用，摩擦成本系数越大，需求预测技术的投资水平就越高。更高的需求预测精度可以降低已投资产能量与产出量之间的不匹配程度，从而缓解供应链系统遭受的摩擦成本影响。

### 7.2.2 分散结构下零售商的需求预测与制造商的数量柔性产能投资决策及利润

本部分将在分散供应链中考虑制造商的数量柔性产能投资决策和零售商的需求预测技术投资策略。零售商投资需求预测技术，一方面，可以获得关于需求不确定性部分的信号，有利于通过价格调整从而改善其期望利润，另一方面，零售商也承担着相应的投资费用。因此，零售商需要在需求预测技术投资的成本与收益之间进行权衡。同时，零售商作为供应链的下游企业，将市场需求信息共享给制造商，可以让制造商根据市场状况调整批发价，从而有利于降低零售商的采购成本。因此，零售商还需要对是否将需求预测信息与制造商共享进行权衡。本部分同样采用逆序归纳法进行求解。

在获得了需求预测信号 Y 以及给定制造商的批发价 w 时，零售商进行零售价格决策，其决策问题可以表示为：

$$\underset{p_D>0}{\mathrm{Max}}\,E\left[\pi_{R,D}(p_D)|Y_D,\ w\right]=E\left[(p_D-w)(a+\theta-p_D)|Y_D\right] \tag{7-12}$$

求解上式，可以得到零售商根据需求预测信号 Y 以及制造商的批发价所确定的零售价格为：

$$p_D = \frac{a + E\left[\theta|Y_D\right] + w}{2} \tag{7-13}$$

对于制造商而言，其会预测到零售商做出上述价格决策，但是准确的价格，依赖于零售商的信息共享决策。因此，根据零售商的策略，接下来将在两种情境下分析制造商的批发价决策。

1）零售商与制造商共享信息

如果零售商将其获得的需求预测信号Y共享给制造商，则制造商可以根据式（7-13）来确定市场需求为$q_D = \left(a - E\left[\theta|Y_D\right] - w\right)/2 + \theta$，其决策问题为：

$$\underset{w>0,\ K_D>0}{\mathrm{Max}} E\left[\pi_{M,D}\left(w, K_D\right)|Y_D\right] = E\left[\left((w - c)q - \frac{1}{2}b\left(q - K_D\right)^2 - c_K K_D\right)|Y_D\right] \tag{7-14}$$

制造商的条件期望利润关于批发价及数量柔性产能量的一阶偏导数分别为：

$$\frac{\partial E\left[\pi_{M,D}|Y_D\right]}{\partial w} = \frac{a + E\left[\theta|Y\right]}{2} - \left(1 + \frac{1}{4}b\right)w - \frac{1}{2}(bK - c) + \frac{1}{4}b\left(a + E\left[\theta|Y\right]\right) \tag{7-15}$$

$$\frac{\partial E\left[\pi_{M,D}|Y_D\right]}{\partial K} = b\frac{a - w + E\left[\theta|Y\right]}{2} - \left(\frac{1}{2}bK + c_K\right) - \frac{1}{2}bK \tag{7-16}$$

根据二阶偏导数，可以得到制造商的条件期望利润关于批发价及数量柔性产能量的Hessian矩阵：

$$H = \begin{bmatrix} -(1 + b/4) & -b/2 \\ -b/2 & -b \end{bmatrix}$$

该矩阵的一阶和二阶顺序主子式分别为：$H_{11} = -(1 + b/4) < 0$，$H_{22} = b > 0$，因此该条件期望利润函数是批发价及数量柔性产能量的联合凹函数。令式（7-15）和式（7-16）分别等于0，可解得：

$$w = \frac{a + E\left[\theta|Y_D\right] + c_K + c}{2} \tag{7-17}$$

$$K_D = \frac{a + E\left[\theta|Y_D\right] - c_K - c}{4} - \frac{c_K}{b} \tag{7-18}$$

根据上述两式，可以知道零售商的价格决策 $p_D = \left(3a + 3E\left[\theta|Y_D\right] + c_K + c\right)/4$。因此，零售商的期望利润为：

$$E\left[E\left[\pi_{R,D}|Y_D\right]\right] = \frac{\left(a - c_K - c\right)^2}{16} + \frac{1}{16} \cdot \frac{v_D}{1 + v_D}\sigma_0^2 \tag{7-19}$$

制造商的期望利润为：

$$E\left[E\left[\pi_{M,D}|Y_D\right]\right] = \frac{1}{8}\left(a - c_K - c\right)^2 + \frac{1}{8} \cdot \frac{v_D - 4b}{1 + v_D}\sigma_0^2 + \frac{1}{2} \cdot \frac{{c_K}^2}{b} \tag{7-20}$$

命题7.3 在分散决策下，如果需求预测的精度是外生的，且零售商与制造商共享需求预测信息，则：（1）两个企业的决策分别为 $p_D = \frac{3a + 3E\left[\theta|Y_D\right] + c_K + c}{4}$，$K_D = \frac{a + E\left[\theta|Y_D\right] - c_K - c}{4} - \frac{c_K}{b}$，$w = \frac{a + E\left[\theta|Y_D\right] + c_K + c}{2}$；（2）两个企业的期望利润分别为 $E\left[\pi_{R,D}\right] = \frac{\left(a - c_K - c\right)^2}{16} + \frac{1}{16} \cdot \frac{v_D\sigma_0^2}{1 + v_D}$，$E\left[\pi_{M,D}\right] = \frac{\left(a - c_K - c\right)^2}{8} + \frac{1}{8} \cdot \frac{v_D - 4b}{1 + v_D}\sigma_0^2 + \frac{1}{2} \cdot \frac{{c_K}^2}{b}$。

如果零售商的需求预测精度是内生的，即其投资需求预测技术，从而提高预测精度，则有：

$$\max_{v_D \geq 0} \prod\nolimits_{R,D}\left(v_D\right) = \frac{\left(a - c_K - c\right)^2}{16} + \frac{1}{16} \cdot \frac{v_D}{1 + v_D}\sigma_0^2 - C\left(v_D\right) \tag{7-21}$$

式（7-21）关于 $v_D$ 的一阶导数为：

$$\frac{d\prod\nolimits_{R,D}\left(v_D\right)}{dv_D} = \frac{1}{16} \cdot \frac{1}{\left(1 + v_D\right)^2}\sigma_0^2 - C^{(1)}\left(v_D\right) \tag{7-22}$$

二阶导数为 $\frac{d^2\prod\nolimits_{R,D}\left(v_D\right)}{d{v_D}^2} = -\frac{1}{8} \cdot \frac{1}{\left(1 + v_D\right)^3}\sigma_0^2 - C^{(2)}\left(v_D\right) < 0$。当 $v_D = 0$ 时，如果 $\frac{\sigma_0^2}{16} \leq C^{(1)}(0)$，则 $v_D^* = 0$；如果 $\frac{\sigma_0^2}{16} > C^{(1)}(0)$，则 $v_D^*$ 满足

$\frac{1}{16} \cdot \frac{1}{(1+v_D)^2}\sigma_0^2 = C^{(1)}(v_D)$。

命题 7.4 在分散决策下，如果需求预测的精度是内生的，且零售商与制造商共享需求预测信息，则：(1) 零售商的需求预测技术的投资水平为：当 $\frac{\sigma_0^2}{16} \leqslant C^{(1)}(0)$ 时，$v_D^* = 0$；当 $\frac{\sigma_0^2}{16} > C^{(1)}(0)$ 时，$v_D^*$ 满足 $\frac{1}{16} \cdot \frac{1}{(1+v_D^*)^2}\sigma_0^2 = C^{(1)}(v_D^*)$；(2) 两个企业的利润分别为：$\prod_{R,D} = \frac{(a-c_K-c)^2}{16} + \frac{1}{16} \cdot \frac{v_D^*\sigma_0^2}{1+v_D^*} - C(v_D^*)$，$E[\pi_{M,D}] = \frac{(a-c_K-c)^2}{8} + \frac{1}{8} \cdot \frac{v_D^*-4b}{1+v_D^*}\sigma_0^2 + \frac{1}{2} \cdot \frac{{c_K}^2}{b}$。

2）零售商不与制造商共享信息

零售商承担着需求预测技术的所有投资成本，且当需求预测信号显示需求状况未来较好时，获得该信息的制造商可能会调高批发价，从而对零售商不利。因此，零售商也可能会不愿将其所获取的需求预测信息共享给制造商。给定制造商的批发价，并在知道需求信号的前提下，零售商的决策与信息共享下的决策一致：$p = (a + E[\theta|Y] + w)/2$。在该定价下，所导致的市场需求为：$q = (a - w - E[\theta|Y])/2 + \theta$。上式表明，最终实现的需求同时受到预测信号 Y 和随机性 $\theta$ 的影响。

制造商作为Stackelberg博弈领导者，会优先进行批发价决策。虽然制造商知道零售商会根据其获得的信号进行定价，但是其无法获取该预测信号 Y。因此，制造商只能推断零售价格为 $p = (a + w)/2$，相应的市场需求为：$q = a + \theta - p = (a - w)/2 + \theta$。此时，制造商的决策问题为：

$$\underset{w>0,\ K>0}{\mathrm{Max}}\ E\left[\pi_M(w,\ K)\right]=E\left[(w-c)q-\frac{1}{2}b(q-K)^2-c_KK\right] \tag{7-23}$$

通过化简可得：$E[\pi_M]=(w-c)\dfrac{a-w}{2}-\dfrac{1}{2}b\left(\dfrac{a-w}{2}-K\right)^2-\dfrac{1}{2}b\sigma_0^2-c_KK$。则制造商的期望利润函数对于批发价w和数量柔性产能量K的一阶偏导数分别为：

$$\frac{\partial E[\pi_M]}{\partial w}=\frac{1}{4}\big(2(a+c)-(4+b)w+ab-2bK\big) \tag{7-24}$$

$$\frac{\partial E[\pi_M]}{\partial K}=\frac{a-w}{2}b-bK-c_K \tag{7-25}$$

因此，制造商的期望利润函数对于批发价w和数量柔性产能量K的Hessian矩阵为：

$$H=\begin{bmatrix}-(4+b)/4 & -b/2\\ -b/2 & -b\end{bmatrix}$$

该矩阵对应的一阶和二阶顺序主子式分别为：$H_{11}=-\dfrac{4+b}{4}<0$，$H_{22}=b>0$。即制造商的期望利润函数是批发价w和数量柔性产能量K的联合凹函数。令式（7-24）和（7-25）等于0，可解得：

$$w=\frac{a+c+c_K}{2} \tag{7-26}$$

$$K=\frac{a-c-c_K}{4}-\frac{c_K}{b} \tag{7-27}$$

因此，可得到零售商的价格决策：

$$p=\left(\frac{3a+c+c_K}{2}+E[\theta|Y]\right)/2 \tag{7-28}$$

制造商的期望利润为：

$$E[\pi_M]=\frac{(a-c-c_K)^2}{8}-\frac{1}{2}b\sigma_0^2+\frac{1}{2}\cdot\frac{{c_K}^2}{b} \tag{7-29}$$

零售商的期望利润为：

$$E\big[E[\pi_R|Y]\big]=\frac{(a-c-c_K)^2}{16}+\frac{1}{4}\cdot\frac{v}{1+v}\sigma_0^2 \tag{7-30}$$

命题 7.5 在分散决策下，如果需求预测精度外生，且零售商不与制造商共享需求预测信息，则：（1）两个企业的决策分别为：$p=\left(\frac{3a+c+c_K}{2}+E[\theta|Y]\right)/2$，$w=\frac{a+c+c_K}{2}$，$K=\frac{a-c-c_K}{4}-\frac{c_K}{b}$；（2）两个企业的期望利润分别为：$E[\pi_R]=\frac{(a-c-c_K)^2}{16}+\frac{1}{4}\cdot\frac{v}{1+v}\sigma_0^2$，$E[\pi_M]=\frac{(a-c-c_K)^2}{8}-\frac{1}{2}b\sigma_0^2+\frac{1}{2}\cdot\frac{{c_K}^2}{b}$。

如果零售商通过需求预测投资提高预测精度，则可得：

$$\underset{v\geq 0}{\mathrm{Max}}\ E\left[\prod\nolimits_{R,D}(v)\right]=\frac{(a-c-c_K)^2}{16}+\frac{1}{4}\cdot\frac{v}{1+v}\sigma_0^2-C(v) \tag{7-31}$$

上式关于 v 的一阶偏导数为：

$$\frac{\partial E\left[E[\pi_R|Y]\right]}{\partial v}=\frac{1}{4}\cdot\frac{1}{(1+v)^2}\sigma_0^2-C^{(1)}(v) \tag{7-32}$$

如果 $\frac{\sigma_0^2}{4}\leqslant C^{(1)}(0)$，则最优投资量为 $v^*=0$；如果 $\frac{\sigma_0^2}{4}>C^{(1)}(0)$，则最优投资量满足下式：$\frac{1}{4}\cdot\frac{1}{(1+v^*)^2}\sigma_0^2-C^{(1)}(v^*)=0$。

命题 7.6 在分散决策下，如果需求预测精度内生，且零售商不与制造商共享需求信息，则：（1）零售商的需求预测技术投资水平为：如果 $\frac{\sigma_0^2}{4}\leqslant C^{(1)}(0)$，则 $v^*=0$；如果 $\frac{\sigma_0^2}{4}>C^{(1)}(0)$，则 $v^*$ 满足 $\frac{1}{4}\frac{1}{(1+v^*)^2}\sigma_0^2=C^{(1)}(v^*)$。（2）两个企业的期望利润分别为：$E\left[\prod\nolimits_{R,D}\right]=\frac{(a-c-c_K)^2}{16}+\frac{1}{4}\cdot\frac{v_D}{1+v_D}\sigma_0^2-C(v_D)$，$E[\pi_M]=\frac{(a-c-c_K)^2}{8}-\frac{1}{2}b\sigma_0^2+\frac{1}{2}\cdot\frac{{c_K}^2}{b}$。

由上述命题 7.4 和命题 7.6 可以看出，在分散决策下，无论零售商与制造商之间是否进行信息共享，零售商始终会以自身利益最大化为前提进行需求预测技术的决策。这也就意味着，即使制造商在数量柔性产能下承担再大的摩擦成本，其也没有动机通过提供预测精度帮助降低该成本，甚至在共享信息后，会因制造商批发价随需求信号的调整而降低对需求预测技术的投资水平。

## 7.3 供应链中需求预测和柔性产能联合投资决策的模型分析

### 7.3.1 需求预测和柔性产能的决策及绩效的比较分析

1）预测精度外生时的决策及绩效比较

通过比较命题7.3和命题7.5的结果，可以得到如下的结论。

命题7.7 在预测精度外生的情况下，如果零售商与制造商共享信息：（1）零售商的零售价格会对需求信号更加敏感，制造商的批发价格和数量柔性产能量可以根据需求信息进行适当的调整；（2）零售商的利润降低；（3）制造商的利润增加。

一旦从零售商处获得了需求预测信息，制造商可以基于该信息进行批发价和数量柔性产能决策的调整，其应对需求不确定性的能力得以提升。批发价的调整让其从零售商处获得更多利润，数量柔性产能的调整降低了需求与产能之间的不匹配成本，最终实现期望利润的增加。零售商向制造商共享需求预测信息后，失去了信息优势，从而遭受损失。在此种情况下，如果没有激励措施，则零售商不会有动机向制造商共享其所掌握的需求预测信息。

**定理7.1** 在预测精度外生的情况下，（1）当$b > 1/8$时，旁支付契约下零售商与制造商的利润可以通过信息共享同时得以提高；（2）供应链系统利润（两个企业利润的和）要低于集中决策下的利润。

参数b表示制造商的数量柔性产能量与实际需求之间不匹配产生

的摩擦成本。其值越大，表明制造商数量柔性产能与需求之间的单位不匹配量所导致的成本越高。如果制造商可以获取需求预测信号，并根据该信号调整其数量柔性产能量，则可以降低数量柔性产能与需求之间的不匹配量，最终实现成本的大量节约。定理7.1（1）表明，当 $b > 1/8$，即摩擦成本偏高时，零售商与制造商之间通过信息共享所节约的成本量不仅能够使制造商利润增加，还可以弥补零售商因失去信息优势而遭受的损失。这也就意味着，制造商可以通过旁支付将利润增加量中的一部分转移给零售商，只要该转移量不低于零售商的利润损失量，那么零售商就有动机向其共享需求预测信息。定理7.1（2）表明，即使在某些条件下，零售商与制造商共享需求预测信息可以使供应链系统的总期望收益增加，但是由于双重边际效应的存在，仍无法达到集中决策下的最优状态。

2）需求预测信息的精度内生时的决策及绩效比较

由于命题7.4和命题7.6中没有给出需求预测技术投资成本的具体形式，因此，无法直接比较相应的决策和期望利润。假设需要预测技术投资的成本是需求预测精度 v 的线性函数：$C(v) = c_f v$，则 $C^{(1)}(v) = c_f$。根据命题7.4和命题7.6可知，在信息共享下，零售商投资需求预测技术的约束条件为 $c_f < \sigma_0^2/16 = \hat{c}_{f,S}$，没有信息共享时为 $c_f < \sigma_0^2/4 = \hat{c}_{f,N}$，即信息共享后，投资预测技术的约束加强了 $\hat{c}_{f,S} < \hat{c}_{f,N}$。为了直接比较信息共享前后两个企业的期望利润的关系，取 $c_f < \sigma_0^2/16$，有如下结论。

命题7.8 需求预测技术投资成本是投资水平的线性函数时，信息共享后零售商的预测投资量的改变量为：$\Delta v^{S-N} = -\frac{1}{4} \cdot \frac{\sigma_0}{\sqrt{c_f}}$；零售商期望利润的改变量为：$\Delta \prod_R^{S-N} = -\frac{1}{16}\sigma_0\left(3\sigma_0 - 8\sqrt{c_f}\right)$；制造商期望

利润的改变量为：$\Delta\prod_{M}^{S-N}=\frac{1}{8}\left(\sigma_0-4\sqrt{c_f}\right)(1+4b)\sigma_0$；供应链系统的期望利润改变量为：$\Delta\prod^{S-N}=\frac{1}{16}\sigma_0\left(8b\left(\sigma_0-4\sqrt{c_f}\right)-\sigma_0\right)$。

**定理 7.2** 需求预测技术投资具有线性成本函数时，信息共享会：（1）降低零售商的需求预测技术投资水平；（2）降低零售商的期望利润；（3）增加制造商的期望利润；（4）当 $b>\frac{1}{8}\frac{\sigma_0}{\sigma_0-4\sqrt{c_f}}$ 时，供应链系统的期望利润因企业间的信息共享而得到提升。

定理 7.2 表明，在零售商可以决策需求预测信号精度（预测精度内生）的情况下，向制造商共享需求预测信号的行为会增加制造商的期望利润，但是会降低零售商的期望利润。该结果与命题 7.7 中需求预测信号精度外生时的结论相同，这也就意味着，无论零售商是否具有投资需求预测技术的选项，向制造商共享其掌握的需求信息，都会让其期望利润降低。但是，在零售商具有投资需求预测技术选项时，如果零售商向制造商共享需求预测信息，则制造商会根据需求信号调整批发价格，这会让零售商的一部分利润向制造商转移，最终导致零售商的需求预测技术投资水平的降低。低水平的需求预测精度会让制造商的数量柔性产能与需求之间的不匹配量增大，从而可能让整个系统的期望利润降低。定理 7.2（4）表明，只有当数量柔性产能与需求之间不匹配产生的摩擦成本足够大时，信息共享才可以改善整个供应链的期望利润。

### 7.3.2 供应链中需求预测和数量柔性策略之间的协调机制

从前文的分析可知，在简单的批发价契约下，如果零售商与制造商之间不共享需求预测信息，那么，零售商可以利用信息优势进行更合理的价格决策，但是对于制造商而言，一方面因为没有预测信息不利于批发价决策，另一方面由于无法掌握需求预测的相关信息而导致需求与数量柔性产能之间较高的不匹配成本，即对于制造商而言，其有较强的信息共享需求。如果零售商与制造商共享需求预测信息，则制造商一方面会根据需求预测信息调整批发价使自己获利，另一方面可以利用需求预测信息优化数量柔性产能的投资量，从而降低供需不匹配成本，即预测信息共享可以同时改善制造商的价格决策和数量柔性产能决策，从而实现期望利润的增加；但是信息共享会让零售商（失去信息优势）遭受期望利润的损失，同时，还会降低其对需求预测技术的投资水平。综合来看，需求预测信息共享后，两个企业的期望利润的变化不对等，导致零售商不会主动向制造商共享信息。

基于该供应链中的动机不一致的问题，接下来将通过设计契约协调两个企业之间的决策。双重边际效应的存在往往是导致企业间决策低效的主要原因，即各企业都以自身利益最大化为目标进行决策，从而导致两个企业的决策都无法达到对自己更有利的状态。本书中两个企业的决策不一致主要有两个方面的原因：第一，制造商的批发价高于单位产品的生产成本而让零售商的零售价格偏离系统最优状态；第二，零售商仅考虑需求预测技术投资的边际利润与边际成本之间的关系，而制造商考虑的是数量柔性产能投资的边际利润与边际成本（或产能投资量）之间的关系。为了规避双重边际效应对企业决策的影响，考虑用“收益共享”契约来协调价格决策动机问题，用“成本共担”契约来协调需求预测技术投资和产能投资决策的问题，即“成本共担+收益共享”契约来协调两个企业的决策。具体而言，给定契约形式$\left[(\psi,\ \varphi),\ \phi\right]$，其中，$0<\psi,\ \varphi,\ \phi<1$，即如果零售商和制造商之间共享需求预测信息，则按契约进行交易：制造商分担零售商的需求预测技术投资成本，比例为$\psi$；零售商完成需求预测技术投资，并

将获得的需求预测信息共享给制造商，制造商仅以此作数量柔性产能的投资决策，零售商分担产品的总期望成本（包含数量柔性产能投资成本和不匹配导致的成本），比例为φ；进入销售季后，进行产品生产并销售，零售商向制造商支付部分利润，比例为ϕ。通过逆序归纳法求解。

### 7.3.3 零售商价格决策和制造商产能决策的协调

在该契约下，对于零售商而言，在收到需求预测信号Y后，其期望利润可以表示为：

$$E\left[\pi_R^C(p)\middle|K, Y, v\right]=E\left[\left(1-\phi\right)\left(p-c\right)q\left(p\right)-\varphi\left[\frac{b\left(q\left(p\right)-K\right)^2}{2}+c_K K\right]\middle|Y\right] \tag{7-33}$$

求上式关于零售价格p的一阶偏导数，并令其等于0，可得到零售商的定价为：

$$p^C=\frac{\left(a+E\left[\theta|Y\right]\right)\left(\left(1-\phi\right)-\varphi b\right)+c\left(1-\phi\right)-\varphi bK}{2\left(1-\phi\right)+\varphi b} \tag{7-34}$$

由上式可以看出，零售商的定价决策不仅会受到需求预测信号的影响，还会受到制造商的数量柔性产能量K的影响，即零售商会权衡该价格下的需求与数量柔性产能量之间的关系，从而尽可能降低不匹配成本。

对于制造商而言，其收到零售商共享的信号Y，并预期到零售商会按式（7-34）制定零售价，从而进行数量柔性产能量的决策：

$$E\left[\pi_M^C(K)|Y\right]=E\left[\phi(p-c)q(p)-(1-\varphi)\left[\frac{b\left(q\left(p\right)-K\right)^2}{2}+c_K K\right]\middle|Y\right] \tag{7-35}$$

求上式关于K的一阶偏导数，并令其等于0，则有：

$$K^C=\frac{a}{2}-\frac{c}{2}+\frac{E\left[\theta|Y\right]}{2}-\frac{c_K}{2}\cdot\frac{\left(1-\varphi\right)\left(2\left(1-\phi\right)+\varphi b\right)^2}{b\left(b\phi\varphi^2+2\left(1-\varphi\right)\left(1-\phi\right)^2\right)} \tag{7-36}$$

由命题 7.1 可知，在集中决策下，数量柔性产能的最优投资量可以表示为 $K^I=\frac{a}{2}-\frac{c}{2}-\frac{c_K}{2}\cdot\frac{b+2}{b}+\frac{E\left[\theta|Y_1\right]}{2}$。因此，要实现制造商的数量柔性产能投资协调，$\frac{c_K}{2}$ 的系数应有对应关系：$\frac{(1-\varphi)\left(2(1-\phi)+\varphi b\right)^2}{b\left(b\phi\varphi^2+2(1-\varphi)(1-\phi)^2\right)}=\frac{b+2}{b}$，化简后可得：$\phi=1-\varphi$ 或 $\phi=\frac{2-4\varphi-b\varphi^2}{2(1-\varphi)}$。代入式（7-34），可得：$p^C=p^I$。为使契约形式尽可能简单，取前者，即：

$$\phi=1-\varphi \tag{7-37}$$

上式表明，要使制造商的数量柔性产能投资量与集中系统下的最优水平保持一致，“成本共担+收益共享”契约中的参数 $\phi$ 和 $\varphi$ 应满足一定的关系。可有如下结论。

命题 7.9 在“成本共担+收益共享”契约 $\left[(\psi,\ \varphi),\ \phi\right]$ 下，当 $\phi=1-\varphi$ 时，制造商的数量柔性产能决策和零售商的零售价格决策与集中系统下的决策保持一致。

### 7.3.4 零售商需求预测投资水平的协调

接下来考虑需求预测技术投资决策的协调问题。给定零售商的需求预测技术投资水平 v，根据式（7-33）至式（7-37），可知零售商的事前期望利润可以表示为：

$$E\left[\pi_R^C\right]=\varphi E\left[\left(p^C-c\right)q\left(p^C\right)-\left(\frac{1}{2}b\left(q\left(p^C\right)-K^C\right)^2+c_K K^C\right)\right]=\varphi E[\pi] \tag{7-38}$$

同理，制造商的事前期望利润可以表示为：

$$E\left[\pi_M^C\right]=(1-\varphi)E[\pi] \tag{7-39}$$

上式中右侧的 $E[\pi]$ 为集中系统下，在给定v情况下的事前期望利润，则有关系式：$E[\pi_R^C]+E[\pi_M^C]=E[\pi]$，即协调参数可以在两个企业之间进行利润分配，但不影响系统整体利润。如果零售商进行需求预测技术的投资决策，则其利润可以表示为：

$$\begin{aligned}\prod\nolimits_R &= \varphi E[\pi]-(1-\psi)C(v)\\ &= \varphi\left(\frac{1}{4}(a-c-c_K)^2+\frac{1}{4}\cdot\frac{v-2b}{1+v}\sigma_0^2+\frac{1}{2}\cdot\frac{{c_K}^2}{b}\right)-(1-\psi)C(v)\end{aligned} \tag{7-40}$$

求上式关于v的一阶导数，则有：

$$\frac{d\prod_R}{dv}=\varphi\left(\frac{1}{4}\cdot\frac{1+2b}{(1+v)^2}\sigma_0^2\right)-(1-\psi)C^{(1)}(v)$$

如果 $\frac{1+2b}{4}\cdot\frac{\varphi}{1-\psi}\sigma_0^2<C^{(1)}(0)$，则最优投资水平 $v^C=0$；否则，最优投资水平满足：$\frac{1}{4}\cdot\frac{(1+2b)\sigma_0^2}{(1+v^C)^2}\cdot\frac{\varphi}{1-\psi}=C^{(1)}(v^C)$。由命题7.2可知，集中系统下 $\frac{1}{4}\cdot\frac{(1+2b)\sigma_0^2}{(1+v_I)^2}=C^{(1)}(v_I)$。则易知，当 $\frac{\varphi}{1-\psi}=1$，即 $\varphi=1-\psi$ 时，$v^C=v^I$，即协调后的需求预测技术投资水平等于集中系统下的投资量。综合前文分析，可有如下结论。

命题7.10 在“成本共担+收益共享”契约 $[(\psi,\ \varphi),\ \phi]$ 下，当 $\phi=\psi=1-\varphi$ 时，制造商的数量柔性产能决策，零售商的零售价格决策以及需求预测技术投资决策均与集中系统下的决策保持一致。

### 7.3.5 零售商与制造商利润的协调

上述命题7.10是实现供应链协调的必要条件，接下来将分析协调后两个企业的期望利润的变化。对于零售商而言，其接受该契约时需满足条件 $\Delta_R(\varphi)=\prod_R(\varphi)-\prod_R\geqslant 0$，即在协调契约下，零售商的信息共享会增加自身的期望利润。根据式（7-40）及命题7.2，可得：

$$\prod_R(\varphi)=\varphi E[\pi(v^C)]-\varphi C(v^C)=\varphi\prod \tag{7-41}$$

上式中，$\prod$表示集中系统下，需求预测精度内生时的系统最优利润。将零售商的利润差$\Delta_R(\varphi)$看作是关于$\varphi$的函数，由$\Delta_R^{(1)}(\varphi)=\prod>0$，可知$\Delta_R(\varphi)=\varphi\prod-\prod_R$是关于$\varphi$的增函数，又由$\Delta_R(0)=-\prod_R<0$和$\Delta_R(1)=\prod-\prod_R>0$，则可知存在$0<\hat{\varphi}_R<1$，满足$\Delta_R(\hat{\varphi}_R)=0$，记$\hat{\varphi}_R=\prod_R/\prod$，即当$\varphi\in[\hat{\varphi}_R,1)$时，$\Delta_R(\varphi)\geq 0$。

同理，对于制造商而言，由命题7.2和式（7-39）可知：

$$\prod_M(\varphi)=(1-\varphi)E[\pi(v^C)]=(1-\varphi)\prod \tag{7-42}$$

制造商的期望利润变化量$\Delta_M(\varphi)=\prod_M(\varphi)-\prod_M=(1-\varphi)\prod-\prod_M$，则易知存在一个$0<\hat{\varphi}_M<1$，满足$\Delta_M(\hat{\varphi}_M)=0$，记$\prod_M/\prod$，即当$\varphi\in(0,\hat{\varphi}_M]$时，$\Delta_M(\varphi)\geq 0$。

由$\Delta_R(\hat{\varphi}_R)=0$，可知$\hat{\varphi}_R\prod=\prod_R$；由$\Delta_M(\hat{\varphi}_M)=0$，可知$(1-\hat{\varphi}_M)\prod=\prod_M$。又因为$\prod_R+\prod_M<\prod$，可有$\hat{\varphi}_R\prod+(1-\hat{\varphi}_M)\prod<\prod$，即：

$$\hat{\varphi}_R<\hat{\varphi}_M \tag{7-43}$$

**定理7.3** “成本共担+收益共享”契约$[(\psi,\varphi),\phi]$满足如下条件时，可以使供应链的总期望利润等于集中决策下的最优期望利润，且零售商和制造商的期望利润都会得到改善：（1）$\phi=\psi=1-\varphi$；（2）$\varphi\in[\hat{\varphi}_R,\hat{\varphi}_M]$，其中，$\hat{\varphi}_R=\prod_R/\prod$，$\hat{\varphi}_M=\prod_M/\prod$，$\prod_M$和$\prod_R$分别表示批发价契约下制造商和零售商的期望利润。

## 7.4 本章小结

面对需求不确定性带来的影响，处于不同位置的供应链企业都有动机去实施对自己有利的应对策略。本章基于物联网技术在供应链应对需求不确定性中发挥的作用，同时从制造商和零售商两个企业的角度出发，分析了基于物联网技术的数量柔性产能投资决策和基于物联网技术的需求预测技术投资决策。结果表明，在分散决策下，数量柔性产能与需求预测技术之间无法高效联动，降低了物联网技术在供应链降低需求不确定性中发挥的作用。

对于制造商而言，投资数量柔性产能，可以使其根据下游市场需求情况灵活调整产出量，提高了订单交付水平和客户满意度，但也会因此而承担产能量和产出量之间不匹配导致的摩擦成本。对于零售商而言，投资需求预测技术，获取需求预测信息，可以让其优化价格决策，但不论是否将信息共享给制造商，其都是以自身利益最大化为前提进行需求预测技术投资的，不会顾及制造商因产能量与产出量不匹配所承担的摩擦成本。虽然通过共享信息，制造商可以利用需求预测信息调整数量柔性产能量，以降低所承担的摩擦成本，但是却无法促使零售商加大需求预测技术的投资（以提高预测精度）。基于上述存在的问题，设计了“成本共担+收益共享”契约，协调了制造商和零售商的决策，使供应链系统效率达到了最优，供应链中企业的利润都得到改善。该契约结构可以为计划在供应链中实施物联网项目的企业提供决策依据。

8

# 结论

随着信息技术的飞速发展，各种新兴技术在不同行业得到深入应用。物联网技术作为具有巨大发展潜力的新兴信息技术之一，也必将给供应链的运作和管理带来深刻影响。

本研究主要关注供应链企业利用物联网技术应对需求不确定性的问题。从供应链中不同企业的角度，研究了应对不确定性的两种重要策略：(1) 通过掌握需求端不确定性的相关信息来优化决策，从而主动降低可能因决策“失误”导致的损失；(2) 提高供应端能力，以柔（弹）性的方式“包容”需求端的不确定性。如果把前者称为“主动跟随策略”，那么后者就可以被称为“被动接受策略”。如果采用主动跟随策略，那么关于不确定性需求的预测信息精度将是确保该策略实施效果的关键因素。为获得合适精度的预测信息，需要大量的数据，以充分揭示不确定性。物联网技术由于其实时和互联的特性，在创造大数据方面具有先天的优势。如果采用被动接受策略，就要求供应端具有足够的柔性，以确保制造商的产能能够根据具体的需求进行自由调整和切换。物联网技术在工业领域的智能制造建设中不可或缺，是制造系统构建柔性产能的重要元素。合理高效地利用物联网技术，降低需求不确定性带来的影响，不仅有利于企业和供应链的运作与管理，也可以提高整个社会的资源利用效率和水平。因此，研究基于物联网技术的需求预测和柔性产能在供应链中的应用和投资具有重要的理论和现实意义。

本研究从需求不确定性出发，关注了供应链中不同企业在应对需求不确定性方面的动机，结合不同企业的特点，考虑了供应链中可以利用的基于物联网技术的两种策略：需求预测和产能柔性，并采用“总-分-总”的研究思路：首先，根据物联网技术的特点，概述了其在供应链中的价值形式；然后，从供应链上游和下游两个维度，分别研究了零售商利用需求预测和信息共享应对需求不确定性的决策，以及制造商投资柔性产能应对需求不确定性的决策；最后，在供应链中综合考虑两种策略的联合投资及其协调。本研究探讨了物联网技术在应对需求不确定性方面的作用，分析了影响物联网技术在供应链中应用的因素，协调了供应链企业投资物联网技术的决策，试图解决以下问题：

一是研究预测精度和竞争强度对需求预测价值及信息共享价值的影响。由于每个企业投入到需求预测方面的人力、物力以及财力等不尽相同，导致这些企业在需求预测能力方面具有差异性。如何根据市场竞争环境和需求预测精度选择合适的联盟伙伴，是值得企业重视的决策问题。在横向供应链结构下，企业间可以共享彼此的需求信号，从而降低需求不确定性。因此，可以通过企业的预测精度来研究信息的价值，通过企业间的信息共享联盟来研究信息共享的价值。但企业间同样存在着竞争，因此市场竞争会使二者之间产生交互。当部分企业选择共享需求预测信息时，在高强度竞争下，非联盟企业的收益要大于联盟企业的收益；如果竞争强度偏低，则高精度的非联盟企业收益大于联盟企业的收益。即，竞争强度较高时，信息的价值将发挥主导作用；在竞争强度较弱时，信息共享的价值将占主导作用。当形成大联盟时，企业可以通过消除竞争增加收益，且竞争越激烈，通过信息共享联盟获得的收益增量越高。合作企业间预测精度差异越大，企业的收益增量也越大。即，企业间的预测能力差别越大时，信息共享的价值越高。竞争强度和需求不确定性会进一步强化需求预测技术在合作中发挥的这种信息混合效应。

二是研究需求预测技术对企业和供应链的价值，以及需求预测技术的投资决策问题。为分析需求预测信息及信息共享对企业和供应链的价值，以及需求预测技术的投资决策问题，构建了由一个制造商和一个零售商组成的双层供应链模型，其中下游零售商可以投资基于物联网的需求预测技术，然后决定是否将需求预测信息与上游的制造商共享。基于该投资决策模型（基本模型），扩展出确定性需求、不确定性需求（无预测）、完全信息、延迟策略四个情景。确定性需求和不确定性需求（无预测）两种情境下的供应链企业利润，反映了供应链企业在没有采取任何措施去降低需求不确定性时的保留利润，即供应链利润的下限；完全信息和延迟策略则反映了供应链通过特定方式可以从不确定性中获取的最大收益，即供应链利润的上限；需求预测技术投资决策模型则是介于中间状态。计算了上述五种情景下的均衡解，比较了供应链中不同合作状态下零售商的投资决策，结果表明需求预测技术投资对供应链的价值不会因分散决策而降低效率，即在分散决策下，仍可以达到系统最优水平下的预测技术投资水平，而供应链中的信息共享会让零售商从需求预测技术中获得的价值降低，并同时导致低效的预测投资水平。

三是研究制造商利用物联网等技术进行数量柔性产能的投资决策，零售商进行订货决策，以及供应链企业决策协调的问题。面对因随机性因素导致的需求不确定性，制造商可以通过投资柔性产能，使产能可以根据具体需求量向上或向下调节，以提高其应对下游需求不确定性的能力，即双向的产能柔性。然而供应链企业都是以个体利益最大化为决策目标的主体，因此在双重边际效应的作用下供应链企业的决策偏离了系统最优水平。以集中决策下供应链系统的最优柔性产能投资量以及产出量为标准，设计了“残值补贴+缺货惩罚”契约来协调制造商和零售商的决策，从而促使供应链企业做出系统最优化决策，该契约的实施使供应链利润达到了帕累托最优，两个企业的利润都得以提高，而且可以通过在适当范围内调整契约参数，实现增量利润在两个企业之间的任意分配。

四是研究制造商利用物联网技术进行产能扩张决策，零售商进行订货和促销决策以及供应链企业决策协调的问题，不同于市场需求受随机性因素的影响而呈现不确定性，零售商的营销活动（促销）也会导致需求出现变化。制造商需在现有产能不足的情况下，考虑是否通过产能扩展进行应对，即考虑的是单侧（向上）的产能柔性。产能扩展可以满足下游零售商的营销活动（促销）导致的需求增加，从而提高订单交付率和消费者满意度。零售商的促销活动不仅会影响制造商的生产决策，还会影响制造商对产能策略的选择。通过对产能扩张策略、固定产能策略和产能出清策略的比较发现，当产能水平低于某一阈值时，产能扩张策略是制造商的占优策略，且可以同时提高制造商和零售商的利润。这主要是由于产能扩张策略具有更大的柔性以应对零售商的促销活动。在产能扩张策略下，针对分散决策下的效率损失，设计了“促销努力成本分担”和“销售收入共享”相结合的契约，对产能扩张策略下两个企业的决策进行了协调，改进了供应链效率。

五是研究制造商利用物联网技术进行数量柔性产能投资决策，零售商进行需求预测投资、信息共享以及订货决策以及供应链企业决策协调的问题。当在供应链中单独考虑零售商的需求预测技术时，即使在分散决策下，零售商仍然可以按系统最优的水平投资需求预测技术。但将制造商的数量柔性产能投资决策也纳入供应链时，零售商的需求预测技术投资水平将不会达到系统最优水平。原因在于，零售商和制造商的分散决策，导致需求预测技术与数量柔性产能之间无法实现联动。具体而言，第一，在价格决策方面，制造商的批发价高于单位产品的生产成本而让零售商的零售价格偏离系统最优状态；第二，在投资决策方面，零售商关注的是需求预测技术投资的边际收益与边际成本之间的平衡，而制造商考虑的是数量柔性产能投资的边际收益与边际生产成本（或产能投资量）之间的平衡。为了协调两个企业的决策，用“收益共享”契约来协调价格决策动机问题，用“成本共担”契约来协调需求预测技术投资和产能投资决策的问题，即利用“成本共担+收益共享”契约来协调两个企业的决策，从而使需求预测技术与数量柔性产能之间实现联动，并使两个企业的利润都得到帕累托改进。

本研究以需求不确定性为出发点，在供应链框架下研究供应链中不同企业应用物联网技术应对需求不确定性的策略：需求预测和柔性产能，分析了两种策略对企业和供应链的价值，以及相应的投资决策和协调。主要创新点在于：

其一，在分析需求预测技术对供应链的价值时，明确了信息的价值和信息共享的价值，可以更合理地评估需求预测技术的投资价值。在供应链中，竞争性企业之间可以通过横向共享需求预测信息而获益，其来源于两个方面，一个是企业间合作导致竞争降低带来的价值，另一个是信息汇聚后的混合效应，即信息共享的价值。从共享信息所获得的收益中去掉因竞争降低所带来的收益，能更准确地表达信息共享的价值。

其二，在供应链结构下考虑制造商的柔性产能投资决策问题，探讨了供应链中不同企业间的决策交互对柔性产能的价值和投资决策的影响。现有研究大多是在垄断结构或寡头竞争结构下研究柔性产能的投资决策问题。在垄断结构下，由于不存在多个主体间决策动机不一致的问题，制造商的柔性产能投资决策可以看作集中决策下对整个系统的最优化决策。在寡头竞争结构下，竞争性企业把柔性产能当作竞争工具，关注的是企业间的策略均衡。而在供应链结构下，可以进一步分析不同主体间的决策交互对实施柔性技术的影响和作用。

其三，同时从供应链上下游企业的角度考虑应对需求不确定性的策略，研究了不同策略之间的交互，拓展了需求预测与柔性产能之间的交叉领域。面对不确定性，供应链中的每个企业都有采取措施加以应对的动机。如果仅从零售商出发，其通过需求预测技术得到更准确的需求预测信息，从而优化其价格决策，但非柔性产能的制造商可能会遭受缺货惩罚或库存成本；如果仅从制造商出发，柔性制造系统能够根据需求情况调整产出量，从而提高订单交付率和客户满意度，但是没有准确的信息可能会让产能投资无法达到最佳水平，从而承担高昂的摩擦成本。因此，将需求预测技术投资和柔性产能投资同时引入供应链，并让这两种柔性策略产生联动，不仅可以改善零售商的价格决策，还可以使制造商的产能利用更加有效。

本研究从需求预测和柔性产能两个方面探讨了物联网技术在供应链中的应用，采用理论阐释和数学建模相结合的方法，分析了需求预测信息和信息共享对供应链（企业）的价值，探讨了供应链企业如何投资需求预测技术和柔性产能技术，研究了如何通过契约解决供应链低效等问题，但仍有一些问题需要进一步深入探讨：

一是丰富研究方法。博弈分析是经济学、运营管理和供应链领域比较常用的一种方法，产生了丰富的学术研究成果。但博弈论是基于理性人假设的一套理论和方法，且对外部条件具有比较强的假设。因此，后续还可以通过实证研究对本研究的相关结论做进一步的验证。例如物联网技术在无人零售中有着广泛应用，因此以亚马逊的无人体验店 Amazon Go、天猫和京东的无人超市以及沃尔玛的“未来商店”为研究对象，可以从实证的角度对本研究中关于物联网技术投入水平与需求预测精度之间关系的相关结论做进一步验证。三一重工作为利用物联网技术进行智能制造转型的代表企业之一，以其为研究对象，可以进一步验证本研究中关于物联网技术投入水平与产能柔性之间的关系。

二是扩展供应链结构。基于直观表达的需要，本研究主要考虑了两种供应链结构：由三个企业组成的横向供应链，以及由一个制造商和一个零售商组成的双层供应链。这两种结构是供应链领域中研究相关问题时比较常用的结构，但是如果能将竞争性企业数量扩展到N个，将会使研究结论更具一般性；对于纵向供应链，可以考虑上游或下游存在竞争的结构，还可以考虑两条或多条竞争性供应链的结构。当然结构的复杂化，也将会使问题及其求解更加复杂化，届时，仿真分析或许能够发挥重要作用。

三是关注物联网在供应链中的其他作用。由于时间和精力的限制，本研究主要考虑供应链企业投资物联网技术应对需求不确定性的问题。物联网技术是一项具有巨大应用前景的技术，其在供应链中的潜在价值是非常值得深入挖掘的。例如，现在越来越多的消费产品嵌入了物联网技术，这会影响消费者对产品的估值，进而影响产品需求；基于物联网的产业转型升级，将会影响产品生产的成本结构；物联网的应用可以优化产业流程，缩短提前期等。

# 主要参考文献


[1] ALTENDORFER K. Relation between lead time dependent demand and capacity flexibility in a two-stage supply chain with lost sales [J]. International Journal of Production Economics, 2017, 194: 13-24.

[2] ANAND K S, GIROTRA K.The strategic perils of delayed differentiation [J]. Management Science, 2007, 53 (5): 697-712.

[3] ANAND K S, MENDELSON H. Postponement and information in a supply chain [R]. Northwestern University, 1998.

[4] ANUPINDI R, JIANG L.Capacity investment under postponement strategies, market competition, and demand uncertainty [J]. Management Science, 2008, 54 (11): 1876-1890.

[5] ARGONETO P, RENNA P.Capacity sharing in a network of enterprises using the Gale-Shapley model [J]. The International Journal of Advanced Manufacturing Technology, 2013, 69 (5-8): 1907-1916.

[6] ARGONETO P, RENNA P. Supporting capacity sharing in the cloud manufacturing environment based on game theory and fuzzy logic [J]. Enterprise Information Systems, 2016, 10 (2): 193-210.

[7] AVIV Y.Gaining benefits from joint forecasting and replenishment processes:

The case of auto-correlated demand [J]. Manufacturing & Service Operations Management, 2002, 4 (1): 55-74.

[8] AVIV Y. On the benefits of collaborative forecasting partnerships between retailers and manufacturers [J]. Management Science, 2007, 53 (5): 777-794.

[9] AVIV Y. The effect of collaborative forecasting on supply chain performance [J]. Management Science, 2001, 47 (10): 1326-1343.

[10] BAI Q, CHEN M, XU L. Revenue and promotional cost-sharing contract versus two-part tariff contract in coordinating sustainable supply chain systems with deteriorating items [J]. International Journal of Production Economics, 2017, 187: 85-101.

[11] BASAR T, HO Y C. Informational properties of the Nash solutions of two stochastic nonzero-sum games [J]. Journal of Economic Theory, 1974, 7 (4): 370-387.

[12] BASAR T. Decentralized multicriteria optimization of linear stochastic systems [J]. IEEE Transactions on Automatic Control, 1978, 23 (2): 233-243.

[13] BISH E K, WANG Q. Optimal investment strategies for flexible resources, considering pricing and correlated demands [J]. Operations Research, 2004, 52 (6): 954-964.

[14] BORGIA E. The Internet of Things vision: Key features, applications and open issues [J]. Computer Communications, 2014, 54: 1-31.

[15] BOURLAND K E, POWELL S G, PYKE D F. Exploiting timely demand information to reduce inventories [J]. European Journal of Operational Research, 1996, 92 (2): 239-253.

[16] BOUTE R N, DISNEY S M, LAMBRECHT M R, et al. Designing replenishment rules in a two-echelon supply chain with a flexible or an inflexible capacity strategy [J]. International Journal of Production Economics, 2009, 119 (1): 187-198.

[17] BOYER M, MOREAUX M. Capacity commitment versus flexibility [J]. Journal of Economics & Management Strategy, 1997, 6 (1): 347-376.

[18] BROWNE J, DUBOIS D, RATHMILL K, et al. Classification of flexible manufacturing systems [J]. The FMS Magazine, 1984, 2 (2): 114-117.

[19] CACHON G P, FISHER M.Supply chain inventory management and the value of shared information [J]. Management Science, 2000, 46 (8): 1032-1048.

[20] CACHON G P, LARIVIERE M A.Contracting to assure supply: How to share demand forecasts in a supply chain [J]. Management Science, 2001, 47 (5): 629-646.

[21] CACHON G P.Supply chain coordination with contracts [J] //Handbooks in operations research and management science: supply chain management. Elsevler Science Publisher.North-Holland, 2003, 11: 227-339.

[22] CHANG S, HU B, HE X.Supply chain coordination in the context of green marketing efforts and capacity expansion [J]. Sustainability, 2019, 11 (20): 5734.

[23] CHEN F.Information sharing and supply chain coordination [J]. Handbooks in Operations Research and Management Science, 2003, 11: 341-421.

[24] CHEN H, CHEN Y F, CHIU C H, et al. Coordination mechanism for the supply chain with leadtime consideration and price-dependent demand [J]. European Journal of Operational Research, 2010, 203 (1): 70-80.

[25] CHIANG A H, CHOU Y C, CHEN W H.A capacity evaluation and trading model for semiconductor foundry manufacturing [J]. The International Journal of Advanced Manufacturing Technology, 2011, 54 (1-4): 1-10.

[26] CHOD J, RUDI N, VAN MIEGHEM J A.Mix, time, and volume flexibility: Valuation and corporate diversification [J]. Review of Business and Economic Literature, 2012, 57 (3): 262-282.

[27] CHOD J, RUDI N. Resource flexibility with responsive pricing [J].

Operations Research, 2005, 53 (3): 532-548.

[28] CHOD J, RUDI N.Strategic investments, trading, and pricing under forecast updating [J]. Management Science, 2006, 52 (12): 1913-1929.

[29] CLARKE R N.Collusion and the incentives for information sharing [J]. The Bell Journal of Economics, 1983, 14 (2): 383-394.

[30] CRAWFORD V P, SOBEL J. Strategic information transmission [J]. Econometrica: Journal of the Econometric Society, 1982, 50 (6): 1431-1451.

[31] DANIELS R L, MAZZOLA J B, SHI D.Flow shop scheduling with partial resource flexibility [J]. Management Science, 2004, 50 (5): 658-669.

[32] DARROUGH M N.Disclosure policy and competition: Cournot vs.Bertrand [J]. Accounting Review, 1993: 534-561.

[33] DE GIOVANNI D, MASSABÒ I.Capacity investment under uncertainty: The effect of volume flexibility [J]. International Journal of Production Economics, 2018, 198: 165-176.

[34] DUNBRACK L, ELLIS S, HAND L, et al.IoT and digital transformation: A tale of four industries [EB/OL]. IDC White Paper, https://vods.dm.ux.sap.com/publicsectoruk/2016/pdfs/IoTandDigitalTransformation_ATalesofFourIndustries.pdf, 2016-03-13/2019-12-12.

[35] DURANGO-COHEN E J, YANO C A.Supplier commitment and production decisions under a forecast-commitment contract [J]. Management Science, 2006, 52 (1): 54-67.

[36] ERKOC M, WU S D.Managing high-tech capacity expansion via reservation contracts [J]. Production and Operations Management, 2005, 14 (2): 232-251.

[37] FABRIZIO S, MANUS R, CIPRIANO F, et al.Mix flexibility and volume flexibility in a build-to-order environment: Synergies and trade-offs. International Journal of Operations & Production Management, 2007, 27

(11): 1173-1191.

[38] FALKNER C H.Flexibility in manufacturing plants [C] //Proceedings of 2nd ORSA/TIMS Conference on Flexible Manufacturing Systems. Elsevier, New York, 1986: 95-106.

[39] FINE C H, PAPPU S.Flexible manufacturing technology and product-market competition [R]. Working Paper, Massachusetts Institute of Technology, Sloan School of Management.https: //dspace.mit.edu/bitstream/handle/1721.1/2298/SWP-3135-21583414.pdf? sequence=1, 1990.

[40] FINE C, FREUND R.Optimal investment in product-flexible manufacturing capacity [J]. Management Science, 1990, 36 (4): 446-449.

[41] FRIED D.Incentives for information production and disclosure in a duopolistic environment [J]. The Quarterly Journal of Economics, 1984, 99 (2): 367-381.

[42] FU Q, ZHU K. Endogenous information acquisition in supply chain management [J]. European Journal of Operational Research, 2010, 201 (2): 454-462.

[43] GAL-OR E.Information sharing in oligopoly [J]. Econometrica: Journal of the Econometric Society, 1985, 53 (2): 329-343.

[44] GAL-OR E. Information transmission-Cournot and Bertrand equilibria [J]. The Review of Economic Studies, 1986, 53 (1): 85-92.

[45] GARTNER.Gartner says 8.4 billion connected "Things" will be in use in 2017, up 31 percent from 2016 [EB/OL]. Gartner, https: //www.gartner.com/en/newsroom/press-releases/2017-02-07-gartner-says-8-billion-connected-things-will-be-in-use-in-2017-up-31-percent-from-2016, 2017-2-7/2024-05-12.

[46] GAUR V, GILONI A, SESHADRI S.Information sharing in a supply chain under ARMA demand [J]. Management Science, 2005, 51 (6): 961-969.

[47] GAVIRNENI S, KAPUSCINSKI R, TAYUR S. Value of information in capacitated supply chains [J]. Management Science, 1999, 45 (1): 16-24.

[48] GAVIRNENI S. Information flows in capacitated supply chains with fixed ordering costs [J]. Management Science, 2002, 48 (5): 644-651.

[49] GERWIN D. An agenda for research on the flexibility of manufacturing processes [J]. International Journal of Operations & Production Management, 1987, 7 (1): 38-49.

[50] GERWIN D. Manufacturing flexibility: A strategic perspective [J]. Management Science, 1993, 39 (4): 395-410.

[51] GRANOT D, SOŠIĆ G. Formation of alliances in internet-based supply exchanges [J]. Management Science.2005, 51 (1): 92-105.

[52] GUO L, IYER G.Information acquisition and sharing in a vertical relationship [J]. Marketing Science, 2010, 29 (3): 483-506.

[53] GUO L.The benefits of downstream information acquisition [J]. Marketing Science, 2009, 28 (3): 457-471.

[54] HA A Y, TONG S, ZHANG H.Sharing demand information in competing supply chains with production diseconomies [J]. Management Science, 2011, 57 (3): 566-581.

[55] HA A Y, TONG S.Contracting and information sharing under supply chain competition [J]. Management Science, 2008, 54 (4): 701-715.

[56] HA A Y, ZHANG H.Sharing demand information under simple wholesale pricing [M] //Handbook of Information Exchange in Supply Chain Management.Springer, Cham, 2017: 369-390.

[57] HADDUD A, DESOUZA A R, KHARE A, et al. Examining potential benefits and challenges associated with the Internet of Things integration in supply chains [J]. Journal of Manufacturing Technology Management, 2017, 28 (8): 1055-1085.

[58] HAGSPIEL V, HUISMAN K J M, KORT P M. Volume flexibility and capacity investment under demand uncertainty [J]. International Journal of Production Economics, 2016, 178: 95-108.

[59] HE C, MARKLUND J, VOSSEN T. Research note-vertical information sharing in a volatile market [J]. Marketing Science, 2008, 27 (3): 513-530.

[60] HUANG K L, KUO C W, LU M L. Wholesale price rebate vs. capacity expansion: The optimal strategy for seasonal products in a supply chain [J]. European Journal of Operational Research, 2014, 234 (1): 77-85.

[61] HUANG S, CHEN S, GUAN X. Retailer information sharing under endogenous channel structure with investment spillovers [J]. Computers & Industrial Engineering, 2020, 142: 106346.

[62] HWANG H S. Optimal information acquisition for heterogenous duopoly firms [J]. Journal of Economic Theory, 1993, 59 (2): 385-402.

[63] JAIN A, SESHADRI S, SOHONI M. Differential pricing for information sharing under competition [J]. Production and Operations Management, 2011, 20 (2): 235-252.

[64] JAIN A, SOHONI M. Should firms conceal information when dealing with common suppliers? [J]. Naval Research Logistics (NRL), 2015, 62 (1): 1-15.

[65] JANSEN J. Information acquisition and strategic disclosure in oligopoly [J]. Journal of Economics & Management Strategy, 2008, 17 (1): 113-148.

[66] KHOUJA M, KUMAR R L. Information technology investments and volume-flexibility in production systems [J]. International Journal of Production Research, 2002, 40 (1): 205-221.

[67] KONG G, RAJAGOPALAN S, ZHANG H. Revenue sharing and information leakage in a supply chain [J]. Management Science, 2013, 59 (3): 556-572.

[68] LARIVIERE M A.Inducing forecast revelation through restricted returns [R]. Working Paper, Northwestern University, Kellogg School of Management, http: //citeseerx. ist. psu. edu/viewdoc/download? doi=10.1.1.482.9410&rep=rep1&type=pdf, 2002.

[69] LEE H L, TANG C S.Variability reduction through operations reversal [J]. Management Science, 1998, 44 (2): 162-172.

[70] LI G, ZHENG H, SETHI S P, et al. Inducing downstream information sharing via manufacturer information acquisition and retailer subsidy [J]. Decision Sciences, 2018, 51 (3): 691-719.

[71] LI J, YANG M, ZHAO X. Quantifying and mitigating inefficiency in information acquisition under competition [J]. Central European Journal of Operations Research, 2019, 27 (4): 985-1007.

[72] LI L, MCKELVEY R D, PAGE T.Optimal research for Cournot oligopolists [J]. Journal of Economic Theory, 1987, 42 (1): 140-166.

[73] LI L.Cournot oligopoly with information sharing [J]. The RAND Journal of Economics, 1985, 16 (4): 521-536.

[74] LI T, TONG S, ZHANG H.Transparency of information acquisition in a supply chain [J]. Manufacturing & Service Operations Management, 2014, 16 (3): 412-424.

[75] LIU B, CAI G, TSAY A A.Advertising in asymmetric competing supply chains [J]. Production and Operations Management, 2014, 23 (11): 1845-58.

[76] MATHUR P P, SHAH J.Supply chain contracts with capacity investment decision: Two-way penalties for coordination [J]. International Journal of Production Economics, 2008, 114 (1): 56-70.

[77] MISHRA B K, RAGHUNATHAN S, YUE X.Information sharing in supply chains: Incentives for information distortion [J]. IIE Transactions, 2007, 39 (9): 863-877.

[78] MITTENDORF B, SHIN J, YOON D H. Manufacturer marketing initiatives and retailer information sharing [J]. Quantitative Marketing and Economics, 2013, 11 (2): 263-287.

[79] MOGHADDAM M, NOF S Y. Combined demand and capacity sharing with best matching decisions in enterprise collaboration [J]. International Journal of Production Economics, 2014, 148: 93-109.

[80] MOGHADDAM M, NOF S Y. Real-time optimization and control mechanisms for collaborative demand and capacity sharing [J]. International Journal of Production Economics, 2016, 171: 495-506.

[81] NEJAD A E, NIROOMAND I, KUZGUNKAYA O. Responsive contingency planning in supply risk management by considering congestion effects [J]. Omega, 2014, 48: 19-35.

[82] NOVSHEK W, SONNENSCHEIN H. Fulfilled expectations cournot duopoly with information acquisition and release [J]. The Bell Journal of Economics, 1982, 13 (1): 214-218.

[83] ÖZER Ö, WEI W. Strategic commitments for an optimal capacity decision under asymmetric forecast information [J]. Management Science, 2006, 52 (8): 1238-1257.

[84] PADMANABHAN V, PNG I P L. Manufacturer's return policies and retail competition [J]. Marketing Science, 1997, 16 (1): 81-94.

[85] PASTERNACK B A. Optimal pricing and return policies for perishable commodities.Marketing Science, 2008, 27 (1): 133-140.

[86] PLAMBECK E L, TAYLOR T A. Sell the plant? The impact of contract manufacturing on innovation, capacity, and profitability [J]. Management Science, 2005, 51 (1): 133-150.

[87] PONSSARD J P. The strategic role of information on the demand function in an oligopolistic market [J]. Management Science, 1979, 25 (3): 243-250.

[88] RAGHUNATHAN S. Information sharing in a supply chain: A note on its

value when demand is nonstationary [J]. Management Science, 2001, 47 (4): 605-610.

[89] RAITH M.A general model of information sharing in oligopoly [J]. Journal of Economic Theory, 1996, 71 (1): 260-288.

[90] RAJU J S, ROY A. Market information and firm performance [J]. Management Science, 2000, 46 (8): 1075-1084.

[91] RENNA P, ARGONETO P.A game theoretic coordination for trading capacity in multisite factory environment [J]. The International Journal of Advanced Manufacturing Technology, 2010, 47 (9-12): 1241-1252.

[92] RENNA P, ARGONETO P. Capacity sharing in a network of independent factories: A cooperative game theory approach [J]. Robotics and Computer-Integrated Manufacturing, 2011, 27 (2): 405-417.

[93] RÖLLER L H, TOMBAK M M. Competition and investment in flexible technologies [J]. Management Science, 1993, 39 (1): 107-114.

[94] RÖLLER L H, TOMBAK M M. Strategic choice of flexible production technologies and welfare implications [J]. The Journal of Industrial Economics, 1990, 38 (4): 417-431.

[95] SAKAI Y, YAMATO T.Oligopoly, information and welfare [J]. Journal of Economics, 1989, 49 (1): 3-24.

[96] SAKAI Y.Cournot and Bertrand equilibria under imperfect information [J]. Journal of Economics, 1986, 46 (3): 213-232.

[97] SAKAI Y.The value of information in a simple duopoly model [J]. Journal of Economic Theory, 1985, 36 (1): 36-54.

[98] SANKAR M R. Disclosure of predecision information in a duopoly [J]. Contemporary Accounting Research, 1995, 11 (2): 829-859.

[99] SEOK H, NOF S Y. Collaborative capacity sharing among manufacturers on the same supply network horizontal layer for sustainable and balanced returns [J]. International Journal of Production Research, 2014a, 52 (6): 1622-

1643.

[100] SEOK H, NOF S Y. Dynamic coalition reformation for adaptive demand and capacity sharing [J]. International Journal of Production Economics, 2014b, 147: 136-146.

[101] SHAMIR N. Cartel formation through strategic information leakage in a distribution channel [J]. Marketing Science, 2017, 36 (1): 70-88.

[102] SHAPIRO C. Exchange of cost information in oligopoly [J]. The Review of Economic Studies, 1986, 53 (3): 433-446.

[103] SON Y K, PARK C S. Economic measure of productivity, quality and flexibility in advanced manufacturing systems [J]. Journal of Manufacturing Systems, 1987, 6 (3): 193-207.

[104] STIGLER G. Production and distribution in the short run. Journal of Political Economy [J], 1939, 47 (3): 305-327.

[105] TOMLIN B. Capacity investments in supply chains: Sharing the gain rather than sharing the pain [J]. Manufacturing & Service Operations Management, 2003, 5 (4): 317-333.

[106] UPTON D M. The management of manufacturing flexibility [J]. California Management Review, 1994, 36 (2): 72-89.

[107] VAN MIEGHEM J A, DADA M. Price versus production postponement: Capacity and competition [J]. Management Science, 1999, 45 (12): 1639-1649.

[108] VAN MIEGHEM J A. Coordinating investment, production, and subcontracting [J]. Management Science, 1999, 45 (7): 954-971.

[109] VAN MIEGHEM J A. Investment strategies for flexible resources [J]. Management Science, 1998, 44 (8): 1071-1078.

[110] VIVES X. Aggregation of information in large Cournot markets [J]. Econometrica: Journal of the Econometric Society, 1988, 56 (4): 851-876.

[111] VIVES X. Duopoly information equilibrium: Cournot and Bertrand [J]. Journal of Economic Theory, 1984, 34 (1): 71-94.

[112] VIVES X. Technological competition, uncertainty, and oligopoly [J]. Journal of Economic Theory, 1989, 48 (2): 386-415.

[113] WEI L, ZHANG J, DAI R, et al. Green flexible vs. inflexible capacity strategies for duopoly [J]. Transportation Research Part E: Logistics and Transportation Review, 2019, 122: 247-267.

[114] WEI L, ZHANG J, ZHU G. Incentive of retailer information sharing on manufacturer volume flexibility choice [J]. Omega, 2021, 100: 102210.

[115] WINKLER R L. Combining probability distributions from dependent information sources [J]. Management Science.1981, 27 (4): 479-488.

[116] YANG L, NG C T. Flexible capacity strategy with multiple market periods under demand uncertainty and investment constraint [J]. European Journal of Operational Research, 2014, 236 (2): 511-521.

[117] YILMAZ I, YOON S W, SEOK H.A framework and algorithm for fair demand and capacity sharing in collaborative networks [J]. International Journal of Production Economics, 2017, 193: 137-147.

[118] YOON S W, NOF S Y.Affiliation/dissociation decision models in demand and capacity sharing collaborative network [J]. International Journal of Production Economics, 2011, 130 (2): 135-143.

[119] YOON S W, NOF S Y.Demand and capacity sharing decisions and protocols in a collaborative network of enterprises [J]. Decision Support Systems, 2010, 49 (4): 442-450.

[120] YUE X, LIU J.Demand forecast sharing in a dual-channel supply chain [J]. European Journal of Operational Research, 2006, 174 (1): 646-667.

[121] ZHANG J, CHEN J. Coordination of information sharing in a supply chain [J]. International Journal of Production Economics, 2013, 143 (1): 178-187.

[122] 陈贵华，张红，麦影. 供应链信息结构对牛鞭效应的影响及其对策 [J]. 科技管理研究，2004 (1)：94-96；102.

[123] 陈扬，杨忠，张骁. 供应链管理中信息共享的重要性及其激励 [J]. 技术经济，2006 (8)：95-98.

[124] 陈长彬，缪立新. 供应链弹性契约下的信息共享激励 [J]. 当代经济管理，2010，32 (1)：23-28.

[125] 达庆利，张钦，沈厚才. 供应链中牛鞭效应问题研究 [J]. 管理科学学报，2003 (3)：86-93.

[126] 邓蕊，赵道致. 云平台剩余能力共享对企业决策影响研究 [J]. 甘肃科学学报，2016，28 (3)：103-108.

[127] 董绍辉，张志清，西宝. 供应链协同需求预测机制研究 [J]. 运筹与管理，2010，19 (5)：66-70.

[128] 樊敏，艾兴政. 供应链中信息共享的激励与监督机制研究 [J]. 经济体制改革，2005 (6)：162-164.

[129] 高洁. 企业间信息共享的激励问题研究 [J]. 运筹与管理，2015，24 (5)：245-250.

[130] 郭琼，杨德礼，迟国泰. 基于期权的供应链契约式协调模型 [J]. 系统工程，2005，23 (10)：1-6.

[131] 孔融，董明，刘少轩. 考虑产能投资分担的供应链契约协调研究 [J]. 上海交通大学学报，2012 (12)：1994-1998.

[132] 李辉，谭显春，顾佰和，等. 物联网环境下碳配额和减排双重约束的企业资源共享策略 [J]. 系统工程理论与实践，2018，38 (12)：3085-3096.

[133] 刘开军，张子刚. 分散式供应链中信息共享的定价激励模型 [J]. 管理工程学报，2007 (1)：131-133.

[134] 刘英姿，陈荣秋，徐碚. 柔性Flexibility的概念及其控制模型 [J]. 机械与电子，2002 (1)：46-48.

[135] 邵晓峰，季建华. 基于补偿合约的供应链定价与能力设计的协调问题研

究［J］. 中国管理科学，2008（4）：62-68.

［136］ 石丹，李勇建. 不同激励机制下供应商产能投资问题研究［J］. 系统工程理论与实践，2015，35（1）：86-94.

［137］ 魏广明，任丽果，秦娟娟，等. 低碳双渠道供应链的需求信息共享策略研究［J］. 运筹与管理，2019，28（3）：45-56.

［138］ 吴江华，翟昕. 基于学习效应的供应链信息共享研究［J］. 运筹与管理，2011，20（3）：10-17.

［139］ 徐福缘，何静，林凤，等. 多功能开放型企业供需网及其支持系统研究——国家自然科学基金项目（70072020）回溯［J］. 管理学报，2007（4）：379-383.

［140］ 徐最，朱道立，朱文贵. 补偿契约模式下的供应链产能投资研究［J］. 科技导报，2007（7）：71-76.

［141］ 张志清. 面向不确定需求的供应链协同需求预测研究［D］. 哈尔滨：哈尔滨工业大学，2010.

［142］ 赵道致，杜其光，徐春明，等. 物联网平台下企业之间制造资源转移策略［J］. 系统工程，2015，33（1）：88-93.

［143］ 赵道致，杜其光. 供应链中需求信息更新对制造能力共享的影响［J］. 系统管理学报，2017，26（2）：374-380；389.

附录

# 相关证明

# 第3章相关证明

使用Winkler（1981）的条件期望和方差，具体如下：

（1） $f_n = a + \varepsilon_n$，$n = i, j, k$，$a = \bar{a} + \varepsilon_0$，$\varepsilon_n \sim N(0, \sigma_n^2)$，$n = 0, i, j, k$。

（2） $E(a|f_n) = (1 - t_n)\bar{a} + t_n f_n$，且 $E(f_m|f_n) = E(a|f_n)$，$t_n = \dfrac{\sigma_0^2}{\sigma_0^2 + \sigma_n^2}$，$m = i, j, k$，$n = i, j, k$且$m \neq n$。

（3） $E(a|f_i, f_j) = I_0\bar{a} + I_i f_i + I_j f_j$，且$E(f_k|f_i, f_j) = E(a|f_i, f_j)$

其中，$I_0 = \dfrac{\sigma_i^2\sigma_j^2}{M_{ij}}$，$I_i = \dfrac{\sigma_0^2\sigma_j^2}{M_{ij}}$，$I_j = \dfrac{\sigma_0^2\sigma_i^2}{M_{ij}}$，$M_{ij} = \sigma_i^2\sigma_j^2 + \sigma_0^2(\sigma_i^2 + \sigma_j^2)$。

（4） $E(a|f_i, f_j, f_k) = J_0\bar{a} + J_i f_i + J_j f_j + J_k f_k$

其中，$J_0 = \dfrac{\sigma_i^2\sigma_j^2\sigma_k^2}{M_{ijk}}$，$J_i = \dfrac{\sigma_0^2\sigma_j^2\sigma_k^2}{M_{ijk}}$，$J_j = \dfrac{\sigma_0^2\sigma_i^2\sigma_k^2}{M_{ijk}}$，$J_k = \dfrac{\sigma_0^2\sigma_i^2\sigma_j^2}{M_{ijk}}$，$M_{ijk} = \sigma_i^2\sigma_j^2\sigma_k^2 + \sigma_0^2(\sigma_i^2\sigma_j^2 + \sigma_i^2\sigma_k^2 + \sigma_j^2\sigma_k^2)$。

## 式（3-5）和式（3-6）的证明

在$\{i, j, k\}$结构下，满足Basar（1978）中定理3，基于其中定理4，可以得到企业i价格决策的唯一均衡解，其可以表示为需求信号的线性函数：$p_i^{\{\overline{i, j, k}\}} = A_i + B_i t_i (f_i - \bar{a})$。具体证明过程如下。

由式（3-1）和（3-3），在结构$\{\overline{i, j, k}\}$下企业i的期望收益为：

$$\prod\nolimits_i^{\{\overline{i, j, k}\}} = E\left(p_i D_i|f_i\right) = E\left(p_i\left(a - (1 + \alpha)p_i + \frac{\alpha}{3}(p_i + p_j + p_k)\right)|f_i\right)。$$

对其求关于 $p_i$ 的一阶导数，并令其等于零可有：

$$p_i = \frac{3}{2} \cdot \frac{1}{(3+2\alpha)} E(a|f_i) + \frac{\alpha}{2(3+2\alpha)} (E(p_j(f_j)|f_i) + E(p_k(f_k)|f_i))。$$

此研究问题是 Basar（1978）中的一个特例，其满足：$C_i = 1$，$D_{ii} = -\frac{2}{3}(3+2\alpha)$，$D_{ij} = \frac{\alpha}{3}$，$i \neq j$。因此，上述等式可以改写为：$p_i = \frac{3}{2} \cdot \frac{1}{(3+2\alpha)} E(a|f_i) + P_i \frac{\alpha}{2(3+2\alpha)} (p_j + p_k)$，其中，$P_i = E(\cdot|f_i)$ 是一个运算符。可以得到如下等式：$\gamma(\eta) = k(\eta) - PK\gamma(\eta)$，其中，$\gamma(\eta) = (p_i, p_j, p_k)$，$P = \mathrm{diag}(P_i, P_j, P_k)$，$k(\eta) = \left(\frac{3}{2} \cdot \frac{1}{(3+2\alpha)} E(a|f_i), \frac{3}{2} \cdot \frac{1}{(3+2\alpha)} E(a|f_j), \frac{3}{2} \cdot \frac{1}{(3+2\alpha)} E(a|f_k)\right)$，

$$K = \begin{pmatrix} 0 & D_{11}^{-1}D_{12} & D_{11}^{-1}D_{13} \\ D_{22}^{-1}D_{12} & 0 & D_{22}^{-1}D_{23} \\ D_{33}^{-1}D_{13} & D_{33}^{-1}D_{32} & 0 \end{pmatrix} = -\frac{\alpha}{2(3+2\alpha)} \begin{pmatrix} 0 & 1 & 1 \\ 1 & 0 & 1 \\ 1 & 1 & 0 \end{pmatrix}。$$

然后，可以计算矩阵 K 的特征值和特征向量，从而存在一个矩阵 B 满足 $B^{-1}KB = E$，其中矩阵 P 和 E 分别由特征向量和其对应的特征值构成：

$$B = \begin{pmatrix} -1 & -1 & 1 \\ 1 & 0 & 1 \\ 0 & 1 & 1 \end{pmatrix}, \quad E = \frac{\alpha}{2(3+2\alpha)} \begin{pmatrix} 1 & & \\ & 1 & \\ & & -2 \end{pmatrix}, \quad 即\ B^{-1}KB = E。$$

令 $\prod = E$，可有 $\prod K \prod^{-1} = EKE^{-1} = (EP)E(EP)^{-1} = e$，即 $e = \frac{3}{3+2\alpha} \begin{pmatrix} -\alpha/18 & \alpha/6 & \alpha/6 \\ \alpha/6 & 0 & -\alpha/6 \\ 0 & -\alpha/6 & -\alpha/3 \end{pmatrix}$。

因此，存在 $\Lambda = \frac{\alpha}{6+4\alpha} \leqslant 1$，使 $\Lambda^{T}\Lambda \leqslant 1$，因此存在唯一的均衡解，且可以通过 Basar（1978）的定理 4 证明。

根据上述的证明过程，可以得到 $\{\overline{i, j, k}\}$ 结构下，企业 i 的最优

价格决策为：

$$p_i^{\{\overline{i,\ j,\ k}\}} = A_i + B_i t_i (f_i - \bar{a})$$
$$= \frac{3}{2} \cdot \frac{\bar{a}}{3+\alpha} + \frac{3}{2} \cdot \frac{(6+4\alpha+\alpha t_j)(6+4\alpha+\alpha t_k)}{4(3+2\alpha)^3 - \alpha^2(3+2\alpha)(t_i t_k + t_j t_k + t_i t_j) - \alpha^3 t_i t_j t_k}(f_i - \bar{a})t_i$$

即为式（3-5）。因此其期望收益可以表示为：

$$E(\prod_i^{\{\overline{i,\ j,\ k}\}}) = \frac{3+2\alpha}{3} E\left(A_i + B_i t_i (f_i - \bar{a})\right)^2 = \frac{3+2\alpha}{3}\left(A_i^2 + B_i^2 t_i^2 \left(\sigma_i^2 + \sigma_0^2\right)\right)$$
$$= \frac{3+2\alpha}{3}\left(A_i^2 + B_i^2 t_i \sigma_0^2\right)$$
$$= \frac{3+2\alpha}{3}\left(\left(\frac{3}{2} \cdot \frac{\bar{a}}{3+\alpha}\right)^2 + \left(\frac{3}{2} \cdot \frac{(6+4\alpha+\alpha t_j)(6+4\alpha+\alpha t_k)}{4(3+2\alpha)^3 - \alpha^2(3+2\alpha)(t_i t_j + t_j t_k + t_i t_k) - \alpha^3 t_i t_j t_k}\right)^2 t_i \sigma_0^2\right)$$
$$= \frac{3\bar{a}^2}{4} \cdot \frac{(3+2\alpha)}{(3+\alpha)^2} + \frac{3(3+2\alpha)}{4} \cdot \frac{(6+4\alpha+\alpha t_j)^2 (6+4\alpha+\alpha t_k)^2}{\left(4(3+2\alpha)^3 - \alpha^2(3+2\alpha)(t_i t_j + t_i t_k + t_j t_k) - \alpha^3 t_i t_j t_k\right)^2} t_i \sigma_0^2$$

即为式（3-6）。由于结构上的对称性，同样可以得到企业 j 和 k 的期望收益，具体形式见表 3-1。

**式（3-9）、式（3-10）、式（3-11）和式（3-12）的证明**

在 {ij, k} 结构下，也可以得到各企业价格决策的唯一均衡解：

$$p_i^{\{\overline{ij,\ k}\}} = A_0 + A_i (f_i - \bar{a}) + A_j (f_j - \bar{a})$$
$$= \frac{2 + \frac{7}{3}\alpha + \frac{5}{9}\alpha^2}{2\left(1+\frac{1}{3}\alpha\right)\left(2+2\alpha+\frac{1}{3}\alpha^2\right)} \bar{a}$$
$$+ \frac{\left(2\left(1+\frac{2}{3}\alpha\right) + \frac{1}{3}\alpha t_k\right)\left(t_i(1-t_j)(f_i - \bar{a}) + t_j(1-t_i)(f_j - \bar{a})\right)}{4\left(1+\frac{2}{3}\alpha\right)\left(1+\frac{1}{3}\alpha\right)(1 - t_i t_j) - \frac{2}{9}\alpha^2 t_k (t_i + t_j - 2t_i t_j)}$$
$$= \frac{\bar{a}}{2} \cdot \frac{6+5\alpha}{6+6\alpha+\alpha^2} + \frac{3}{2} \cdot \frac{\left((f_i - a)t_i(1-t_j) + (f_j - a)(1-t_i)t_j\right)(6+4\alpha+\alpha t_k)}{2(9+9\alpha+2\alpha^2)(1 - t_i t_j) - \alpha^2(t_i t_k + t_j t_k + 2t_i t_j t_k)}$$

$$p_k^{\{\overline{ij,\ k}\}} = A_1 + A_k(f_k - \bar{a}) = \frac{\left(1 + \frac{2}{3}\alpha\right)\bar{a}}{2 + 2\alpha + \frac{1}{3}\alpha^2} +$$

$$\frac{\frac{1}{3}\alpha\left(t_i + t_j\right) - (1 + \alpha)t_i t_j + \left(1 + \frac{1}{3}\alpha\right)}{2\left(1 + \frac{2}{3}\alpha\right)\left(1 + \frac{1}{3}\alpha\right)\left(1 - t_i t_j\right) - \frac{1}{9}\alpha^2 t_k\left(t_i + t_j - 2t_i t_j\right)} t_k\left(f_k - \bar{a}\right)$$

$$= \frac{\bar{a}(3 + 2\alpha)}{6 + 6\alpha + \alpha^2} + \frac{3\left(\alpha\left(1 + t_i + t_j\right) + 3\left(1 - (1 + \alpha)t_i t_j\right)\right)}{2\left(9 + 9\alpha + 2\alpha^2\right)\left(1 - t_i t_j\right) - \alpha^2\left(t_i t_k + t_j t_k - 2t_i t_j t_k\right)}\left(f_k - \bar{a}\right)t_k$$

即文中的式（3-9）和式（3-10）。

将（3-9）和式（3-10）代入式（3-7）和式（3-8），可得到$\{\overline{ij,\ k}\}$结构下企业i和k的期望收益：

$$E\left(\prod_i^{\{\overline{ij,\ k}\}}\right) = \left(1 + \frac{1}{3}\alpha\right)E\left(\left(p_i^{\{\overline{ij,\ k}\}}\right)^2\right)$$

$$= \left(1 + \frac{1}{3}\alpha\right)\left(\begin{array}{l}\left(\frac{\bar{a}}{2}\cdot\frac{6 + 5\alpha}{6 + 6\alpha + \alpha^2}\right)^2 + \left(\frac{3}{2}\cdot\frac{(6 + 4\alpha + \alpha t_k)}{\left\{\begin{array}{l}2\left(9 + 9\alpha + 2\alpha^2\right)\left(1 - t_i t_j\right)\\ -\alpha^2\left(t_i t_k + t_j t_k + 2t_i t_j t_k\right)\end{array}\right\}}\right)^2\\ (1 - t_i t_j)(t_i + t_j - 2t_i t_j)\sigma_0^2\end{array}\right)$$

$$= \frac{\bar{a}^2}{12}\cdot\frac{(3 + \alpha)(6 + 5\alpha)^2}{\left(6 + 6\alpha + \alpha^2\right)^2} + \frac{3(3 + \alpha)}{4}\left(\frac{\left(6 + 4\alpha + \alpha t_k\right)}{\left\{\begin{array}{l}2(3 + \alpha)(3 + 2\alpha)\left(1 - t_i t_j\right)\\ -\alpha^2 t_k\left(t_i + t_j + 2t_i t_j\right)\end{array}\right\}}\right)$$

$$\left(1 - t_i t_j\right)\left(t_i + t_j - 2t_i t_j\right)\sigma_0^2$$

$$E\left(\Pi_k^{\{\overline{ij,\ k}\}}\right) = \left(1 + \frac{2}{3}\alpha\right)E\left(\left(p_k^{\{\overline{ij,\ k}\}}\right)^2\right)$$

$$= \frac{3 + 2\alpha}{3}E\left(A_1 + A_k\left(f_k - \bar{a}\right)\right)^2 = \frac{3 + 2\alpha}{3}\left(A_1^2 + A_k^2\left(\sigma_k^2 + \sigma_0^2\right)\right)$$

$$= \frac{\bar{a}^2}{3}\cdot\frac{(3 + 2\alpha)^3}{\left(6 + 6\alpha + \alpha^2\right)^2} + 3(3 + 2\alpha)\left(\frac{\left\{\begin{array}{l}3 + \alpha + \alpha\left(t_i + t_j\right)\\ -3(1 + \alpha)t_i t_j\end{array}\right\}}{\left\{\begin{array}{l}2(3 + \alpha)(3 + 2\alpha)\left(1 - t_i t_j\right)\\ -\alpha^2 t_k\left(t_i + t_j - 2t_i t_j\right)\end{array}\right\}}\right)^2 t_k\sigma_0^2$$

即为式（3-11）和式（3-12）。

以此类推，可以得到联盟结构$\{\overline{ik，j}\}$和$\{\overline{i，jk}\}$结构下，各企业的期望收益，具体形式见表3-1。

**式（3-14）和式（3-15）的证明**

在联盟结构$\{\overline{ijk}\}$，即大联盟下，可以利用上述的原理得到各企业价格决策的唯一均衡解及相应的期望收益：

$$p_i^{\{\overline{ijk}\}}=\frac{1}{2}E\left(a|f_i,\ f_j,\ f_k\right)=\frac{1}{2}\left(\bar{a}+J_i\left(f_i-\bar{a}\right)+J_j\left(f_j-\bar{a}\right)+J_k\left(f_k-\bar{a}\right)\right)$$

$$=\frac{1}{2}\left(\begin{array}{l}\bar{a}+\dfrac{t_i\left(1-t_j\right)\left(1-t_k\right)}{1-\left(t_it_j+t_it_k+t_jt_k\right)+2t_it_jt_k}\left(f_i-\bar{a}\right)+\\\dfrac{t_j\left(1-t_i\right)\left(1-t_k\right)}{1-\left(t_it_j+t_it_k+t_jt_k\right)+2t_it_jt_k}\left(f_j-\bar{a}\right)+\\\dfrac{t_k\left(1-t_i\right)\left(1-t_j\right)}{1-\left(t_it_j+t_it_k+t_jt_k\right)+2t_it_jt_k}\left(f_k-\bar{a}\right)\end{array}\right)$$

$$E(\prod_i^{\{\overline{ijk}\}})=\frac{1}{4}E\left(E\left(a|f_i,\ f_j,\ f_k\right)\right)^2=\frac{1}{4}E\left(\bar{a}+J_i\left(f_i-\bar{a}\right)+J_j\left(f_j-\bar{a}\right)+J_k\left(f_k-\bar{a}\right)\right)^2$$

$$=\frac{1}{4}\bar{a}^2+\frac{1}{4}\cdot\frac{\left\{\begin{array}{l}\left(1-t_j\right)\left(1-t_k\right)^2t_i\left(1+t_j-2t_it_j\right)\\+\left(1-t_i\right)^2\left(1-t_k\right)t_j\left(1+t_k-2t_jt_k\right)\\+\left(1-t_i\right)\left(1-t_j\right)^2t_k\left(1+t_i-2t_it_k\right)\end{array}\right\}}{\left(1-\left(t_it_j+t_it_k+t_jt_k\right)+2t_it_jt_k\right)^2}\sigma_0^2$$

即为式（3-14）和式（3-15）。类似的，企业j和k的期望收益见表3-1。

**命题3.1的证明**

通过表3-1、表3-2和表3-3，可以得到有和无需求预测技术、不同联盟结构下不同企业或联盟的期望收益。首先以企业i

为例，计算在有和无需求预测技术、不同联盟结构下的期望收益变化：

$$\Delta_i^{\{\overline{i,j,k}\}-\{i,j,k\}}=\frac{3}{4}\cdot\frac{(3+2\alpha)(6+4\alpha+\alpha t_j)^2(6+4\alpha+\alpha t_k)^2}{\left(4(3+2\alpha)^3-\alpha^2(3+2\alpha)(t_it_j+t_it_k+t_jt_k)-\alpha^3t_it_jt_k\right)^2}t_i\sigma_0^2\geqslant 0$$

$$\Delta_i^{\{\overline{ij,k}\}-\{ij,k\}}=\frac{3}{4}\cdot\frac{(3+\alpha)\left(6+4\alpha+\alpha t_k\right)^2(1-t_it_j)(t_i+t_j-2t_it_j)\sigma_0^2}{\left(2(3+2\alpha)(3+\alpha)(1-t_it_j)-\alpha^2t_k(t_i+t_j-2t_it_j)\right)^2}\geqslant 0,\ t_it_j\neq 1$$

$$\Delta_i^{\{\overline{i,jk}\}-\{i,jk\}}=3\frac{(3+2\alpha)\left(\alpha(t_j+t_k)-3(1+\alpha)t_jt_k+(3+\alpha)\right)^2}{\left(2(3+2\alpha)(3+\alpha)(1-t_jt_k)-\alpha^2t_i(t_j+t_k-2t_jt_k)\right)^2}t_i\sigma_0^2\geqslant 0,\ t_jt_k\neq 1$$

$$\Delta_i^{\{\overline{ijk}\}-\{ijk\}}=\frac{1}{4}\cdot\frac{\left\{\begin{array}{l}(1-t_j)(1-t_k)^2t_i(1+t_j-2t_it_j)\\+^{(1-t_i)2}(1-t_k)t_j(1+t_k-2t_jt_k)\\+(1-t_i)(1-t_j)^2t_k(1+t_i-2t_it_k)\end{array}\right\}}{(1-(t_it_j+t_it_k+t_jt_k)+2t_it_jt_k)^2}\sigma_0^2\geqslant 0,\quad t_it_jt_k\neq 1$$

命题3.1（1）得证。

也可以将处于同一个联盟中的所有企业的期望收益求和，得到联盟的总收益，比较有无需求预测技术时期望收益大小：

$$\Delta_{ij}^{\{\overline{ij,k}\}-\{ij,k\}}=\frac{3}{2}\cdot\frac{(3+\alpha)\left(6+4\alpha+\alpha t_k\right)^2(1-t_it_j)(t_i+t_j-2t_it_j)\sigma_0^2}{\left(2(3+2\alpha)(3+\alpha)(1-t_it_j)-\alpha^2t_k(t_i+t_j-2t_it_j)\right)^2}\geqslant 0,\ t_it_j\neq 1$$

$$\Delta_{ijk}^{\{\overline{ijk}\}-\{ijk\}}=\frac{3}{4}\cdot\frac{\left\{\begin{array}{l}(1-t_j)(1-t_k)^2t_i(1+t_j-2t_it_j)\\+^{(1-t_i)2}(1-t_k)t_j(1+t_k-2t_jt_k)\\+(1-t_i)(1-t_j)^2t_k(1+t_i-2t_it_k)\end{array}\right\}}{(1-(t_it_j+t_it_k+t_jt_k)+2t_it_jt_k)^2}\sigma_0^2\geqslant 0,\ t_it_jt_k\neq 1$$

命题3.1（2）得证。

将大联盟中所有企业的期望收益求和，然后将有需求预测技术和无需求预测技术两种情况下的期望收益作差，并对产品间的替代程度求偏导，可有：$\frac{\partial\Delta_{ijk}^{\{\overline{ijk}\}-\{ijk\}}}{\partial\alpha}=0$，$t_it_jt_k\neq 1$。命题3.1（3）得证。

**命题3.2的证明**

根据表3-1、表3-2和表3-3中的结果可知，在3个企业保持独立时，企业i的价格和收益分别为：

$p_i^{\{i,j,k\}}=\frac{3}{2}\cdot\frac{\bar{a}}{\alpha+3}$，$\prod_i^{\{i,j,k\}}=\frac{3}{4}\cdot\frac{(2\alpha+3)\bar{a}^2}{(\alpha+3)^2}$，分别对其求α的一阶导数，有：$\frac{\partial p_i^{\{i,j,k\}}}{\partial\alpha}=-\frac{3\bar{a}}{2(3+\alpha)^2}\leqslant 0$，$\frac{\partial\prod_i^{\{i,j,k\}}}{\partial\alpha}=-\frac{3\alpha\bar{a}^2}{2(3+\alpha)^3}\leqslant 0$。

同理，在两个企业形成联盟时，联盟企业会利用相同的需求预测信息进行决策，然后与联盟外的企业或联盟进行竞争。因此，联盟内的企业（例如，企业i）其价格和收益可分别表示为：$p_i^{\{ij,k\}}=\frac{\bar{a}}{2}\cdot\frac{5\alpha+6}{\alpha^2+6\alpha+6}$，$\prod_i^{\{ij,k\}}=\frac{\bar{a}^2}{12}\cdot\frac{(\alpha+3)(5\alpha+6)^2}{(\alpha^2+6\alpha+6)^2}$，分别对其求α的一阶导数，可有：

$$\frac{\partial p_i^{\{ij,k\}}}{\partial\alpha}=-\frac{\bar{a}\left(6+12\alpha+5\alpha^2\right)}{2\left(6+6\alpha+\alpha^2\right)^2}\leqslant 0,\quad \frac{\partial\prod_i^{\{ij,k\}}}{\partial\alpha}=-\frac{\bar{a}^2\alpha(6+5\alpha)\left(18+18\alpha+5\alpha^2\right)}{12\left(6+6\alpha+\alpha^2\right)^3}$$

$\leqslant 0$，其他情况可以类似证明。命题3.2（1）得证。

在3个企业形成的大联盟中，所有企业都会依据相同的需求预测进行价格决策，最终形成了价格卡特尔，即制定了相同的市场价格，从而获得最大化收益。

根据各企业的价格和收益表达式，$\prod_i^{ijk}=E\left(p_iD_i^{ijk}\right)$，可以求得各企业的最优价格和最大化收益为：$p_i^{\{ijk\}}=p_j^{\{ijk\}}=p_k^{\{ijk\}}=\frac{\bar{a}}{2}$，$\prod_i^{\{ijk\}}=\prod_j^{\{ijk\}}=\prod_k^{\{ijk\}}=\frac{\bar{a}^2}{4}$。分别对其求α的一阶导数可有：$\frac{\partial p_i^{\{ijk\}}}{\partial\alpha}=0$，$\frac{\partial\prod_i^{\{ijk\}}}{\partial\alpha}=0$。命题3.2（2）得证。

**命题3.3的证明**

根据表3-1、表3-2和表3-3中的结果，可知企业i在结构{i，j，k}、{ij，k}、{i，jk}和{ijk}四种结构下的收益分别为：

$\prod_i^{\{i,j,k\}}=3\left(\bar{a}^2+\sigma^2\right)(3+2\alpha)/\left(4(3+\alpha)^2\right)$，$\prod_i^{\{ij,k\}}=\frac{\bar{a}^2}{12}\cdot\frac{(\alpha+3)(5\alpha+6)^2}{(\alpha^2+6\alpha+6)^2}$，$\prod_i^{\{i,jk\}}=\frac{\bar{a}^2}{3}\frac{(2\alpha+3)^3}{(\alpha^2+6\alpha+6)^2}$和$\prod_i^{\{ijk\}}=\frac{\bar{a}^2}{4}$。

因此可以得到企业i在不同联盟结构下的收益差值为：

$\Delta_i^{\{ij,k\}-\{i,j,k\}}=\frac{\bar{a}^2}{12}\cdot\frac{\left(27+7\alpha(3+\alpha)^2\right)\alpha^2}{(3+\alpha)^2(\alpha^2+6\alpha+6)^2}\geqslant 0$，$\Delta_i^{\{i,jk\}-\{ij,k\}}=\frac{\bar{a}^2}{12}\cdot\frac{(9+7\alpha)}{(\alpha^2+6\alpha+6)^2}\alpha^2\geqslant 0$，$\Delta_i^{\{ijk\}-\{i,jk\}}=\frac{\bar{a}^2}{12}\cdot\frac{(4+3\alpha)}{(6+6\alpha+\alpha^2)^2}\alpha^3\geqslant 0$。

通过上述的关系式，可以得到不同结构下企业i收益的大小关系，即$\prod_i^{ijk}>\prod_i^{i,jk}>\prod_i^{ij,k}>\prod_i^{i,j,k}$。命题3.3（1）得证。

同样，根据表3-2中的结果，可以得到企业j在不同联盟结构下的收益：

$\prod_j^{\{i,j,k\}}=\frac{3}{4}\cdot\frac{(2\alpha+3)\bar{a}^2}{(\alpha+3)^2}$，$\prod_j^{\{ij,k\}}=\frac{\bar{a}^2}{12}\cdot\frac{(\alpha+3)(5\alpha+6)^2}{(\alpha^2+6\alpha+6)^2}$，$\prod_j^{\{ik,j\}}=\frac{\bar{a}^2}{3}\cdot\frac{(2\alpha+3)^3}{(\alpha^2+6\alpha+6)^2}$，$\prod_j^{\{ijk\}}=\frac{\bar{a}^2}{4}$。

则联盟结构{ij，k}和联盟结构{i，j，k}下企业j的收益差值可以表示为：

$$\Delta_j^{\{ij,k\}-\{i,j,k\}}=\frac{\bar{a}^2}{12}\cdot\frac{(\alpha+3)(5\alpha+6)^2}{(\alpha^2+6\alpha+6)^2}-\frac{3}{4}\cdot\frac{(2\alpha+3)\bar{a}^2}{(\alpha+3)^2}$$

$$=\frac{\bar{a}^2\alpha^2\left(27+63\alpha+42\alpha^2+7\alpha^3\right)}{12(3+\alpha)^2\left(6+6\alpha+\alpha^2\right)^2}\geqslant 0$$

同理，可以求得：

$$\Delta_j^{\{ik,\ j\}-\{i,\ j,\ k\}}=\frac{\bar{a}^2\alpha^2(3+2\alpha)(36+36\alpha+7\alpha^2)}{12(3+\alpha)^2(6+6\alpha+\alpha^2)^2}\geqslant 0$$

$$\Delta_j^{\{ijk\}-\{i,\ jk\}}=\frac{\bar{a}^2\alpha^2(9+11\alpha+3\alpha^2)}{12(6+6\alpha+\alpha^2)^2}\geqslant 0$$

不难发现，上述3个收益差值均为非负。命题3.3（2）得证。

同样地，可以得到：

$$\Delta_{i,\ j,\ k}^{\{ij,\ k\}-\{i,\ j,\ k\}}=\prod_{i,\ j,\ k}^{\{ij,\ k\}}-\prod_{i,\ j,\ k}^{\{i,\ j,\ k\}}=\frac{\bar{a}^2\alpha^2}{12}\cdot\frac{162+306\alpha+177\alpha^2+28\alpha^3}{(3+\alpha)^2(6+6\alpha+\alpha^2)}\geqslant 0$$

$$\Delta_{i,\ j,\ k}^{\{ijk\}-\{ij,\ k\}}=\prod_{i,\ j,\ k}^{\{ijk\}}-\prod_{i,\ j,\ k}^{\{ij,\ k\}}=\frac{\bar{a}^2\alpha^2(18+26\alpha+9\alpha^2)}{12(6+6\alpha+\alpha^2)^2}\geqslant 0$$

且从收益表格中易得，$\prod_{i,\ j,\ k}^{\{ij,\ k\}}=\prod_{i,\ j,\ k}^{\{i,\ jk\}}=\prod_{i,\ j,\ k}^{\{ik,\ j\}}$。因此，在不同联盟结构下供应链总利润有如下关系：$\prod_{i,\ j,\ k}^{\{ijk\}}\geqslant\prod_{i,\ j,\ k}^{\{ij,\ k\}}=\prod_{i,\ j,\ k}^{\{i,\ jk\}}=\prod_{i,\ j,\ k}^{\{ik,\ j\}}\geqslant\prod_{i,\ j,\ k}^{\{i,\ j,\ k\}}$。命题3.3（3）得证。

## 第4章相关证明

集中决策时不确定性环境下需求预测投资决策。

事件顺序为：（1）决策投资水平v，并获得信号Y；（2）根据信号作生产量决策；（3）需求实现，获得相应利润。

通过逆序求解，首先求解生产量。给定投资量v，进行q的决策。

集中决策时供应链收到预测信号Y时的利润可以表示为：

$$E\left[\pi^F(q)|Y\right]=E\left[(a+\theta-q-c)q|Y\right]=(a+E[\theta|Y]-q-c)q$$

令其关于q的一阶导数等于零，可有：

$$\frac{\partial E\left[\pi^F(q)|Y\right]}{\partial q}=a+E[\theta|Y]-c-2q=0$$

可有求得 $q=\frac{a-c+E[\theta|Y]}{2}$，依此可知供应链系统的期望利润为：

$$E\left[E\left[\pi^F(q)|Y\right]\right]=E\left[q^2\right]=\frac{1}{4}(a-c)^2+\frac{1}{4}\cdot\frac{v}{1+v}\sigma_0^2$$

然后求解最优预测投资决策：

$$\prod^F(v)=\frac{1}{4}(a-c)^2+\frac{1}{4}\cdot\frac{v}{1+v}\sigma_0^2-C(v)$$

分别求上式关于v的一阶导数和二阶导数，可有：

$\frac{d\prod^F(v)}{dv}=\frac{1}{4}\cdot\frac{1}{(1+v)^2}\sigma_0^2-C^{(1)}(v)$，$\frac{d^2\prod^F(v)}{dv^2}=-\frac{1}{2}\cdot\frac{1}{(1+v)^3}\sigma_0^2-C^{(2)}(v)<0$，即$\prod^F$是关于v的凹函数。因$\frac{1}{4}\cdot\frac{\sigma_0^2}{(1+v)^2}$是v的减函数，而$C^{(1)}(v)$是v的非递减函数，如果$\frac{\sigma_0^2}{4}<C^{(1)}(0)$，则当$v^I=0$时极大值$\prod^F=\frac{(a-c)^2}{4}$；如果$\frac{\sigma_0^2}{4}\geqslant C^{(1)}(0)$，则当v满足式$\frac{1}{4}\cdot\frac{\sigma_0^2}{(1+v^I)^2}=C^{(1)}(v^I)$时极大值$\prod^F=\frac{1}{4}(a-c)^2+\frac{1}{4}\cdot\frac{v^I}{1+v^I}\sigma_0^2-C(v^I)$。根据命题4.4，可有$q^F=2\bar{q}+\frac{1}{2}\cdot\frac{v^I}{1+v^I}Y$，且在$\frac{\sigma_0^2}{4}\geqslant C^{(1)}(0)$时，$\prod^F=\bar{\pi}+\frac{1}{4}\cdot\frac{v^I}{1+v^I}\sigma_0^2-C(v^I)$。

依据文中相同的方法，可以根据上述的结果直接得到其他四种情境下集中决策时的决策和期望利润，见表4-1。

**命题4.12的证明**

假设$\sigma_0^2/16>C^{(1)}(0)$，即考虑零售商会投资需求预测技术的情况，则$v^I>0$，$v^{FN}>0$，$v^{FS}>0$。令$f(v)=(1+v)^2C^{(1)}(v)$，易知$\frac{df(v)}{dv}>0$。

令 $fb(v)=v(1+v)C^{(1)}(v)-C(v)$，易知，当 $v\to 0$ 时，$fb(v)\to 0$；$\frac{dfb(v)}{dv}=2vC^{(1)}(v)+v(1+v)C^{(2)}(v)$，由于投资成本函数 $C^{(1)}(v)>0$，$C^{(2)}(v)\geqslant 0$，故 $\frac{dfb(v)}{dv}>0$。

在集中结构下，$v^I$ 满足式 $\frac{1}{4}\cdot\frac{1}{(1+v^I)^2}\sigma_0^2=C^{(1)}(v^I)$，即，$(1+v^I)^2C^{(1)}(v^I)=\frac{1}{4}\sigma_0^2$，可有 $f(v^I)=\frac{1}{4}\sigma_0^2$。同理，可以分别得到在分散结构下零售商与制造商不共享和共享信息时，$f(v^{FN})=\frac{1}{4}\sigma_0^2$，$f(v^{FS})=\frac{1}{16}\sigma_0^2$。根据 $\frac{df(v)}{dv}>0$ 及 $f(v^I)=f(v^{FN})>f(v^{FS})$ 可知 $v^I=v^{FN}>v^{FS}$。

信息预测技术在集中决策下对供应链的最大价值为：$FB=\frac{1}{4}\cdot\frac{v^I}{1+v^I}\sigma_0^2-C(v^I)$。由 $v^I$ 的约束式 $\frac{1}{4}\cdot\frac{1}{(1+v^I)^2}\sigma_0^2=C^{(1)}(v^I)$，可有 $\frac{1}{4}\cdot\frac{v^I}{1+v^I}\sigma_0^2=v^I(1+v^I)C^{(1)}(v^I)$。因此，$FB=v^I(1+v^I)C^{(1)}(v^I)-C(v^I)=fb(v^I)$。分散结构下，零售商与制造商不共享信息时，$FB_{MR}^{FN}=\frac{1}{4}\cdot\frac{v^{FN}}{1+v^{FN}}\sigma_0^2-C(v^{FN})$，同理可有 $FB_{MR}^{FN}=fb(v^{FN})$，因且 $v^I=v^{FN}$，则可知 $FB=FB_{MR}^{FN}$。分散结构下，零售商与制造商共享信息时，$FB_{MR}^{FS}=\frac{3}{16}\cdot\frac{v^{FS}}{1+v^{FS}}\sigma_0^2-C(v^{FS})$，其中 $v^{FS}$ 满足式 $\frac{1}{16}\cdot\frac{1}{(1+v^{FS})^2}\sigma_0^2=C^{(1)}(v^{FS})$。由约束式可有 $\frac{1}{16}\cdot\frac{v^{FS}}{1+v^{FS}}\sigma_0^2=v^{FS}(1+v^{FS})C^{(1)}(v^{FS})$，$FB_{MR}^{FS}=3v^{FS}(1+v^{FS})C^{(1)}(v^{FS})-C(v^{FS})=3fb(v^{FS})+2C(v^{FS})$。

因 $FB_{MR}^{FN} - FB_{MR}^{FS} = fb(v^{FN}) - (3fb(v^{FS}) + 2C(v^{FS}))$，该式无法直接判断正负。现假设需求预测技术的投资成本为预测精度的线性函数，即 $C(v) = c_f v$，则可有：$C^{(1)}(v) = c_f$，$1 + v^{FN} = \frac{\sigma_0}{2\sqrt{c_f}}$，$v^{FN} = \frac{\sigma_0 - 2\sqrt{c_f}}{2\sqrt{c_f}}$，$1 + v^{FS} = \frac{\sigma_0}{4\sqrt{c_f}}$，$v^{FS} = \frac{\sigma_0 - 4\sqrt{c_f}}{4\sqrt{c_f}}$，则 $fb(v) = v(1+v)C^{(1)}(v) - C(v) = c_f v^2$，可有：$FB_{MR}^{FN} - FB_{MR}^{FS} = \frac{\sigma_0^2}{16} > 0$。

## 第5章相关证明

### 引理5.1的证明

令　$\pi(K, Q) = (p - c + g_R)Q - g_R\mu - \frac{1}{2}b(K-Q)^2 - \delta K - (p - v + g_R)\int_0^Q F(x)dx$，由 $\frac{\partial\pi}{\partial K} = 0$ 和 $\frac{\partial\pi}{\partial Q} = 0$ 可求得函数 $\pi(K, Q)$ 的唯一驻点 $M\left(F^{-1}\left(\frac{p - c + g_R - \delta}{p - v + g_R}\right) - \frac{\delta}{b}, F^{-1}\left(\frac{p - c + g_R - \delta}{p - v + g_R}\right)\right)$。又因为 $\pi$ 关于 $(K, Q)$ 的Hessian矩阵为：

$$H = \begin{bmatrix} \frac{\partial^2\pi}{\partial K^2} & \frac{\partial^2\pi}{\partial K\partial Q} \\ \frac{\partial^2\pi}{\partial Q\partial K} & \frac{\partial^2\pi}{\partial Q^2} \end{bmatrix} = \begin{bmatrix} -b & b \\ b & -(p - v + g_R)f(Q) - b \end{bmatrix}$$

其一阶和二阶顺序主子式分别为 $\Delta_1 = -b < 0$，$\Delta_2 = (p - v + g_R)f(Q)b > 0$，则可知H为负定矩阵，即 $\pi$ 存在极大值，且驻点M是

$\pi(K, Q)$的极大值点，可有$(K^*, Q^*) = M$。又由约束条件$K \geqslant 0$，$Q \geqslant 0$，当$K \leqslant 0$时，即$F^{-1}\left(\frac{p - c + g_R - \delta}{p - v + g_R}\right) \leqslant \frac{\delta}{b}$，企业无法进行生产即产量为0，此时取$(K^*, Q^*) = (0, 0)$。因此，当$F^{-1}\left(\frac{p - c + g_R - \delta}{p - v + g_R}\right) > \frac{\delta}{b}$时，$(K_{CS}^*, Q_{CS}^*) = M\left(F^{-1}\left(\frac{p - c + g_R - \delta}{p - v + g_R}\right) - \frac{\delta}{b}, F^{-1}\left(\frac{p - c + g_R - \delta}{p - v + g_R}\right)\right)$。

当$F^{-1}\left(\frac{p - c + g_R - \delta}{p - v + g_R}\right) \leqslant \frac{\delta}{b}$时，$(K_{CS}^*, Q_{CS}^*) = M(0, 0)$。由于本章仅考虑存在数量柔性产能情况下的决策协调问题，因此仅考虑$F^{-1}\left(\frac{p - c + g_R - \delta}{p - v + g_R}\right) > \frac{\delta}{b}$的情况。引理得证。

**引理5.2的证明**

分散系统下零售商期望收益关于Q的一阶和二阶导数分别可以表示为$\frac{dE\prod_{R,F}^{DS}(Q)}{dQ} = (p - w + g_R) - (p - v + g_R)F(Q)$，$\frac{d^2E\prod_{R,F}^{DS}(Q)}{dQ^2} = -(p - v + g_R)f(Q) < 0$。令其一阶导数等于0，可有$Q_{DS,R}^* = F^{-1}\left(\frac{p - w + g_R}{p - v + g_R}\right)$。引理得证。

**引理5.3的证明**

制造商期望利润关于K的一阶和二阶导数分别为：$\frac{\partial E\prod_{M,F}^{DS}(K)}{\partial K} = -b(K - Q_{DS,R}^*) - \delta$和$\frac{\partial^2 E\prod_{M,F}^{DS}(K)}{\partial K^2} = -b < 0$，令一阶导数为0可有：$K_{DS}^* = Q_{DS,R}^* - \delta/b$。引理得证。

## 推论5.1的证明

根据前文的假设，$p>w>c>v$，$p-w>v$，以及$\delta\leqslant w-c$，易知：$\frac{p-w+g_R}{p-v+g_R}\leqslant\frac{p-(c+\delta)+g_R}{p-v+g_R}$，且由$F(\cdot)$的单调性可知$F^{-1}(\cdot)$在定义域内也是单调递增的，即$Q^*_{DS,R}=F^{-1}\left(\frac{p-w+g_R}{p-v+g_R}\right)\leqslant F^{-1}\left(\frac{p-(c+\delta)+g_R}{p-v+g_R}\right)=Q^*_{CS}$，即分散系统中的订货量决策要低于集中系统中的数量决策。集中系统下的约束条件为：$F^{-1}\left(\frac{p-c+g_R-\delta}{p-v+g_R}\right)\geqslant\frac{\delta}{b}$，令$s_{CS}(\delta)=F^{-1}\left(\frac{p-c+g-\delta}{p-v+g}\right)-\frac{\delta}{b}$，则$s_{CS}(\delta=0)=F^{-1}\left(\frac{p-c+g_R}{p-v+g_R}\right)>0$且$s_{CS}(\delta)$随$\delta$递减。令$s_{CS}(\delta=\delta^{CS}_{max})=0$，则易知$\delta\in(0,\delta^{CS}_{max}]$时，$s_{CS}(\delta)\geqslant0$，其中$\delta^{CS}_{max}$满足：$F^{-1}\left(\frac{p-c+g-\delta^{CS}_{max}}{p-v+g}\right)-\frac{\delta^{CS}_{max}}{b}=0$. 同理，在分散系统下有$F^{-1}\left(\frac{p-w+g_R}{p-v+g_R}\right)-\frac{\delta^{DS}_{max}}{b}=0$。由$c+\delta<w$可知，$\delta^{DS}_{max}<\delta^{CS}_{max}$，即在分散系统中，$\delta$的取值范围变窄。推论得证。

## 引理5.4的证明

协调后的分散系统（CDS）中零售商的期望利润可以表示为：$E\prod^{CDS}_{R,\lambda\beta}(Q)=\left(p-w+(g_R+\beta)\right)Q-(g_R+\beta)\mu-\left(p-(\lambda+v)+(g_R+\beta)\right)\int_0^Q F(x)dx$，其关于$Q$的一阶和二阶导数分别为：

$$\frac{dE\prod_{R,\lambda\beta}^{CDS}(Q)}{dQ}=\left(p-w+\left(g_R+\beta\right)\right)-\left(p-(\lambda+v)+\left(g_R+\beta\right)\right)F(Q)$$

$$\frac{d^2E\prod_{R,\lambda\beta}^{CDS}(Q)}{dQ^2}=-\left(p-(\lambda+v)+\left(g_R+\beta\right)\right)f(Q)<0$$

制造商的期望收益可表示为：

$$E\prod_{M,\lambda\beta}^{CDS}(K)=(w-c-\beta)Q+\beta\mu+(\beta-\lambda)\int_0^Q F(x)dx-\left(\frac{1}{2}b(K-Q)^2+\delta K\right)$$

制造商的期望收益对产能投资K的一阶和二阶导数分别为：$\frac{dE\prod_{M,\lambda\beta}^{CDS}(K)}{dK}=-b\left(K-Q\right)-\delta$，$\frac{d^2E\prod_{M,\lambda\beta}^{CDS}(K)}{dK^2}=-b<0$。

即，零售Q商的期望收益是关于其订货量的凹函数，制造商的期望收益是关于其产能投资量K的凹函数，可求得最优决策为：$Q_{CDS}^*=F^{-1}\left(\frac{p-w+g_R+\beta}{p-(\lambda+v)+g_R+\beta}\right)$，$K_{CDS}^*=Q_{CDS}^*-\delta/b$，且有约束条件：$Q_{CDS}^*>\delta/b$。引理得证。

**定理5.2的证明**

数量要保持一致时，需满足：$\frac{p-w+g_R+\beta}{p-(\lambda+v)+g_R+\beta}=\frac{p-(c+\delta)+g_R}{p-v+g_R}$，可有$\beta=\frac{\left(p+g_R-v\right)\left(w-(c+\delta)\right)-\lambda\left(p+g_R-(c+\delta)\right)}{c+\delta-v}=\frac{p+g_R-v}{c+\delta-v}\left(w-(c+\delta)-\lambda F\left(Q_{CS}^*\right)\right)$。由前文假设可知，为保证不会过度补贴，存在约束：$\lambda\leqslant w-v$。同时，为保证β的非负性，有约束：$\lambda\leqslant\frac{w-(c+\delta)}{F\left(Q_{CS}^*\right)}$。

且因$w-v-\frac{\left(p+g_R-v\right)\left(w-(c+\delta)\right)}{p+g_R-(c+\delta)}=\frac{\left(p+g_R-w\right)\left(c+\delta-v\right)}{p+g_R-(c+\delta)}>0$，

因此可有$0\leqslant\lambda\leqslant\frac{\left(w-(c+\delta)\right)}{F\left(Q_{CS}^*\right)}$。定理得证。

**定理5.3的证明**

对于零售商而言，协调后与协调前期望利润差值为：$\Delta\prod_R = E\prod_{R,\lambda\beta}^{CDS}(Q_{CS}^*) - E\prod_{R,F}^{DS}(Q_{DS,R}^*)$，将 $\beta(\lambda)$ 代入上式，并化简可有

$$\Delta\prod_R = \frac{p-v+g_R}{c+\delta-v}\left(\begin{array}{l}(w-v)\int_0^{Q_{CS}^*} xf(x)dx - (c+\delta-v)\int_0^{Q_{DS,R}^*} xf(x)dx(p-w+g_R)\\ -\mu(w-(c+\delta)) - \lambda\int_0^{Q_{CS}^*}(x-\mu)f(x)dx\end{array}\right)$$

若要 $\Delta\prod_R \geqslant 0$，则需：

$$\lambda\left(\int_0^{Q_{CS}^*}(x-\mu)f(x)dx\right) \leqslant (w-v)\int_0^{Q_{CS}^*} xf(x)dx - (c+\delta-v)\int_0^{Q_{DS,R}^*} xf(x)dx$$

$-\mu(w-(c+\delta))$。令 $y(t)=\int_0^t (x-\mu)f(x)dx$，则 $y'(t)=(t-\mu)f(t)$，当 $t\in[0,\ \mu]$ 时，$y(t)$ 是关于 $t$ 的减函数，当 $t\in(\mu,\ +\infty)$ 时，$y(t)$ 是关于 $t$ 的增函数。又易知 $y(0)=0$，$\lim\limits_{t\to+\infty} y(t)=0$，故在 $t\in(0,\ +\infty)$ 上，可有 $y(t)=\int_0^t (x-\mu)f(x)dx<0$，即 $\int_0^{Q_{CS}^*}(x-\mu)f(x)dx<0$。因此，由 $\Delta\prod_R \geqslant 0$，可有：

$$\lambda \geqslant \frac{(w-v)\int_0^{Q_{CS}^*} xf(x)dx - (c+\delta-v)\int_0^{Q_{DS,R}^*} xf(x)dx - \mu(w-(c+\delta))}{\int_0^{Q_{CS}^*}(x-\mu)f(x)dx}$$

$=\lambda_R$。

同理，对于制造商而言，由 $\Delta\prod_M \geqslant 0$，我们可以推导出：

$$\lambda \leqslant (w-c-\delta)\frac{(p-v+g_R)\left(\int_0^{Q_{CS}^*} xf(x)dx - \mu\right) + (c+\delta-v)Q_{DS,R}^*}{(p-v+g_R)\left(\int_0^{Q_{CS}^*}(x-\mu)f(x)dx\right)} = \lambda_M。$$

综上，可以得到实现渠道协调的契约参数范围为：$\lambda_R \leqslant \lambda \leqslant \lambda_M$。

# 第6章相关证明

### 命题6.6的证明

当$K \leqslant \dfrac{(a-c_k)\alpha}{4\alpha-\gamma^2}$时，$q_E^{d*}=\dfrac{\alpha(a-c_k+\beta K)}{\alpha(4+\beta)-\gamma^2}$，$q_E^{I*}=\dfrac{2\alpha(a-c_k+\beta K)}{2\alpha(2+\beta)-\gamma^2}$，则$q_E^{I*}-q_E^{d*}=\dfrac{(4\alpha-\gamma^2)\alpha(a-c_k+\beta K)}{(2\alpha(2+\beta)-\gamma^2)(\alpha(4+\beta)-\gamma^2)}$。由前文假设可知$\gamma^2/\alpha<4$，因此，$q_E^{I*}-q_E^{d*}>0$。当$\dfrac{(a-c_k)\alpha}{4\alpha-\gamma^2}<K\leqslant\dfrac{2(a-c_k)\alpha}{4\alpha-\gamma^2}$时，$q_E^{d*}=\dfrac{\alpha(a-c_k)}{4\alpha-\gamma^2}$，$q_E^{I*}=\dfrac{2\alpha(a-c_k+\beta K)}{2\alpha(2+\beta)-\gamma^2}$，可有$q_E^{I*}-q_E^{d*}=\dfrac{2\alpha(a-c_k+\beta K)}{2\alpha(2+\beta)-\gamma^2}-\dfrac{\alpha(a-c_k)}{4\alpha-\gamma^2}$，又因$K>\dfrac{(a-c_k)\alpha}{4\alpha-\gamma^2}$，因此$q_E^{I*}-q_E^{d*}>\dfrac{\alpha(a-c_k)}{2\alpha(2+\beta)-\gamma^2}>0$。当$K>\dfrac{2(a-c_k)\alpha}{4\alpha-\gamma^2}$时，$q_E^{d*}=\dfrac{\alpha(a-c_k)}{4\alpha-\gamma^2}$，$q_E^{I*}=\dfrac{2\alpha(a-c_k)}{4\alpha-\gamma^2}$，易知$q_E^{I*}>q_E^{d*}$。综上可有$q_E^{I*}>q_E^{d*}$。

同理可用上述不等式条件证明$\pi_{M,E}^{d*}+\pi_{R,E}^{d*}<\pi_E^{I*}$。

# 索引